本书为西南科技大学博士研究基金项目
“问题银行股东权法律规制研究”（22sx7103）的研究成果之一。

WENTI YINHANG
GUDONGQUAN
FALU GUIZHI YANJIU

问题银行股东权法律规制研究

景 欣——著

法律出版社 LAW PRESS · CHINA
北京

图书在版编目(CIP)数据

问题银行股东权法律规制研究 / 景欣著. -- 北京 : 法律出版社, 2024

ISBN 978 - 7 - 5197 - 8493 - 5

Ⅰ. ①问… Ⅱ. ①景… Ⅲ. ①银行法 - 研究 - 中国 Ⅳ. ①D922.281.4

中国国家版本馆 CIP 数据核字(2023)第 206175 号

问题银行股东权法律规制研究
WENTI YINHANG GUDONGQUAN FALÜ GUIZHI YANJIU

景 欣 著

策划编辑 李 军
责任编辑 李 军
装帧设计 贾丹丹

出版发行 法律出版社
编辑统筹 法律应用出版分社
责任校对 晁明慧 裴 黎
责任印制 刘晓伟
经　　销 新华书店

开本 710 毫米×1000 毫米 1/16
印张 20.75 **字数** 330 千
版本 2024 年 3 月第 1 版
印次 2024 年 3 月第 1 次印刷
印刷 北京虎彩文化传播有限公司

地址:北京市丰台区莲花池西里 7 号(100073)
网址:www.lawpress.com.cn
投稿邮箱:info@lawpress.com.cn
举报盗版邮箱:jbwq@lawpress.com.cn
销售电话:010 - 83938349
客服电话:010 - 83938350
咨询电话:010 - 63939796

书号:ISBN 978 - 7 - 5197 - 8493 - 5　　**定价**:88.00 元

凡购买本社图书,如有印装错误,我社负责退换。电话:010 - 83938349

目　录

图表目录

图目录

表目录

缩略语表

缩略语	英文全称	中文全称
AT1	Additional Tier 1	其他一级资本
BCBS	Basel Committee on Banking Supervision	巴塞尔银行监管委员会
BIS	Bank for International Settlement	国际清算银行
BRRD	Bank Recovery and Resolution Directive	《银行恢复和处置指令》
CET1	Common Equity Tier 1	核心一级资本
CMG	Crisis Management Group	危机管理小组
D-SIB	Domestic Systemically Important Bank	国内系统重要性银行
FDIA	Federal Deposit Insurance Act	《联邦存款保险法》
FDIC	Federal Deposit Insurance Corporation	联邦存款保险公司
FDICIA	Federal Deposit Insurance Corporation Improvement Act	《联邦存款保险公司改进法》
FIRREA	Financial Institutions Reform, Recovery, and Enforcement Act	《金融机构改革、复兴与实施法》
FSA	Financial Services Authority	金融服务监管局
FSB	Financial Stability Board	金融稳定理事会
IMF	International Monetary Fund	国际货币基金组织
G-SIB	Global Systemically Important Bank	全球系统重要性银行

续表

缩略语	英文全称	中文全称
KAs	Key Attributes of Effective Resolution Regimes for Financial Institutions	《金融机构有效处置机制的关键要素》
LAC	Loss Absorbing Capacity	损失吸收能力
LOLR	Lender of Last Resort	最后贷款人
PCA	Prompt Corrective Action	及时纠正(早期纠正)
RWA	Risk Weighted Assets	风险加权资产
RRP	Recovery and Resolution Plan	恢复与处置计划
SIB(s)	Systemically Important Bank(s)	系统重要性银行
SIFI(s)	Systemically Important Financial Institution(s)	系统重要性金融机构
SRM	Single Resolution Mechanism	单一处置机制
SSM	Single Supervisory Mechanism	单一监管机制
Tier 2	Tier 2	二级资本(附属资本)
TLAC	Total Loss-Absorbing Capacity	总损失吸收能力

导 论

一、研究背景

近年来,我国银行体系的杠杆率、关联性和复杂性不断提升,[①]一些大股东不当行使权利谋取私利,违背了审慎经营原则,[②]侵害了相关者的合法权益。股权乱象与股东错位引发银行风险,对我国金融稳定产生了不良影响。规范银行大股东行为、遏制其道德风险,成为有效防范化解金融风险、完善中国特色现代金融企业制度的关键所在。

(一)研究背景

1. 银行风险凸显股东权规制的紧迫性

(1)银行公司治理和风险管理存在短板。我国银行业股权结构不断优化,但复杂的股权结构增加了治理难度,银行危机应对与风险管理还存在诸多不足。其中,国有银行仍存在明显的国有股"一股独大",缺少细则规范股权董事[③]履职程序。[④] 各类中小银行徒具公司治理形式,容易造成大股东控股,影响或把持银行重大经营决策的现象。如包商银行中明天集团的机构股东持股比例超过 80%,使大股东容易操纵股东会,干预

① 参见《宗良:十九大开启中国金融改革发展新时代 呈现六大亮点》,载中国新闻网,https://www.chinanews.com/cj/2017/12-21/8406149.shtml。

② 参见杨松、郭金良:《银行危机处置过程中的股东权利限制研究》,载《法律科学(西北政法大学学报)》2013 年第 5 期。

③ 股权董事:在本书的语境中,是指履行国有金融资本出资人职责的机构、国有金融资本受托管理机构向持股银行派出的代表国有股权的董事。财政部于 2023 年修订完善了国有金融机构履职的操作指引。

④ 参见郦锡文:《大型银行公司治理:实践与探索》,海南出版社 2010 年版,第 2~13 页。

和掏空该银行,侵害其他股东及存款人的利益。[①] 中小银行董事会、股东会难以发挥监督职能,选任的董事、高级经理人难以有效识别风险隐患,容易受到大股东的不当影响。各类银行股东存在不同程度的角色偏差,使银行的股权管理和风险管理中存在信息不对称、机制不健全等问题,影响了银行的可持续发展。

(2)部分银行股东的道德风险加剧。股东不当行使权利是国际金融危机的诱因之一。在国内外多次银行危机中,大股东利用金融契约的漏洞谋求私利,背离金融商事伦理与行为规范。我国的中小银行中股东违法违规行为较多,形成了银行安全与稳健的潜在风险。部分中小银行中存在违规股权代持、违规变更股权等问题,如恒丰银行变更持股总额5%以上的股东未报原银监会审批,[②]安排企业代替内部员工间接持有银行股份,[③]阜新银行违法违规变更股权注册资本。又如成都银行曾因控股股东投资多家银行而被中止首次公开募股(Initial Public Offering,IPO)审查,通过IPO审查后,却被爆出部分被冻结股权被司法拍卖的问题。[④] 一些大股东滥用控制权影响银行经营,如吉林九台农村商业银行受股东关联企业辉山乳业集团巨额负债影响,一度出现坏账风险和股价暴跌。[⑤] 有的银行存在股东违规关联交易,如恒丰银行关联交易未提交关联交易控制委员会和董事会审查审批。[⑥] 也有银行大股东违规开展内幕交易的

---

① 参见周学东:《中小银行金融风险主要源于公司治理失灵——从接管包商银行看中小银行公司治理的关键》,载《中国金融》2020年第15期。

② 参见2017年3月29日中国原银监会行政处罚信息公开表(银监罚决字〔2017〕15号)。

③ 参见2017年12月29日中国原银监会行政处罚信息公开表(银监罚决字〔2017〕30号)。

④ 参见《成都银行上市前的变与不变》,载凤凰网财经,http://finance.ifeng.com/a/20171222/15883907_0.shtml。

⑤ 该行第一大股东杨某同时为辉山乳业集团董事长,该企业2017年产生了100多亿元负债,使该行一度存在18.3亿元授信沦为坏账的风险。参见任明杰、江钰玲:《九台农商银行遭辉山乳业火烧连营:被欠18亿》,载新浪网,http://finance.sina.com.cn/stock/hkstock/2017-03-27/doc-ifycstww1437237.shtml?dv=1&source=cj。

⑥ 参见2017年12月29日中国原银监会行政处罚信息公开表(银监罚决字〔2017〕30号)。

情况,甚至发生骗贷等违法犯罪案件,如柳州银行等银行控股股东吴某及其企业骗贷案。①

(3)金融控股公司等股东治理难度加大。近年来,各类金融控股公司快速发展,保险公司与银行交叉持股,一些实体企业、互联网巨头也通过获取牌照、股权投资、并购等方式设立了金融控股公司。② 这些公司很容易引发不当关联交易、监管套利、资本脱实向虚、财务杠杆过高等风险,现有监管体制难以有效规制这些公司。法人股东控制权之争日趋激烈,如安邦、明天等七大集团先后入股,使民生银行不断出现控制权争夺战。③ 哈尔滨银行受明天系集团控制,因内部股权变动撤回 A 股上市申请。④ 徽商银行因中静系公司在港股市场收购增持股份而在 A 股市场上市受挫。⑤ 各集团通过金字塔结构、交叉持股控制了银行,以股权变动转移资金、谋求自身利益,⑥影响了银行的稳健经营。

2. 完善银行监管与处置机制的需要

为应对前所未有的挑战,我国银行监管机构贯彻落实中央有关会议精神,加强商业银行股东监管,探索完善问题银行处置与风险防控机制,修订和颁布了一些规章和规范性文件:第一,整治银行业股权乱象。银行监管部门发文强调继续完善和加强银行公司治理,重点整治不当利益输送、违规

---

① 广西中美天元集团实际控制人吴某及其旗下企业控制了柳州银行等 3 家银行的股份,又以虚假抵押等方式骗取银行贷款 420 亿元,给这几家银行造成了重大损失。参见《史上最大的银行骗贷案:广西中美天元集团 420 亿骗贷案迎来一审判决!》,载搜狐网 2018 年 11 月 8 日,https://www.sohu.com/a/273969200_114844。

② 我国现有银行、非银行金融机构、中央企业、地方政府、产业资本、互联网巨头等不同主体控股的金融集团或金融控股公司。

③ 民生银行股权结构特别分散,先后引发了四次大规模的股权争夺战。

④ 参见张漫游:《三年回归路止步 哈尔滨银行撤回 A 股上市申请》,载新浪新闻,https://news.sina.com.cn/o/2018-03-16/doc-ifysikmr1485582.shtml。

⑤ 参见薛南骏:《徽商银行二次暂停 A 股上市 股东斗法悬念重重》,载凤凰网财经,https://finance.ifeng.com/a/20180308/16017192_0.shtml。

⑥ 参见王娴、闫琰:《集团内金融机构公司治理问题与对策》,载《中国金融》2020 年第 15 期。

关联交易等股权乱象。[①] 第二,完善风险处置机制。要求民营银行及其发起人制订恢复与处置计划(recovery and resolution plan,RRP),强调股东自我救助,明确股东要承担剩余风险。[②] 要求系统重要性银行(systemically important bank,SIB)制订恢复与处置计划,构建特别处置机制,明确问题银行救助原则和流程。[③] 要求投资银行的非金融企业建立健全风险隔离机制和构建有效的风险处置机制。[④] 第三,完善银行股东行为监管制度。我国对民营银行实施全程监管、创新监管和协同监管。[⑤] 修订行政许可事项管理办法,加强中资银行、外资银行及农村中小银行股东入股、持股和退出监管。[⑥] 对非金融机构法人股东实施严格的市场准入管理,强化资本监管,防止利益输送,完善风险处置机制。[⑦] 第四,加强商业银行股权管理,构建"三位一体"的穿透监管框架,设立股东行为负面清单。[⑧] 明确国有金融企业股权管理职责。[⑨] 我国虽初步构建了风险防控机制和问题银行处置机制,但这些监管制度效力层级较低,零散而不成体系,颇有些运动式监管的色彩,具体规则缺少可操作性和程序性要求,为强势行政干预预留了空间。2023 年 2 月,我国发布了《金融稳定法(草案)》,也即

---

① 2017 年以来,银行监管部门先后发布了《关于开展银行业"违法、违规、违章"行为专项治理工作的通知》《关于提升银行业服务实体经济质效的指导意见》《关于集中开展银行业市场乱象整治工作的通知》《关于切实弥补监管短板提升监管效能的通知》《关于进一步深化整治银行业市场乱象的通知》,针对不当利益输送、违规代持股份、违规关联交易等股权乱象进行了排查和整治。

② 参见《国务院办公厅转发银监会关于促进民营银行发展指导意见的通知》。

③ 参见《关于完善系统重要性金融机构监管的指导意见》。

④ 参见《关于加强非金融企业投资金融机构监管的指导意见》。

⑤ 参见《国务院办公厅转发银监会关于促进民营银行发展指导意见的通知》。

⑥ 2012 年 5 月,原银监会印发了《关于鼓励和引导民间资本进入银行业的实施意见》。2015 年 6 月,国办转发了《关于促进民营银行发展的指导意见》。2015 年 6 月以来,银行监管部门先后修订了《中国银保监会农村中小银行机构行政许可事项实施办法》、《外资银行行政许可事项实施办法》和《中资商业银行行政许可事项实施办法》。2018 年 4 月,人民银行、原银保监会、证监会联合发布了《关于加强非金融企业投资金融机构监管的指导意见》。

⑦ 参见《关于加强非金融企业投资金融机构监管的指导意见》。

⑧ 参见《商业银行股权管理暂行办法》。

⑨ 参见《关于进一步加强国有金融企业股权管理工作有关问题的通知》。

将修订《银行业监督管理法》和《商业银行法》，这些法律与相关规章明确了股东的应为行为、禁为行为与责任。这些强监管规则需要纳入法制化的问题银行处置体系。[①]

3. 公司治理与监管体制改革的必然要求

在国际金融危机后，学界和实务界达成了共识，普遍认识到完善公司治理机制和银行监管体制的重要性。国际组织不断总结国际最佳实践[②]，修订公司治理和审慎监管、问题银行处置机制的国际准则。

在公司治理国际准则改革方面，巴塞尔银行监管委员会（Basel Committee on Banking Supervision，BCBS）再次修订了《加强银行公司治理的原则》，重申银行公司治理要权衡利益相关者的利益，银行董事会和高级经理人要履行对股东的义务，倡导监管机构要确保股权结构不妨碍稳健的公司治理。20 国集团（Group 20，G20）、经济合作与发展组织（Organisation for Economic Co-operation and Development，OECD）联合发布的《公司治理原则》中提出，公司治理架构应强调平等对待中小股东、外国股东等所有股东，完善股东规范行使权利的保护与激励机制。银行公司治理的首要目标应当是保护相关者利益，存款人利益应优于股东利益。[③] BCBS 强调上市银行股东权遵循的国际准则，明确银行股东的决策权行使规则；强调要充分披露股东等利益相关者的信息。[④] 金融稳定理事会（Financial Stability Board，FSB）同行评审建议，应当确保股东能正当行使董事会人员薪酬及重大决策决定权，强调平等对待股东权利的重要

---

① 《金融稳定法（草案）》强化了金融机构股东在金融风险防范、化解与处置中的义务与责任，需要结合银行特性修订《银行业监督管理法》和《商业银行法》（2015 年修正）相关规则，与相关规章形成内容完备、协调的制度体系。

② 国际最佳实践：即国际组织报告、指引、准则中常用的“最佳实践”（best practices），是国际组织推荐适用的一些制度与做法。在本书的语境中，是指在国际上公认的有效的问题银行处置机制、方法、规则与做法等，已被各国问题银行处置立法所借鉴和吸收。如最小成本处置原则、自救债（bail-in）、恢复与处置计划（RRP）等。各国大体上都将国际最佳实践与本国实际相结合，转化为本国的相关法律。

③ See G20 and OECD, *G20/OECD Principles of Corporate Governance*, 2015.

④ See BCBS, *Corporate Governance for Bank*, 2015.

性。[①] 欧盟委员会针对股东怠于行使治理权的问题，发布指令要求各成员方制定相应法律，细化了上市公司股东会程序与股东权利行使规则，规定了股东的决策权、质询权、投票权、代理投票等事宜，增强股东长期参与上市公司治理的积极性。[②]

在完善金融安全网方面，有关国际组织不断优化审慎监管、问题银行处置的共识性标准。BCBS 提倡将资本要求、公司治理、内部控制等纳入审慎监管框架，将投资者保护制度、危机应对政策纳入金融安全网安排。[③] 随后又针对 SIB 处置等问题发布了一系列文件。FSB 倡导构建有效的问题银行处置机制，通过尽早处置、及时处置、有序处置，加强对存款人利益的保护，使股东和无担保债权人能在公平清偿的基础上有序分担损失，尽可能采取市场化处置、最小成本处置等措施。[④] FSB 倡导股东、无担保及无保险债权人之间按照债权位阶分配损失。[⑤] BCBS 提出了在问题银行处置不同阶段规制股东权的政策建议。在早期纠正阶段，监管机构可要求股东为问题银行注资，可限制股东行使表决权等权利，也可禁止股利分配，还可向股东寻求流动性支持。在清算阶段，处置机构可要求股东、债券持有人及其他债权人根据债权位阶分担损失。[⑥]

（二）研究意义

1. 理论意义

其一，在一定程度上丰富银行公司治理理论。银行公司治理是指股

---

① See FSB, *Thematic Review on Corporate Governance Peer Review Report*, 28 April 2017.

② See European Commission, *Directive (EU) 2017/828 of the European Parliament and of the Council of 17 May 2017 amending Directive 2007/36/EC as regards the encouragement of long-term shareholder engagement*, May 20, 2017.

③ See BCBS, *Core Principles for Effective Banking Supervision*, October, 2006.

④ See FSB, *Key Attributes of Effective Resolution Regimes for Financial Institutions*, October, 2015.

⑤ See FSB, *Policy Recommendation and Timetable of Effective Resolution Regimes for Systematic Important Financial Institutions*, October, 2011.

⑥ See BCBS, *Guidelines for Identifying and Dealing with Weak Banks*, July, 2015.

东等相关利益者参与银行公司事务的相互制衡机制。[①] 通过股东权利、义务、责任的配置,构建股东会与董事会、高级经理人的决策、监督、制衡与监管机制。在正常经营时,侧重于规制大股东权利,保护中小股东权利。在问题银行处置中,权责机关将限制股东权利,调整银行的公司治理结构。[②] 在处置问题银行时需要秉持协同治理理念,优先以市场化方式规制股东权。只有银行陷入严重危机时,权责机关才能深度介入银行公司治理,替代问题银行的权力机构与决策机构,对股东权进行不同程度的限制。本书的研究可以在理论中明确权责机关处置权和公司治理的边界,丰富和深化银行公司治理的基础理论。

其二,在一定程度上丰富问题银行处置理论。权责机关在问题银行处置中享有较大的自由裁量权,按照银行危机的严重程度,有序、适度地介入银行的公司治理,对股东施以不同强度的规制措施。权责机关应当恪守其权力边界,采取的规制行为应当符合实体合法与程序合法的要求,不应过度干涉股东权的正当行使。问题银行处置还涉及多个权责机关,应合理分配不同权力,提升处置效率,降低处置成本,减少对股东权的不当侵害。探讨问题银行处置中股东权规制的性质和方式等具体问题,有利于明确具体处置措施的实施条件和适用范围,有利于发挥公司治理与权利规制在问题银行处置中的作用。

其三,在一定程度上深入探讨银行股东行为规范理论。由于商业银行的特殊性,大股东容易利用有限责任和监管漏洞谋求私利。股东不当行使权利会产生较强的负外部性,对金融市场产生潜在的不良影响,成为加剧银行危机的诱因之一。公司法规定了股东的财产权、治理权、诉讼权、义务及责任。随着银行危机逐渐复杂化,现行监管机制和义务、责任机制不足以规范银行股东的行为。在国外,问题银行的大股东要承担补

---

① 参见王红一:《银行公司治理研究——中国国有银行改革的法律路径》,法律出版社 2008 年版,第 12 页。

② 本书所谓的权责机关是对处置问题银行的公权力机关的统称,包括监管机构、处置机构、地方政府、法院等。

充资本、资本维持等义务,金融控股公司及其附属银行要为问题银行提供资金支持等救助;权责机关还可在特定情形下限制股东权。股东加重责任可以弥补一般规制措施的缺陷,遏制股东的投机行为和冒险行为。深入探讨股东权规制、股东加重责任的法理和制度,可以完善银行股东行为规范理论。

2. 实践价值

其一,有利于完善银行股东行为规范。公司股东角色经历了从单一化到多元化的演变过程。[①] 在有限责任制度下,银行股东容易产生角色错位,容易出现不作为和乱作为问题,不利于发挥其在银行公司治理中的作用,还可能会加剧银行危机。现行股东权制度主要适用于常态的银行公司治理,不足以规制问题银行处置中的股东行为。我国虽制定了部分股东加重责任规则,但与现行股东权规制体系不协调,不能有效地指引股东分担损失、补充资本和积极救助。探讨问题银行处置中对股东权的规制,有利于明确银行股东的权利、义务和责任及动态调整机制,有效防控银行股东道德风险。

其二,有利于完善问题银行处置制度。近年来,我国虽制定了股权管理、银行风险化解和处置等方面的政策文件,但这些文件效力层次较低,缺少可操作性强的配套机制和具体规则,对股东的约束力和指引性不强。受规制行为不当侵害的股东缺少必要的权利救济规则,容易产生过度规制和监管不到位等问题。我国需要借鉴国际最佳实践,构建有效的商业银行风险处置制度。在具体制度构建中,我国需要合理分配不同权责机关的权力,明确一般股东权规制措施与股东加重责任的适用范围和条件,制定股东权规制行为的问责和权利救济制度,实现权利规制与股东合法权益保护的有机统一。探讨问题银行处置中的股东权规制,有助于优化银行公司治理与监管互动的制度安排,可以为优化问题银行处置制度提

① See Robert B. Thompson & D. Gordon Smith, *Toward a New Theory of the Shareholder Role: A Sacred Space in Corporate Transactions*, 80 Texas L. Rev. 261 (2001).

供参考。

其三,有利于完善银行公司治理制度。2004 年以来,我国权责机关借鉴国际最佳实践,整合了各类银行的公司治理制度,我国现已取得了重大金融风险防范化解攻坚战的阶段性成就。各类银行已按监管机构要求,逐步将风险防控与处置纳入公司治理框架。但仍存在体系不健全、规则较零散、规范性文件效力层级低等问题。多家中小银行的风险和危机管理机制相对滞后。部分股东利用制度漏洞谋取私利,产生了一些股权管理乱象。我国以强势行政干预防范和处置了银行风险,虽有利于及时、高效地处置问题银行,却容易形成政府处置、隐性担保的惯性,不利于银行业可持续发展。我国需要界定权责机关自由裁量权的边界,使权责机关有序、适度介入银行的公司治理。同时,完善银行公司治理中的危机管理制度,规范问题银行股东的行为,防范和控制银行风险与危机,促使股东积极履行在银行公司治理中的职责。

二、研究现状

(一)国内研究现状

国内学术界对问题银行股东权规制的研究要晚于国外,大致始于 2005 年。此前,已有学者探讨了股东权规制、银行公司治理模式、公司治理机制等与之间接相关的问题。相关研究呈现出十分明显的阶段性特征:其一,2003 年我国启动了国有银行股份制改革,很多学者分析了改革中的银行公司治理模式;部分学者开始关注一般股东及金融控股公司的加重责任。其二,在 2008 年国际金融危机前后,学者开始关注银行监管和规制的基本理论,探讨了银行危机成因及国家干预的理论问题,也分析了银行股东权利规制及股东加重责任的具体制度。其三,自 2013 年以来,学者结合问题银行救助、破产重整等制度,分析了股东权规制的具体措施,不仅深入探讨了股东加重责任的法律属性及制度构造,也开始关注规制措施对股东权的影响及权利保护措施。

1. 银行监管与权利规制基本理论研究

规制的正当性源于国家干预理论,金融危机暴露出国家干预存在的问题,使强化监管和规制显得尤为必要。规制理论研究呈现从宏观到微观的发展趋势。在国际金融危机后,很多学者运用国家干预理论研究了银行危机成因,普遍认为经济社会转型期政府职能与预期目标的错位、[①]市场与政府的"双失灵"导致了金融危机,法律和监管无法应对金融功能异化和虚拟金融发展。[②] 在解释金融危机成因时,学者们逐渐认识到国家干预和银行危机处置的法律属性,主张应以法律明确行政干预和市场的边界。有学者认为,国家干预具有调整经济法律关系的属性,政府干预与私法规制不存在根本对立。[③] 有学者认为,政府"救市"实质上是对"双失灵"的再调节,法律应对政府救助行为进行必要规制。[④] 有学者认为,系统重要性金融机构(Systemically Important Financial Institutions, SIFIs)危机市场化处置的核心是界定国家干预的权力边界,规范市场退出机制和救助机制。[⑤] 国内金融法学界从微观视角对规制的理论探讨不多。有学者认为,金融业的特殊性可以使规制和监管弥补市场调节机制的不足。[⑥] 金融法以公共利益为目标,具有监管和规制的属性,二者有区别又

---

① 作者认为,中国经济法视野下的政府干预存在理念、手段、职能转变三方面矛盾,根源在于政府在国家社会化与社会国家化之间没有合理地定位。参见李永成:《政府干预经济的中国经济法思考》,载李昌麒主编:《经济法论坛》第5卷,群众出版社2008年版。

② 参见徐孟洲、杨晖:《金融功能异化的金融法矫治》,载《法学家》2010年第5期。

③ 参见李昌麒:《论经济法语境中的国家干预》,载《重庆大学学报(社会科学版)》2008年第4期。

④ 参见漆多俊:《世界金融危机的经济法解读》,载《经济法论丛》2010年第1期。

⑤ 参见郭金良:《系统重要性金融机构危机市场化处置法律制度研究》,辽宁大学2014年博士学位论文,第68页。

⑥ 作者指出,规制是指通过制定和实施规则而实现对经济生活的调整和管理,而监管是监管机构对监管对象及其活动是否符合法律和政策的要求所进行的监督、检查、处理等一系列行为的总称。这个概念虽然界定了"规制"和"监管",但仍未厘清二者的区别。作者在文中使用"金融规制监管"这一术语,似乎又模糊了两个词的界限。参见韩龙:《金融法为何是规制与监管之法?》,载《甘肃政法学院学报》2008年第3期。

有重合。[1] 这些有益尝试为准确理解规制和监管提供了思路，但在基本概念运用中仍存在一定程度的混淆，有必要借鉴国外学者的探讨和论述。

关于银行监管与银行公司治理之间的关系，我国学界的系统性研究成果不多，相关观点散见于专著或论文的一部分。学者普遍将严格监管作为银行特殊性之一，纳入银行公司治理进行研究。有的将银行监管作为外部治理机制的一部分，[2]有的认为监管与银行公司治理之间存在替代或补充关系，还有的建议将银行公司治理纳入银行监管体系。[3]有学者分析银行监管的理论基础，分析监督和制约银行控股股东和管理者的制度，认识到银行监管对一般公司治理的弥补作用。[4] 有学者认识到银行监管会影响公司治理效率。[5] 有学者认为，银行的股权治理和债权治理模式都存在一定缺憾，还需以公权力规制、监督和控制银行的活动，从而保护债权人和维护金融体系稳定。[6] 有学者指出，银行危机处置中对股东权的限制是规制理论在银行监管中的运用，主要解决股东利用信息优势不当行使权利，危害金融稳定和社会安全的问题。[7] 相关研究已取得了一定成果，还需深入探讨银行公司治理结构调整及具体规制措施。

---

① 作者对"规制"和"监管"基本沿用了以前的定义，认为"监管"是纠正违法行为的强制力，突出了其合规性特点；他还认为"规制"包括"规"和"治"两方面，是依据法律和授权性规则对经济、金融活动的管理。"规制"在"治"的范围内可与"监管"重叠或交叉使用，但前者更宏观，后者更具体。参见韩龙：《规制与监管：美国金融改革方案对金融法品性的再证明——解读美国金融改革方案之法学理念与基础》，载《河北法学》2009 年第 11 期。

② 参见阎庆民：《银行业公司治理与外部监管》，载《金融研究》2005 年第 9 期；潘敏：《商业银行公司治理：一个基于银行业特征的理论分析》，载《金融研究》2006 年第 3 期。

③ 参见张红梅：《对中央银行监管创新的思考——把公司治理因素引入中央银行的监管体系》，载《科技导报》2002 年第 10 期。

④ 参见史生丽：《商业银行公司治理与银行监管》，法律出版社 2010 年版，第 34 ~ 77 页。

⑤ 参见潘敏：《商业银行公司治理：一个基于银行业特征的理论分析》，载《金融研究》2006 年第 3 期。

⑥ 参见隋平、罗康：《论银行公司治理制度的构建》，载《法学杂志》2012 年第 6 期。

⑦ 参见杨松、郭金良：《银行危机处置过程中的股东权利限制研究》，载《法律科学（西北政法大学学报）》2013 年第 5 期。

2. 商业银行公司治理特殊性研究

我国学界对银行公司治理特殊性的研究始于2003年,学者们以国有银行改革为背景,探讨了治理机制、股权结构等具体问题。

我国学界深入研究了商业银行的公司治理理念和模式,研究成果集中在"为谁治理"和"如何治理"两方面。学者们对于前者的主要观点基本一致,普遍认为"股东至上主义"的治理逻辑与银行稳健经营存在矛盾,商业银行的公司治理应更注重维护和协调其他相关利益者权益,实行"债权人主义"[①]"契约型"[②]以保护外部投资者利益为核心等治理模式。[③]国际金融危机以后,更多学者从社会公共利益角度考虑问题,提出外部监管者参与治理、[④]利益相关者共同治理等模式。对于第二个问题,经济学学者和法学学者之间存在不同认识。经济学学者普遍认为,银行公司治理是解决代理问题、协调股东等相关者利益的权利配置和激励机制。法学学者则认为,银行公司治理的核心是解决代理问题,要构建代理人履行信托责任、全面保护委托人权益的激励约束机制。

在我国国有银行改革前后,学者们注意到国有银行股东职能分散,更类似于准政府机构,[⑤]使其对银行经营管理的作用有所弱化,主张应弱化国有银行的行政特色,构建相关主体职能清楚、股权结构多元化的银行治理结构。[⑥] 有学者认为要解决股东与债权人、监管者之间的利益冲突,内部治理机制起核心作用。[⑦] 2008年以来,不少学者认为国际金融危机实质上是公司治理的危机,围绕股东与相关者之间的利益冲突探讨银行公

---

① 参见张建伟:《从"股东至上主义"到"债权人主义"——商业银行的公司治理理念》,载《金融法苑》2001年第10期。

② 参见罗开位、连建辉:《商业银行治理:一个新的解释框架——商业银行"契约型"治理的经济学分析》,载《金融研究》2004年第1期。

③ 参见洪正:《论银行业公司治理的特殊性》,载《经济评论》2006年第6期。

④ 参见李维安:《金融危机防范:公司治理是关键》,载《农村金融研究》2009年第4期。

⑤ 参见易宪容:《国有银行治理如何从窘境中走出》,载《中国经济时报》2003年2月19日。

⑥ 参见楼继伟:《完善中国银行业的公司治理结构》,载《中国经济时报》2004年6月14日。

⑦ 参见潘敏:《商业银行公司治理:一个基于银行业特征的理论分析》,载《金融研究》2006年第3期。

司治理结构。有学者主张银行公司治理结构应实现股权、债权和监管三种治理机制的平衡,[①]有学者认为,我国大型银行"三会"之间存在双重委托代理关系,股东大会、董事会等内部制衡是这类银行公司治理的核心内容之一,应通过股东争夺控制权、利益诉求的博弈实现制衡。[②] 有学者认为银行危机处置中股东权规制本质上是调整银行公司治理结构,使股东正确行使权利,实现问题银行处置中的利益平衡。我国在银行业改革中应秉持"多重利益主体共同参与"的治理理念,促使银行股权结构多元化。[③] 为应对凸显的银行股东道德风险,银行公司治理机制要合理配置股东的权利、义务与责任,有效地防控股东不当行使权利。国内学界既缺少对银行公司治理机制的系统研究,也缺少对股东权规制法律的协调与交叉性研究。

3. 银行股东权规制研究

规制银行股东权的前提是明确银行股东的权利、义务和责任,需要探寻规制股东权的逻辑和思路,梳理、整合、反思现行公司法、银行监管法等法律规定。学界从理论和制度两方面对该问题进行了研究。在理论研究方面,学者们大多从规范股东行为角度分析股东权规制的正当性。有学者认为,股东滥用权利危害公司产权、运营效率,股东权规制源于限制个体权利、遏制个体与社会冲突的需要。[④] 有学者分析法国公司法的防止股东滥用权利制度,分析其在公司治理和股东权制度中的定位、作用和价值。[⑤] 有学者认为,国有银行控股股东以关联交易侵害利益相关者,因"出资人缺位"或内部合谋等导致金融国有资产流失,应以合理的法律制

---

① 参见隋平、罗康:《论银行公司治理制度的构建》,载《法学杂志》2012 年第 6 期。

② 参见王之亮:《中国大型商业银行公司治理及其优化路径研究》,西南财经大学 2012 年博士学位论文,第 62 ~ 75 页。

③ 参见杨松、郭金良:《银行危机处置过程中的股东权利限制研究》,载《法律科学(西北政法大学学报)》2013 年第 5 期。

④ 参见陈素玉、叶明:《论股东权利的滥用》,载《现代法学》1996 年第 2 期。

⑤ 参见贾林青:《论法国公司法关于防止股东滥用权利制度的借鉴价值》,载《法学家》2007 年第 2 期。

度约束国有银行控股股东，保护国有金融资产。[①] 有学者认为，民营银行股权结构应避免道德风险和系统性金融风险，重点监管股东及其关联交易、股权结构及股权交易，建立救助、清算和退出程序。[②] 有学者认为，公司制度、金融安全网的缺陷和金融创新诱发了银行股东道德风险，应以公司治理与银行监管互动为中心规制银行股东。[③] 在制度研究方面，有学者梳理了公司法、银行监管法对银行股东大会及其他机制运作的具体要求。[④] 有学者比较了国内外银行股东权利保护制度，提出修改股东大会规则及股东维权机制。[⑤] 有学者结合公司法，梳理了商业银行股东在银行设立、运行、解散等阶段的义务和责任。[⑥] 一些学者以实证和制度分析，探讨一般银行、民营银行和村镇银行股东权规制体系构建问题，其政策建议集中于优化股权结构、完善股东参与公司治理机制，以放宽准入监管、优化股权结构、防范不当关联交易等特殊监管制度为重点，[⑦]筛选合格股东、[⑧]强化民营银行股东加重责任及相关配套制度。[⑨] 目前，很多研究从宏观制度层面探讨国有银行、民营银行的股东权规制问题。值得肯定的是，有学者比较、总结了国内外问题银行处置中的股东权规制措施，

---

① 参见王红一：《银行公司治理研究——中国国有银行改革的法律路径》，法律出版社 2008 年版，第 43 页。

② 参见周学东：《民间资本发起设立民营银行的思考》，载《中国金融》2013 年第 19 期。

③ 参见阳建勋：《公司治理与金融监管互动中的银行股东道德风险规制》，载《现代法学》2018 年第 4 期。

④ 参见张炜：《银行业务法律合规风险分析与控制》，法律出版社 2011 年版，第 251 ~ 254 页。

⑤ 参见王思洋：《商业银行公司治理的法律制度研究》，吉林大学 2011 年博士学位论文，第 47 ~ 57 页。

⑥ 参见宋怡林：《民营化背景下商业银行股东加重责任研究》，辽宁大学 2015 年博士学位论文，第 47 ~ 59 页。

⑦ 参见杨松、张永亮：《我国村镇银行设立制度之省察及重构——以民间资本进入银行业为视角》，载《法商研究》2014 年第 3 期。

⑧ 参见魏建、张勇：《关于商业银行股东监管的研究》，载黄少安主编：《制度经济学研究》第 17 辑，经济科学出版社 2007 年版。

⑨ 参见杨松、张永亮：《我国村镇银行设立制度之省察及重构——以民间资本进入银行业为视角》，载《法商研究》2014 年第 3 期。

提出了优化现行制度的可行建议。总之,相关研究对银行股东权规制的原因、必要性和可行性分析尚有不足之处;以宏观的制度架构设想居多,对具体规则研究较少。

4. 商业银行股东加重责任研究

国内学者对银行股东加重责任的研究晚于国外学者,经历了由宏观到微观、由制度比较到学理分析的演变过程,研究成果大体上可分为法理和制度两大方面。在基础理论研究中,对国外相关制度的介绍性研究和借鉴性研究较多。早期学者们主要借用美国学者的定义,似乎形成了沿用国外现成概念的惯例,对该制度的深入阐释和论证并不多,也没有结合商业银行特殊性进行分析。有学者结合美国判例法与制度分析了金融控股公司的理论、具体规则及影响。[①] 有学者比较了股东加重责任与公司法人人格否认的异同。[②] 也有学者通过概括和分析相关定义,认识到加重责任的复合性、[③]强制性和特殊性。[④] 有学者在分析美国金融控股公司法律制度时,认为加重责任是对传统公司有限责任原则的突破。[⑤] 有学者将加重责任作为金融控股公司法律制度的主要部分,探讨了其主要内容、制度价值及借鉴意义。[⑥] 晚近时期学者们逐渐深入分析相关法理。有学者认为加重责任的法理依据是“准代理”理论。[⑦] 有学者从内涵与外延两方面分析了加重责任的法律属性、效力来源、发生条件、行为主体及

---

① 参见姜立文:《金融控股公司法律问题研究——国际比较与中国对策》,华东政法学院2005年博士学位论文,第138~178页。

② 参见姜立文:《金融控股公司责任承担的新机制——美国金融控股公司加重责任制度研究》,载《金陵法律评论》2004年第2期。

③ 参见田田、龚华生:《建立中国金融控股公司的加重责任制度》,载《法学论坛》2005年第6期。

④ 参见张继红、姜立文:《美国银行股东、董事之特殊责任探究》,载《财贸研究》2012年第5期。

⑤ 参见姜立文:《美国金融控股公司加重责任制度研究与启示》,载《环球法律评论》2006年第6期。

⑥ 参见刘东平:《金融控股公司法律制度研究——以金融效率与金融安全为视角》,西南政法大学2006年博士学位论文,第146~152页。

⑦ 参见阳露昭、刘涛:《论金融控股公司加重责任制度的法理基础》,载《上海金融》2009年第3期。

行为方式。[①] 也有学者深入分析了其主体要素、条件要素和行为要素，从其公司法定位及商业银行的金融功能角度探讨了其性质和功能。[②] 股东加重责任弥补了股东有限责任，是银行公司治理中的特殊机制，是特定情形下银行股东应当承担的义务和责任。还需进一步阐述加重责任的体系定位、与其他制度的协调等问题。

在制度研究方面，很多学者都具有现实眼光和比较法视野。国内学者的研究兴起于国际金融危机前后，回应了国际金融危机中金融控股公司存在的问题。不同学者以民营银行改革为背景，[③]分析股东加重责任的作用及其借鉴意义。[④] 在早期研究中，学者们就开始关注加重责任的适用范围等制度要点，[⑤]有学者结合美国法律概括加重责任的具体措施，[⑥]有学者提出了适用对象、适用方式等方面的立法设想。[⑦] 2008 年以后，有学者认为加重责任的目的在于解决国有银行股东控股、“出资人缺位”等问题，需要与国有金融资产出资人代表、股东监管和约束等制度相结合。[⑧] 有学者认为，在有限责任等基础制度具有普适性时，加重责任是不必要的，我国现行加重责任规则存在体系不协调、效力层次低等问题。[⑨] 有

---

① 参见宋怡林：《民营化背景下商业银行股东加重责任研究》，辽宁大学 2015 年博士学位论文，第 110 ~ 127 页。

② 参见杨松、宋怡林：《商业银行股东加重责任及其制度建构》，载《中国社会科学》2017 年第 11 期。

③ 参见柴瑞娟：《民营银行：发展障碍及其法律对策——以民营银行开闸为时代背景》，载《法学评论》2014 年第 3 期。

④ 参见王红一：《银行公司治理研究——中国国有银行改革的法律路径》，法律出版社 2008 年版，第 43 页。

⑤ 参见田田、龚华生：《建立中国金融控股公司的加重责任制度》，载《法学论坛》2005 年第 6 期。

⑥ 参见刘东平、霍太稳：《关于金融控股公司的加重责任》，载《东岳论丛》2006 年第 1 期。

⑦ 参见吴丹波：《构建我国金融控股公司加重责任制度的法律思考》，载《企业经济》2006 年第 7 期。

⑧ 参见王红一：《银行公司治理研究——中国国有银行改革的法律路径》，法律出版社 2008 年版，第 51 ~ 54、88 ~ 105 页。

⑨ 参见伏军：《危机银行处置：原理、制度与方法》，法律出版社 2018 年版，第 74 ~ 75 页。

学者开始关注股东权利救济措施、[1]差别化救助义务或权利限制措施等制度。[2] 更有学者设想了主体、条件、义务内容、司法审查等方面的具体规则。[3] 现有研究已具备一定的理论深度和广度，还需针对金融控股公司等不同股东，探讨加重责任制度的构建和适用。

5. 问题银行处置中股东权规制研究

学者们认识到股东自救可以减少财政负担、节约处置成本，有利于遏制股东道德风险。学者们大多以分析欧美法律制度为基础，提出了完善我国相关制度的建议。有学者分析了股东救助的法律属性，以及限制权利和交易、强制担保等措施的适用条件。[4] 有学者认为，股东自救应优先于国家救助，我国应严格界定国家救助银行的条件，设置股东救助银行的奖惩机制。[5] 现有研究只是对法律制度的比较分析，尚未结合判例探讨制度和实践的互动。

学者们研究了问题银行处置中股东权规制措施及其影响，总体上体现出零散、琐碎的特点，并未深入分析对股东权的调整和限制。在金融机构"生前遗嘱"研究中，有学者认识到股东、债权人分摊损失是银行危机处置的重点，[6]剥夺股东投资权益是处置计划中的基本要素，[7]使股东承担处置成本具有维护公共利益、减轻道德风险等作用。有学者运用比较法，分析了恢复与处置计划的不同模式，比较了股东义务、股东会、监管机

① 参见隋伟、刘俊：《我国建立金融控股公司加重责任制度探讨》，载《南开学报（哲学社会科学版）》2008 年第 6 期。

② 参见陈文成：《金融控股公司对附属金融机构责任加重制度研究》，载《上海金融》2009 年第 8 期。

③ 参见宋怡林：《民营化背景下商业银行股东加重责任研究》，辽宁大学 2015 年博士学位论文，第 191 ~ 206 页。

④ 参见洪治纲：《濒危银行救助的国外立法与借鉴》，载《法学评论》2005 年第 6 期。

⑤ 参见张继红：《问题银行重整中的救助法律制度——以私主体救助为主要视角》，载《金融理论与实践》2011 年第 9 期。

⑥ 参见李仁真、周忆：《论金融机构的"生前遗嘱"制度》，载《证券市场导报》2012 年第 7 期。

⑦ 参见李景杰：《论金融机构的生前遗嘱制度及其对我国的启示》，载《经济问题》2014 年第 12 期。

制与公司治理的关系。[①] 有学者认为,一般股东和集团股东应承担不同性质的资本补充义务,银行集团还应承担强制性加重责任。[②]

在立即纠正阶段股东权规制的研究中,有学者指出监管机构对银行股东可采取注资、中止权利等行动。[③] 有学者比较了中美立即纠正中的股东监管措施,反思了我国及时纠正制度中存在的不足。[④] 在自我救助机制研究中,有学者认识到 BCBS 自救债准则中减记或转换机制对股东权的影响,提出了完善我国自救债触发条件等建议。[⑤] 有学者针对自救体制可能引发的投资者投机行为,提出应完善适用条件和范围、触发程序、法律救济及赔偿机制。[⑥] 有学者分析了自救债的运作机制及其对银行股东权的影响,提出修改公司法、证券法等法律与域外法律相协调的建议。[⑦] 在市场退出制度研究中,有学者建议完善风险分担机制和前置救助机制。[⑧] 有学者运用比较法,探讨了预警、重组、接管、财务援助、清算、私力救济等措施,分析了限制或转让股东权、股东补充资本及加重责任等制度的适用。[⑨]

国内学界对银行危机处置法律制度的研究,大多涉及国外立法经验、制度启示或评价,具有一定的反思性和前瞻性,认识到了股东救助银行的必要性及股东加重责任的制度定位。然而,当前研究对制度的法理基础

---

① 参见郭金良:《系统重要性金融机构危机市场化处置法律制度研究》,辽宁大学 2014 年博士学位论文,第 77 ~ 91 页。

② 参见蔡军龙:《商业银行恢复和处置机制研究》,法律出版社 2016 年版,第 96 ~ 99 页。

③ 参见周仲飞:《银行法研究》,上海财经大学出版社 2010 年版,第 354 页。

④ 参见凤建军:《反思问题银行处置措施之“早期干预”——基于公权与私权冲突之视角》,载《财经法学》2018 年第 4 期。

⑤ 参见尹亭:《巴塞尔委员会自救债国际标准:问题和启示》,载《金融发展研究》2013 年第 8 期。

⑥ 参见尹亭:《商业银行自救债的法律问题:理念、原则和要素》,载《商业研究》2013 年第 12 期。

⑦ 参见周仲飞:《金融机构强制性自救债的法律问题》,载《现代法学》2015 年第 2 期。

⑧ 参见任祥玉:《民营银行市场退出法律问题研究》,载《湖北警官学院学报》2014 年第 3 期。

⑨ 参见郭金良:《系统重要性金融机构危机市场化处置法律制度研究》,辽宁大学 2014 年博士学位论文,第 76 ~ 117 页。在更早的文献中,有学者研究了问题银行救助各阶段的股东权规制。参见刘俊:《各国问题金融机构处理的比较法研究》,华东政法大学 2007 年博士学位论文,第 132 ~ 133、139、146、159 ~ 160 页。

探讨不多，缺少对移植制度与国内现行制度协调性的系统性研究。很多研究尚未比较国内外问题银行处置中的股东权规制措施，未深入探讨权责机关权力分配及股东权利、义务、责任的配置。从微观层面针对具体规则的研究，将是问题银行股东权规制研究中的重点。

在问题银行处置中规制股东权，凸显了权力与权利之间的冲突。有学者认为，监管机构以金融稳定、防范风险等公共利益为目的规制银行股东权，与股东权保护的现代企业制度存在矛盾，应以完善公司治理和监管机制协调相关利益。① 有学者指出，早期干预措施中存在公权力与私权利的冲突，应完善相关机制确定其合法性与合理性边界。② 问题银行处置中的股东权规制应当符合正当性、程序性等要求。规制行为违反法定要求的，应当承担侵权责任。在监管机构侵权责任研究中，有学者提出银行股东可以采取请求司法审查、行政审查，提起侵权之诉等救济措施。③有学者认为，股东可对规制行为依法提起异议之诉和损害赔偿之诉。④国内目前的研究中很少关注股东权利救济制度，一些学者的研究具有开创性意义，但仍需结合国际经验开展全面研究。问题银行处置中公私法冲突体现在公司治理结构变化、股东权调整和限制等方面，需要借鉴国际最佳实践，进一步探讨公司法、破产法、银行监管法等规则的协调。

(二)国外文献现状

1. 银行规制与监管的理论研究

在国外学界，规制理论是一个历久弥新的议题，研究者们跨越了部门法的藩篱，开始关注银行业规制的特殊性。国外学者普遍承认监管机构

---

① 参见杨松、郭金良：《银行危机处置过程中的股东权利限制研究》，载《法律科学(西北政法大学学报)》2013年第5期。

② 参见凤建军：《反思问题银行处置措施之“早期干预”——基于公权与私权冲突之视角》，载《财经法学》2018年第4期。

③ 参见苏洁澈：《论银行监管机构的侵权责任——以银行破产和英美法为例》，载《法学家》2011年第1期。

④ 参见杨松、郭金良：《银行危机处置过程中的股东权利限制研究》，载《法律科学(西北政法大学学报)》2013年第5期。

对银行公司治理的作用,缺少对问题银行处置中银行公司治理结构变动的具体探讨。

关于银行规制和监管的基础理论,国外学者从政治学、法学、经济学、社会学等不同侧面进行了研究,研究成果之丰富,令后续研究者难以超越,似乎陷入了"布里丹之驴"的窘境。国外学者大致从特定的命令、国家影响、社会控制的形式等角度认识规制的内涵,①或多或少存在界定狭窄或宽泛的问题。有学者将规制划分为社会性规制和经济性规制。② 有学者认为,银行业的规制属于确保资源配置、纠正信息偏在、保障服务供给公平性的经济性规制。③ 国外学者们不断开拓着规制理论的研究视野和范围,有关研究成果很丰富,经济学与法学的交叉性研究比较常见。问题银行股东权的法律规制涉及公共利益和股东利益的协调,对银行公司治理和股东权产生了影响,需要避免概念法学的思维定式,以国家干预理论分析规制的正当性,以主体权利义务等理论探讨微观规制措施。

在国际金融危机以后,经济学界和法学界反思了国家干预理论。新凯恩斯主义经济学认为政府应对市场进行选择性干预,实施温和性、适度性和原则性的干预。④ 法学界的国家干预理论认为,华尔街过度追求股东利益、政府监管缺失导致了金融危机,主张金融改革的方向是强化有效监管、银行有序处置。⑤ 有学者分析了银行业管制和互助储金会危机,认为资本充足率监管、分业监管和存款保险制度等的设计和实施成本,直接

---

① See Robert Baldwin, Martin Cave & Martin Lodge, *The Oxford Handbook of Regulation*, Oxford University Press, 2010, p. 13.

② 奥格斯(Ogus)教授认为,私人通过合同、通过私法约束和控制行为,并不属于他所要探讨的规制。在厘清规制内涵的基础上,他指出社会性规制具有公益正当性理由,按照干预程度可分为信息规制、"私"的规制、经济工具和"指令和控制";经济性规制主要适用于垄断行业。参见[英]安东尼·奥格斯:《规制:法律形式与经济学理论》,骆梅英译,中国人民大学出版社2008年版,第2~6、260页。

③ 参见[日]植草益:《微观规制经济学》,朱绍文、胡欣欣等译,中国发展出版社1992年版,第27~28页。

④ 参见蔡军龙:《商业银行恢复和处置机制研究》,法律出版社2016年版,第33页。

⑤ See Richard A Posner, *A Failure of Capitalism: The Crisis of '08 and the Descent into Depression*, Cambridge, MA: Harvard University Press, 2009, p. 236-242.

限制了金融市场竞争。[①]

国外学者们一般将监管视为银行外部治理机制,普遍肯定审慎监管对银行公司治理的积极作用。有学者认为,审慎监管的目的在于为银行提供合适的治理结构。[②] 有学者指出,审慎监管使银行保持与其风险承担能力相适应的资本比例。[③] 有学者认为,从经济和政治的视角看,利益相关者治理模式并非监管方干预私人银行公司治理的正当理由,主张新兴经济体的银行监管应更注重公司法的完善。[④] 学者们对问题银行处置中银行公司治理结构缺少深入探讨。

2. 银行公司治理特殊性研究

发达国家对银行公司治理的探讨兴起于2000年,学者们的观点经历了由"股东中心主义"到"利益相关者"治理模式的转变,几乎忽视了发展中国家银行公司治理的特殊性,形成了银行公司治理研究的"理论环"。[⑤] 这些基于"不同金融市场"的共性研究极具方法论意义和借鉴意义,但还需结合不同国情开展差异性研究。国外学者们一般从金融契约、金融产品及行业特性等方面研究银行公司治理的特殊性。有学者着眼于银行董事与股东的利益冲突,肯定了股东在银行决策和交易中的作用,认为董事应当引导股东在法定范围内参与决策。[⑥] 有学者的研究证明,政府过度

① 参见[美]理查德·波斯纳:《法律的经济分析》,蒋兆康译,法律出版社2012年版,第583~586页。

② 参见[法]让·梯若尔、[比]德沃特里庞:《银行监管》,石磊、王永钦译,复旦大学出版社2002年版,第2、32页。

③ See Arun, T. G. & Turner, J. D. *Financial Sector Reforms and Corporate Governance of Banks in Developing Economies: The Indian Experience*. South Asia Economic Journal, Vol. 4:2, p. 187-204 (2003).

④ See Hwa-Jin Kim, *Financial Regulation and Supervision in Corporate Governance of Banks*, 41 J. Corp. L. 707(2016).

⑤ 参见曾康霖、高宇辉:《中国转型期商业银行公司治理研究》,中国金融出版社2005年版,第32~33页。

⑥ See Robert B. Thompson & D. Gordon Smith, *Toward a New Theory of the Shareholder Role: A Sacred Space in Corporate Transactions*, 80 Texas L. Rev. 261 (2001).

介入商业银行经营管理，会影响其公司治理的有效运作，股权集中限制、存款保险等制度会影响股东和存款人的治理作用，不利于银行业市场竞争。[①] 有学者指出，金融领域的公司治理中维护金融体系安全、保护中小投资者等管制目标占有优位。[②] 有学者认为，美国等国的银行公司治理忽略了内部治理机制，应充分考虑股东与其他利益相关者之间的利益冲突。[③]

很多研究者探讨了银行公司治理及其与金融危机的关联性等问题，及时地关注了国际金融危机后凸显的新问题。学者们普遍认为，银行等金融机构的危机源于大股东滥用其权利引发的风险，提出了以完善公司治理机制规制股东权的建议。这些研究以实证分析为基础，也关注了股东参与银行公司治理的热点和难点问题。研究大多从金融危机的宏观层面进行分析，对问题银行股东滥用权利及其规制等具体问题的探讨不多。有学者认为，监管机构可在实施审慎监管时中止股东权，制裁和约束影响银行安全、稳健运行的股东行为。[④] 有学者认为，机构投资者与银行管理者相互勾结、逃避监管是引发金融危机的主要原因。[⑤] 有学者认为，银行股东是剩余利益享受者，会迫使银行采取冒险行为或在危机时抛售股份。[⑥] 有学者认为，银行投资追求利益形成了影子银行，应对大型金融机

---

① See Levine Ross. *The Corporate Governance of Banks*: *A Concise Discussion of Concepts and Evidence*, Vol. 3404, World Bank Publications, 2004.

② See Kern Alexander, *UK Corporate Governance and Banking Regulation*: *the Regulation's Role as Stakeholder*, *Stetson L. Rev.*, Vol. 33:991, p. 991(2004).

③ See David Min, *Balancing the Governance of Financial Institutions*, Seattle University Law Review, Vol. 40, p. 743 (2017).

④ [瑞士]艾娃·胡普凯斯:《比较视野中的银行破产法律制度》,季立刚译,法律出版社 2006 年版,第 32、46 页。

⑤ See Masaharu Hanazaki, Toshiyuki Souma & Yupana Wiwattanakantang, *Silent Large Shareholders and Entrenched Bank Management*: *Evidence from the Banking Crisis in Japan*, SSRN (Feb. 2, 2004), https://papers.ssrn.com/sol3/papers.cfm?abstract_id=497402.

⑥ See Sang-Woo Nam, *Corporate Governance of Banks*, Consultant, ADB Institute, March 13, 2006.

构法人股东实施规制措施,约束银行控股股东权利。[①] 有学者指出,股东行动主义为股东创造了价值,虽不是银行风险的主要来源,却增加了银行违约风险。[②]

3. 银行股东加重责任研究

学者们认为有限责任是现代公司制度的基础和最关键特征,具有特定价值与优势,但不能避免股东道德风险,其他替代性制度都存在一些弊端。在金融创新、去监管化、混业发展等背景下,股东道德风险加剧是诱发问题银行产生的原因之一。许多学者分析了股东受有限责任激励的冒险行为。有学者主张银行监管制度改革的重点是合理防控股东道德风险。[③] 有学者以经济分析方法,比较了降低股东有限责任道德风险方法的利弊。法定最低资本要求、强制保险、管制均存在成本较高的弊端,揭开公司面纱有较强衡平作用,但在司法裁判中存在不确定性的弊端。[④] 大陆法系的学者们认为,"法人穿透说"作用范围有限,仅在资产混同、个人混同等情形下才可要求股东承担清偿责任。[⑤] 但法人人格否认制度很少适用于问题银行处置。现有研究关注了金融危机中的股东道德风险及股东冒险行为,但缺少对其表现形式、生成机制等具体问题的深入探讨,对防范措施的研究也主要是对法人人格否认等制度的分析。

在股东道德风险防控机制的研究中,很多学者深入研究了加重责任制度。美国学者的研究比较丰富。有学者提出了加重责任的概念,认为金融控股公司加重责任是一种监管创新,具有前移监管责任、降低监管成

---

① See Hamid Mehran, Alan Morrison & Joel Shapiro, *Corporate Governance and Banks: What Have We Learned from the Financial Crisis?*, Federal Reserve Bank of New York Staff Report, No. 502, June 2011.

② See Raluca A. Roman, *Shareholder Activism in Banking*, The Federal Reserve Bank of Kansas City Research Working Paper (August 2015).

③ See Kevin Dowd, *Moral Hazard and the Financial Crisis*, Cato Journal, Vol. 29, No. 1: 141, p. 141 – 166 (2009).

④ 参见[美]弗兰克·伊斯特布鲁克、丹尼尔·费希尔:《公司法的经济结构》,罗培新、张建伟译,北京大学出版社 2014 年版,第 49 ~ 50 页。

⑤ 参见[德]托马斯·莱塞尔、吕迪格·法伊尔:《德国资合公司法》(第 3 版),高旭军等译,法律出版社 2005 年版,第 480 ~ 491 页。

本、提升监管效率的特点。[①] 美国学者提出了多种学说阐释金融控股公司加重责任的正当性,饿狼说、监管退化说、成本支付说、市场制裁说、企业责任说、公共选择理论等学说均富有创见性,从不同角度探讨了金融控股公司加重责任的不同规则。学者们在分析中也注意到监管实际情况,各理论对某一具体规则具有一定的解释力。但各种理论都存在不足之处,无法阐明金融控股公司加重责任的理论根源。饿狼说、监管退化说均存在实证无法检验的问题;成本支付说无法说明加重责任作为银行监管措施的合理性;市场制裁说可能夸大了银行董事对其管理机构的义务;企业责任说曾被美国联邦最高法院判决意见采纳,美国有关金融控股公司的法律制度也深受该学说影响,该学说却也受到了学者的质疑;公共选择理论遭受了理论与实务界的批判,不适于作为银行监管措施的理论基础。[②] 有学者阐释了美国银行股东扩张责任的激励作用和成本,[③]有学者结合美国运通公司的实例分析了股东比例责任的优势,[④]也有学者分析了股东双重责任具有促使股东谨慎经营、降低股东道德风险等作用。[⑤]

4. 问题银行处置中股东权规制研究

国外学者对问题银行处置中股东权规制的研究全面、丰富,呈现多学科交汇、极具深度和广度的特点。欧美国家频发的银行危机为研究提供了丰富的案例和素材,使学者们能将理论和实践相结合,避免了空洞、抽象的说教。学者们结合实践探讨了具体处置规则的适用及其对股东权的影响。国外学界存在理论主导和实践主导两大类研究。在理论研究方

---

① See Howell E. Jackson, *The Expanding Obligation of Financial Holding Companies*, 107 Harvard Law Review 507 (1994).

② 参见宋怡林:《民营化背景下商业银行股东加重责任研究》,辽宁大学 2015 年博士学位论文,第 25 页。

③ See Susan E. Woodward, *Limited Liability in the Theory of the Firm*, 114 Journal of Institutional and Theoretical Economics 601 (1985).

④ See P. Grossman, *The Market for Shares of Companies with Unlimited Liability: The Case of American Express*, Journal of Legal Studies, Vol. 24:63, p. 63 – 85(1995).

⑤ See Geoffrey P. Miller & Jonathan R. Macey, *Double Liability of Bank Shareholders: History and Implications*, 27 Wake Forest L. Rev. 31 (1992).

面，学者们主要运用经济学和法学的交叉分析方法。有学者认为，银行监管机构履行审慎监管职责，对银行股东采取管制和矫正措施，[①]在银行重整、破产处置等不同阶段，权责机关对股东采取不同的规制措施，股东的管理控制权和资产控制权受到不同程度的剥夺，在并购和清算中仅有剩余资产分配权。[②] 很多学者分析了问题银行处置中公法与私法之间的冲突。学者们敏锐地注意到银行处置中各相关方的成本与收益。有学者认为，应当根据银行市场价值的不同净值确定股东或其他主体承担的损失。[③] 学者们均主张问题银行处置应与股东权经济价值平衡。理论研究的落脚点仍然是法律制度的完善，学者们强调处置法律制度应符合正当程序、比例性、充分赔偿等要求。[④] 处置法律制度要增强问题银行的可处置性，实现股东权益与金融稳定等公共利益的平衡。有学者认为，问题银行处置涉及相关方的利益分配，目的在于使股东首先承担银行经营失败的风险及处置成本。在实践主导的研究中，国外学者和实务界针对SIFIs、SIB 的处置机制达成了共识，主张完善独立的监管体系，构建系统性的问题银行处置机制，严格遵循迅捷、低成本、问责与监督的原则。[⑤] 学者们探讨了各项处置措施中私人利益与公共利益的权衡、如何构建法律制度等问题。有学者评析了英国《2009 年银行法》中特别处置机制的优势，并认为仍需要公司法改革的辅助；[⑥]该机制存在与欧盟公约权利保

---

① 参见[瑞士]艾娃·胡普凯斯：《比较视野中的银行破产法律制度》，季立刚译，法律出版社2006 年版，第 32、46 页。

② 参见[瑞士]艾娃·胡普凯斯：《比较视野中的银行破产法律制度》，季立刚译，法律出版社2006 年版，第 32、46 页。

③ 参见[英]罗斯·玛利亚·拉斯特拉主编：《跨国银行破产》，苏洁澈等译，中国社会科学出版社 2017 年版，第 59 页。

④ See Eva Hüpkes, *Special Bank Resolution and Shareholders' Rights*: *Balancing Competing Interests*, Journal of Financial Regulation and Compliance, Vol. 17 No. 3:277, p. 277 – 301 (2009).

⑤ 参见刘俊：《各国问题金融机构处理的比较法研究》，上海人民出版社 2008 年版，第 57 ~ 67 页。

⑥ See Kern Alexander, *Bank Resolution Regimes*: *Balancing Prudential Regulation and Shareholder Rights*, Journal of Corporate Law Studies, Vol. 9(1):197, p. 197 – 227 (2009).

护条款的冲突。[①] 学者认识到公共利益与股东利益之间的平衡是问题银行处置法律制度的挑战。有学者分析了早期干预、恢复与处置、再资本化、整顿、破产等措施中的股东权规制,普遍主张在设计和实施处置制度时,应协调银行破产与处置立法,[②]应理顺责任分担与自救的关系,审慎运用股东权规制措施。[③]

欧美学者提出了富有建设性的立法建议,对我国学者深入研究问题银行处置中的股东权规制极具借鉴意义。这些研究虽具有一定的开创性,却只考虑了发达国家的立法与实践经验,对公司法、破产法及银行监管法之间协调机制的分析还不够深入,还需结合不同国情分析借鉴、移植立法和司法经验的可行性。国外学者在论述问题银行处置或银行破产等问题时,往往涉及银行股东权限制或股东义务等问题。国际准则也提出了规制银行股东权的政策建议,需要结合各国实际情况转化为相应的法律规则或政策文件。

(三)简要评析

从法学层面直接针对问题银行股东权规制的研究并不多,始终处于零散状态。主要关注的问题包括:第一,对规制理论、公司治理理论,国外学者已取得了相当丰富的成果。国内早期研究关注银行审慎监管对公司治理、风险管理的影响,也有学者强调政府监管职能的介入,使银行业公司治理实现保护存款人利益等重要目标。一些法学学者的关注视角逐渐从整体制度架构转向银行股东的权利、义务和责任,开始运用规制理论从微观层面分析问题。第二,对商业银行股东加重责任的研究,美国学者以多种学说论证金融控股公司加重责任,从不同角度阐释了"力量之源"

---

① 参见[英]罗斯·玛利亚·拉斯特拉主编:《跨国银行破产》,苏洁澈等译,中国社会科学出版社 2017 年版,第 59 页。

② See Gianni Lo Schiavo, *Burden Sharing Arrangements vs. Shareholders and Creditors: Kotnik, Dowling and the Current State Aid Policy in the Banking Sector*, European Business Organization Law Review, Vol. 19:581, p. 581 – 613 (2018).

③ See Valia Babis, *The Impact of Bank Crisis Prevention, Recovery and Resolution on Shareholder Rights*, 6 Law & Fin. Mkt. Rev. 387 (2012).

“交叉担保”等规则。国内大部分研究以借鉴美国制度与学理为主,分析其法律属性、价值、问题与具体规则。一批学者探讨了民营银行股东自担风险的法律属性,深入分析了股东加重责任的理论及制度构造。有关研究逐渐呈现“否定之否定”趋势,具有从法政策学到法教义学再到法理与制度融合的趋势。第三,学者们在问题银行处置中论及股东权利限制问题,从宏观层面分析规制措施的法律属性,探讨早期纠正、恢复与处置、自救债、债转股等机制中的股东权规制措施,也有研究分析了处置机制对股东权的影响及股东的救济权。国外学者探讨了分担损失、减记和转股等方式对股东权的影响,及在特别处置机制中如何限制和保护股东权。

鉴于问题银行股东权规制研究具有多维性,还应注重以下几方面的研究:第一,结合银行监管和公司治理理论与制度,分析问题银行处置中股东权规制的正当性,及其对股东与相关者的利益调整机制。第二,由于商业银行普遍具有股份制公司的共性,不仅要结合公司法基本原理探讨公司治理机制,还需结合实务分析股东权利、义务和责任的动态调整。第三,加重责任是问题银行处置中适用的利益调整机制,具有补充股东权规制体系的作用,需结合法理和实践,拓展研究的深度和广度。第四,问题银行处置中的股东权规制具有行政行为的属性,需要置于银行监管问责制中,分析股东权规制行为的问责、权利救济与法律责任。

三、研究思路和论证结构

(一)本书的研究思路

首先,分析问题银行、股东权规制、问题银行股东权规制等基本范畴,阐释问题银行处置中规制股东权与加重责任的基本理论。其次,分析问题银行的股权乱象和股东错位,论证强化股东权规制的必要性,提出引入加重责任面临的制度协调与适用问题,分析加重责任的体系定位。梳理股东的权利、义务与责任规范,归纳股东权规制体系,探讨加重责任的构成要件。结合国内外股东权规制的立法与实践,探讨一般规制与加重责任的制度协调与适用问题。再次,探讨股东救助问题银行的法理与制度,分析市场救助和行政干预中股东权规制、加重责任的适用。复次，讨论股东参与问题银行市场退出中的法理与制度，分析并购重组、撤销关闭及破产清算中股东权规制和加重责任的适用。最后，分析对问题银行股东权规制的问责与权利救济，以及权责机关应当承担的法律责任（见图0－1）。

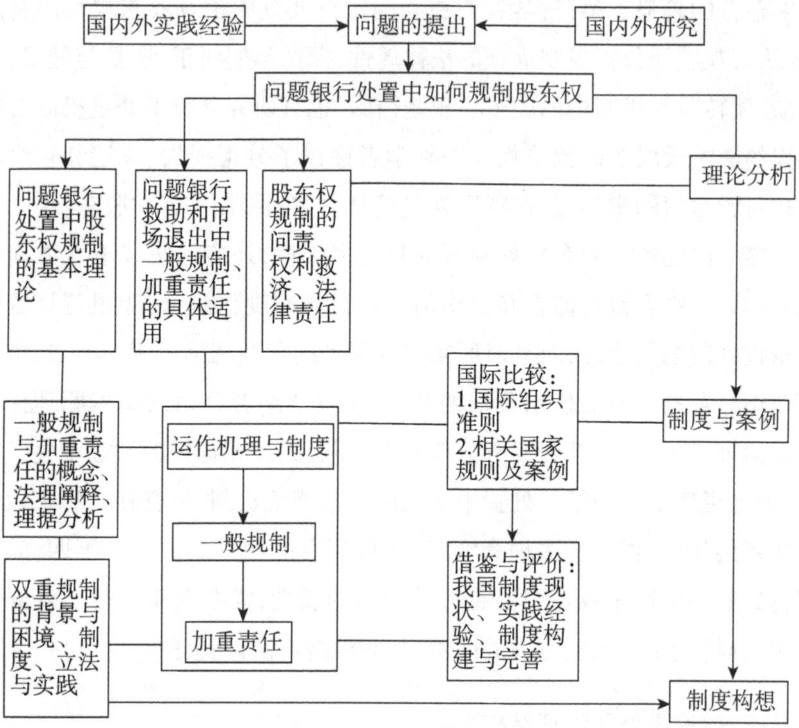

图0－1　本书的逻辑结构

（二）本书的论证结构

按照以上论证结构安排，本书包括七个部分。导论分析了问题银行股东权规制的研究背景与意义，回顾了学界对该问题的研究进展，结论部分总结了主要观点。正文各章内容概要如下。

第一章界定基本范畴，分析问题银行处置中股东权规制的一般理论、内容和手段；从对加重责任内涵和法律属性的反思入手，分析加重责任的概念、法律属性、理论争议，阐释加重责任的正当性理论。

第二章讨论股东权规制的制度与实践，分析在问题银行处置中规制股东权的必要性，提出加重责任入法后的制度协调与适用问题，明确加重责任的体系定位与立法模式。梳理权利规范、义务与责任等股东权规制体系，探讨加重责任的制度安排。比较股东权规制的立法与实践，分析加重责任与一般规制的适用方式。

第三章至第四章主要论述问题银行救助和市场退出中的股东权规制。在第三章中，分析问题银行救助中的股东权规制法理，分析早期纠正、市场救助及行政干预中一般股东权规制、股东加重责任的具体适用，反思我国相关法律制度。第四章主要分析问题银行市场退出中的股东权规制措施，讨论问题银行市场退出的法理与制度，依次分析并购重组、撤销关闭和破产清算中股东权规制及加重责任的具体适用，提出完善我国问题银行市场退出制度的设想。

第五章主要探讨问题银行股东权规制的问责与权利救济，认为问题银行股东权规制应当遵循行政法治的基本原则，受立法机构、行政机关和法院的问责，被规制股东也享有救济权利。权责机关应当承担违法进行股东权规制的法律责任。

四、本书的创新点

第一，本书选题较新。本书关注我国银行监管和处置改革实践前沿，从国内外制度与实践出发，将股东权规制置于问题银行处置和公司治理的框架中进行考察，分析问题银行救助和市场退出中的法理与制度、运作流程及具体措施。本书试图从微观和宏观层面论证股东权规制理论，分析问题银行处置中的一般规制、股东加重责任。因此，本书选题具有一定新颖性。

第二，学术观点较新。本书提出股东权规制能够发挥不同法律规范的作用，配置股东的权利、义务和责任。股东加重责任发挥强制适用规范作用，是在问题银行处置中适用的股东权规制措施。加重责任使股东承担较重的义务与责任，旨在实现维持金融稳定、维护关键金融服务、保护存款人等公共利益。权责机关在问题银行处置中享有较为宽泛的自由裁量权，实质是权力分配、权力与权利关系问题。权责机关应采取成本最小、收益最大的方式，实现股东利益与公共利益的协调与平衡。问题银行处置中股东权规制与保护之间存在冲突，应当受到相关机关的问责并向股东提供权利救济，追究违法规制行为的法律责任。此外，本书也延续了相关研究，提出股东权规制体系、股东加重责任的运作机制及适用。

第三，分析方法较新。本书采取“拼图”和“萃取”的方式，结合法学研究方法与经济分析方法，论证了公私法规制手段、股东权规制措施及最优制度。本书运用公司治理与监管、处置理论，分析了股东权规制的理论；结合个体与整体视角，论证了股东加重责任的理论。本书尤其注重比较法和判例法的运用，分析问题银行处置中股东加重责任、一般规制措施的理论和适用。本书避免公法与私法绝对分割的研究方法，寻求公司法、破产法、银行监管法等法律的衔接和协调。

第一章　问题银行股东权规制的基本理论

问题银行处置一直是常谈常新的老话题。随着相关学科研究的持续深入,其中的股东权规制逐渐引发关注。探讨这个问题,首先需要辨明几个核心概念,明确问题银行处置中股东权规制的特殊性。唯有结合银行公司治理、银行监管与处置的理论,方能深入剖析股东权规制的法理基础,明确其调整利益冲突的本质,分析合理运用公私法规制的路径。我国近年来引入的加重责任制度虽旨在提升问题银行处置效率,却缺乏必要的法理论证。结合语义与规制理论分析,加重责任属于一种特殊的股东权规制和利益调整机制,与一般规制在问题银行处置中共同发挥作用。

第一节　几个基本范畴的诠释

在分析如何规制问题银行股东权前,有必要厘清问题银行、股东权规制及问题银行股东权规制等基本范畴,这是开展本书研究的前提和基础。本节通过比较、借鉴不同界定,对这些基本范畴给出了自己的定义。

一、问题银行

这里首先评述对问题银行的经济学和法学界定,再结合研究目的指出分析着眼于问题银行的产生背景、形成原因和特征,分析股东行为与问题银行的关系,最后说明问题银行与关联概念的关系及识别标准。

(一)辨识问题银行

问题银行在具体语境中有不同内涵,难以进行准确的界定。[①] 对问题银行的阐释,不仅要考察其渊源和演变,也要结合金融危机背景去分析,更需将其置于金融与法律交互的语境中去界定与阐释。

1. 各类定义概览

问题银行这一术语出现于美国大萧条时期。[②] 最早被用来描述“资产状况严重恶化、存款遭受挤兑并濒临破产的银行”[③]。随后学界经常混用经营失败的银行(Failed Bank)、[④]偿付能力不足的银行(Insolvent Bank)、境况不佳的银行(Ailing Bank)等术语,反映出专家学者们对问题银行的性质、特征等存在不同理解。大多数学者基于资本充足率,着眼于经营管理或财务等问题与缺乏偿付能力或流动性的状态,将这些问题和状态并存、有破产可能性的银行界定为问题银行。这些定义只存在表述上的差异,未能全面、准确地概括其本质。BCBS 的界定着眼于问题银行的流动性和偿付能力,[⑤]关注银行的潜在风险与直接威胁,具有较强的包容性和借鉴意义。

在法学界,有学者主张对流动性不足或缺乏偿付能力及其可能性进

---

① 参见周仲飞:《银行法研究》,上海财经大学出版社 2010 年版,第 341 页。

② 美国总统罗斯福在第一次“炉边谈话”中首次用 No Sound Bank 表示问题银行,将其与 Sound Bank 相对应,但并未界定其范围和类型。See Franklin Delano Roosevelt, *The Banking Crisis* (*First Fireside Chat*), Delivered 12 March 1933, Washington D. C. 当时的美国政府以问题银行统称资产状况严重恶化、遭受存款人挤兑、濒临破产的银行。

③ 王勇:《问题银行公共资金救助法律制度研究》,法律出版社 2016 年版,第 18 页。

④ 《元照英美法词典》和《英汉法律用语大辞典》都笼统地将“Failed Bank”译为“破产银行”,前者以资产负债表及清偿能力为标准,界定了该词及其关联术语“Failure of Bank”;后者只是简单给出了其中文意思。

⑤ BCBS 在 2015 年发布的《问题银行的识别与处理指引》中这样界定 Weak bank:“One whose liquidity or solvency is impaired or will soon be impaired unless there is a major improvement in its financial resources, risk profile, business model, risk management systems and controls, and/or quality of governance and management in a timely manner.”与 2002 年版指引相比,该定义更强调银行危机救助的早期性、及时性。

行定性，可从经营管理或监管指标进行定量判断。[①] 也有学者认为，广义的问题银行泛指一切经营管理有问题的银行；狭义的问题银行则应从金融风险角度，结合银行监管指标及趋势界定。[②]

2. 问题银行的界定与识别

（1）问题银行的界定。本书借鉴 BCBS 的定义，将问题银行界定为因经营管理不善或风险事件影响，偿付能力、流动性等监管指标将会出现或已出现恶化趋势，可能破产倒闭的银行。问题银行与银行业危机密切相关，是一个广义、开放、动态的概念，应从以下三方面进行界定与理解。

其一，从术语的渊源与演变去界定与理解。专家学者们对不同术语的混用，既反映出对问题银行内涵和外延认识的不同，也反映出各国立法和理论关注点的差异。自从一些国际组织开始分析银行危机，[③]问题银行逐渐成为国家法律和法学文献中的惯用术语，专家学者们以失败银行（Failing Bank）、困境中的银行（Bank in Distress）、[④]疲弱的银行（Weak Bank）指称不同程度的问题银行。[⑤] 本书认识到问题银行概念的动态演变性，将这几类不同状态的银行都纳入问题银行的范畴。

---

① 参见周仲飞：《银行法研究》，上海财经大学出版社 2010 年版，第 341 页。

② 有学者指出，界定问题银行应考虑以下因素：金融风险因素，包括违规经营、经营管理不善或重大突发事件；监管指标因素，包括资本充足率、流动性、营利性、资产质量等；趋势因素，亦即经营状况恶化或破产倒闭。参见王勇：《问题银行公共资金救助法律制度研究》，法律出版社 2016 年版，第 22 页。

③ 定期会议探讨和研究国际金融治理方面的共性问题，归纳、总结了银行业的国际最佳实践，寻求银行监管标准和规则的共识性标准，其所制定的国际银行业标准文件已被有关国家立法借鉴，转化为具有约束力和指引性的法律条文。

④ See Tobias M. C. Asser, *Legal Aspects of Regulatory Treatment of Banks in Distress*, IMF, 2001, p. 3. 在此书中，阿塞（Asser）教授将 Bank in Distress 界定为不符合审慎银行法要求的银行，与 Weak Bank 有所区别。Weak Bank 只是部分指标表现疲弱，Bank in Distress 问题更严重一些。

⑤ 该术语为 BCBS 2002 年《应对问题银行的监管指引》与 2015 年《问题银行的识别与处理指引》所采用，更强调问题银行识别的前瞻性和及时性。国际货币基金组织（International Monetary Funds, IMF）的公开出版物中常用意思更宽泛的 Problem Bank 指称问题银行，基本囊括了所有类型的问题银行，本书所谓的问题银行也采取宽泛的界定标准。

其二,从法学与经济学的科际整合去界定与理解。经济学界大多从财务指标或监管指标界定问题银行,[1]避免了定性分析的抽象性,技术上简便、可操作,却存在重形式、轻实质、以偏概全的缺憾。法学界则强调问题银行的成因和各种判断标准,却存在界定宽泛、标准泛化等问题。综合运用资本充足率、偿付能力、流动性等量化指标与定性指标,已成为界定问题银行方面的共识。本书结合经济学和法学的方法,从定性与定量角度综合分析问题银行。

其三,从本书研究目的去界定与理解。本书研究旨在探讨问题银行处置中如何规制股东权,有必要限定问题银行的外延。一方面,政策性银行和商业银行都可能产生问题、引发危机。股份制商业银行更容易受到大股东行为影响,容易因股东控制等代理问题引发危机,其股东权规制问题更突出,更需要妥善调整私人利益和公共利益。本书只关注有问题的股份制商业银行,梳理和分析 SIB 和非系统重要性银行中各类股东权利变动的一般规律。虽提及银行外资股东,却并不讨论跨国银行的股东权规制,也不涉及更复杂的跨境处置。另一方面,问题银行的产生与股东行为有很大关系。大股东操控或影响银行经营管理层,使治理机制失效,从事过度冒险行为,开展不当关联交易,使问题贷款过度集中或积累其他问题,引发了银行的监管指标异常、偿付能力或流动性不足。问题银行的始作俑者很可能是大股东。本书据此认为,问题银行主要是因大股东滥用权利导致的,引发资本不足、濒于破产等风险或危机的商业银行,偿付能力和流动性不足等不过是其外在表现。

(2)问题银行的识别。识别问题银行,是在实践中运用定义进行判断,是明确监管对象、设计处置框架与采取处置措施的前提。BCBS 倡导通过监管审查和早期干预对问题银行早识别、早纠正、早处置。一些国家也制定了符合各自国情和监管体制的识别标准。如美国以资本充足率为

---

① 以美国"资本显著不足"银行为例,适用强制性矫正措施的监管指标为:资本充足率 $<6\%$、核心资本充足率 $<3\%$ 或杠杆率 $<3\%$,适用自由裁量性矫正措施的财务指标包括资产质量、营利性等。

依据,采用骆驼评级体系(CAMELS)[①]进行综合判断。我国、日本借鉴美国制度,以不同资本状况判断问题银行类型。

(二)问题银行形态之辨析

问题银行的内涵相对明确、外延较广。[②] 银行处于部分指标疲弱到资不抵债的状态或存在相应趋势时,都可被认定为问题银行。随着银行风险或危机的演进,问题银行呈现出问题日益严重的态势,最终彻底退出市场。[③] 各种状态的问题银行存在区别,有必要厘清相关概念之间的关系。表1-1对此做了概括。

表1-1　问题银行与关联概念的关系

关联概念	疲弱的银行(狭义的问题银行)	陷入困境的银行	经营失败的银行	偿付能力不足的银行	坏账银行/坏银行
英文用语	Weak Bank	Bank in Distress	Failed Bank	Insolvent Bank	Bad Bank
主要判断标准	监管资本或经营管理等出现问题	流动性持续不足,但仍可恢复	监管资本、经营管理等方面问题较大	资不抵债、流动性严重不足	处置银行不良资产
	⇦ 问题银行 Problem Bank ⇨				

注:此表将不同状态的问题银行进行比较,并非问题银行的流程表。表中阴影所示部分即本书所谓的问题银行。

1. 陷入困境的银行

陷入困境的银行与问题银行是重合而不完全等同的关系。经济形

① 骆驼评级体系(CAMELS):美国监管机构对银行评级主要考察的六方面指标,分别为资本充足性(capital adequacy)、资产质量(asset quality)、管理能力(management)、盈利能力(earnings)、资产流动性(liquidity)、风险敏感性(sensitivity),取其英文首字母组合为CAMELS,故称为骆驼评级体系。

② 所谓内涵相对明确,是指资本状况恶化是所有问题银行的共性。外延较广是指问题银行在清偿力、流动性、公司治理等方面呈现出不同的"病症"。

③ 各国处置法律中对问题银行的界定,都是描述银行生命周期中的某个特殊阶段。本书所谓的问题银行,是对从部分指标疲弱(狭义的问题银行)到注销前的各类问题银行的统称。

势、交易条件、经营管理、财务状态等的变动,都会导致银行陷入困境。在银行监管视角下,违反审慎监管要求的银行都应被视为陷入困境的银行。[①] 实践中常以银行流动性不足的持续时间作为判断标准。[②] 其中,银行的暂时性流动性不足,可用市场手段迅速解决,因而不能被视为问题银行;一旦出现持续性流动性不足,可能会引发银行危机和市场动荡,就应按照问题银行处理。

2. 经营失败的银行

经营失败的银行与银行失败(Bank Failure)的结果相关联,一般表现为偿付能力不足或流动性不足,属于濒于破产的、危机较为严重的问题银行。一般情形下,无法开展业务的银行都应被认定为经营失败的银行。美国法律常用经营失败的银行指称问题银行,并规定处置当局可根据监管标准进行判断和处置。[③]

3. 偿付能力不足的银行

该术语狭义上是指破产的银行,广义上则指偿付能力不足的银行,[④] 亦即银行已彻底资不抵债的情形。资不抵债的银行是问题最严重的问题银行,一般已进入破产清算程序。它更强调银行处于破产清算的状态,其最终结果只会是该银行被关闭和解散。问题银行更侧重问题持续的状态,既可能恢复常态、起死回生;也可能会资不抵债,最终被迫退出市场。

---

① See Tobias M. C. Asser, *Legal Aspects of Regulatory Treatment of Banks in Distress*, IMF, 2001, p. 3. 国内有学者将 Bank in Distress 定义为陷入财务困境的银行。笔者赞同 Asser 教授的观点。

② 王勇:《问题银行公共资金救助法律制度研究》,法律出版社 2016 年版,第 30 页。

③ See FDIC, *Resolutions Handbook*, Revised Dec. 23, 2014. 在 FDIC 看来,Failed/Failing Bank 属于 Failed/Failing Institution 或 Failed/Failing Financial Institution 的下位概念,可译为"经营失败/经营趋向失败的银行"。美国侧重于从经营失败的角度评判问题银行,Failed 是已遭遇失败的状态,处置机构需采取市场化处置或行政处置手段;Failing 强调趋于失败的状态,处置机构可要求该机构采取早期纠正等改善措施。

④ 周仲飞教授指出,Insolvent Bank 包括通常意义上的破产银行,即狭义的破产银行;也包括 Regulatory Insolvency 情形下,被监管机构采取处置措施的情形。参见周仲飞:《银行法研究》,上海财经大学出版社 2010 年版,第 342 页。

4. 坏账银行

坏账银行又称坏银行，最初指经营不善的问题银行，[①]后来演变为市场化运作的政策性救助机构，[②]是为管理从问题银行剥离的不良资产而设置的特殊机构。它只负责剥离和处置问题银行的不良资产。在实践中，坏账银行可能采取银行形式，也可能是信托公司或资产管理公司。[③]

二、股东权规制

股东权规制是对公司股东权利实施的规制，即权责机关运用经济干预权力限制和调整股东行为，重新配置股东的权利、义务与责任。银行法中的股东权规制具有丰富内涵，需以经济学和法学双重视角阐释。

（一）规制概念的阐释

规制实质上是国家对经济社会的干预，是从微观层面运用法律等规范调控市场主体的行为，与宏观层面的调控行为相对应。银行法上的规制具有私法和公法的双重属性。

1. 规制的经济学意蕴

规制是具有跨学科性的概念，国内外学者大都从命令、政府影响或控制等角度界定规制，所界定的范围不同。[④] 植草益教授基于经济学视角，

---

① The cardinal maxim is, that any aid to a present bad bank is the surest mode of preventing the establishment of a future good bank. 英国学者白芝浩在此用 Bad Bank 指称经营不善的银行，他也指出了救助坏银行的风险。直到 20 世纪 70 年代后，Bad Bank 才成为专指坏账银行的术语。See Walter Bagehot, *Lombard Street, A Description of the Money Market*, E. P. Dutton and Company, 1920, p. 100 – 101.

② 有学者认为，坏账银行属于一种政策性银行。笔者不赞同此说。坏账银行实质上是处置问题银行的临时性机构，可能会采取信托公司或资产管理公司的模式。后两种模式都不是政策性银行。有关坏账银行性质的分析，参见王勇：《问题银行公共资金救助法律制度研究》，法律出版社 2016 年版，第 28 ~ 30 页。

③ 西班牙在问题银行救助中设立了"坏账银行"，其他国家设立了其他处置机构。如美国在 20 世纪 80 年代以处置信托公司（Resolution Trust Company, RTC）处置储贷协会危机，我国成立了四大资产管理公司剥离国有银行不良资产，冰岛也曾设立了剥离、处置银行坏资产的特殊资产管理公司。

④ See Robert Baldwin, Martin Cave & Martin Lodge, *The Oxford Handbook of Regulation*, Oxford University Press, 2010, p. 13.

将规制界定为依照一定规则限制个人或经济主体的行为。[①] 按照规制主体的不同,规制可被分为私的规制和公的规制。公的规制包括间接规制和直接规制,社会性规制和经济性规制属于直接规制。银行业具有竞争性、网络性等特点,银行与消费者之间存在信息不对称,消费者在银行倒闭时极易遭受资金损失。对银行业的规制以经济性规制为主,主要目的在于合理配置金融资源,确保金融服务的公平性。

2. 规制的法学意蕴

所谓的法律规制,是依据法律制度实施的权利限制或行为控制等管控,属于一种有别于自我规制、团体规制的社会性规制。金泽良雄教授认为,规制是国家对经济的干预,涉及权利调整和对特定群体的扶持和保护。[②] 奥格斯(Anthoy I. Ogus)教授指出,现代法治国家以指令性、公益性和集中化的法律为依据,干预市场主体的交易活动和整体经济运行。国家在调控中发挥不同法律规范的作用规制主体行为,既调整市场主体权利,也扶持和保护特定群体。[③] 规制的主要手段有调整、限制、干预、强制、处置、惩罚等,也承认协议、章程等自我规制文件的效力,都是以公共利益为导向,施加影响力于受制主体的行为。社会性规制和经济性规制都是以法律为依据的规制。

对于银行法上的法律规制,还应当结合银行业、银行市场及其主体的特点理解。银行业、银行市场和银行服务都有信息不对称、负外部性等特性,极易引发系统性风险,各国政府因之普遍重视对银行领域的规制。无论是银行的机构和业务,还是股东、职业经理人及从业人员,从准入到退出,银行市场主体的经营和交易行为都受到严格的监管。这些监管手段

① 参见[日]植草益:《微观规制经济学》,朱绍文、胡欣欣等译,中国发展出版社 1992 年版,第 24 页。

② 在金泽良雄教授看来,在日本法背景下,统制是运用特定国家权力进行干预,而调整的含义比统制更广泛。狭义的调整是规范特定行为的秩序,而广义的调整则是国家权力调整权利、扶持并保护特定群体。所谓的调整和统制就是现代语境下的规制,这一见解是经济法国家干预理论的体现。参见[日]金泽良雄:《经济法概论》,满达人译,中国法制出版社 2005 年版,第 32 ~ 33 页。

③ 参见[英]安东尼·奥格斯:《规制:法律形式与经济学理论》,骆梅英译,中国人民大学出版社 2008 年版,第 15 页。

是公权力直接或间接地干预银行市场主体。银行领域主要运用经济性规制，也不排除社会性规制。由此观之，银行法领域的公法规制与私法规制是交互作用的。对银行大股东的权利规制，也是公私法规制并用的。

在银行法领域，规制与监管在内涵、根源和适用范围上有区别与联系。从内涵看，规制与监管都属于广义上规制的下位概念，规制的范围要大于监管，二者在“治”的范围内重合。[①] 银行业的公法规制主要是通过适用银行监管法实施的。从根源看，规制与监管都源于国家的经济干预权。为弥补金融危机暴露出的市场、政府调控“双失灵”，国家更应当明确政府和市场的边界，厘清规制与监管的作用范围。从适用范围看，监管是银行外部治理的替代机制，规制可弥补监管的不足，二者都能弥补公司治理机制的缺陷。

（二）股东权规制的法律解释

顾名思义，股东权规制是适用法律规范对股东权采取的限制和约束等措施。任何公司都具有以股东权为中心、辅以股东义务与责任的公司治理结构。这种配置维系着公司的经营管理，却存在代理问题的固有缺陷。股东权规制弥补公司治理结构的不足，实质是调整股东之间、股东与相关者之间的利益关系，以各类强制性、非强制性手段重新调整股东的行为，促使大股东善意、审慎地行使股东权利。

股东权规制和股东权保护的对象有所不同。在国有公司中，国有股东存在代理链条过长，行政干预影响过大等问题；控股股东或法人股东具有信息、资金等方面的优势。而处于弱势的中小股东持股比例较小，权利意识普遍不强，很少参与银行重大事项决策，或者对银行经营管理漠不关

① 笔者认为，国内对“规制”和“监管”的混用，源于对“Regulation”和“Supervision”的不同理解。这两个词都具有多意性，必须结合具体的语境去理解。对“Regulation”一词的翻译并非一成不变，有的译为“管制”或“规管”。就本书而言，笔者认为法律规制属于一种社会规制，有别于自我规制、团体规制等，法律规制包括公法规制和私法规制。在金融法语境下，前者主要是依据银行监管法实施的规制；后者亦即私法自治，主要是依据公司法、合同法等实施的规制。但银行监管法的规制也会引发私法效果，私法规制中也存在监管法的要求。问题银行处置由监管机构主导实施，虽会产生一定私法效果，但应被视为公法规制。本书在分析具体处置措施时，对“规制”与“监管”不作刻意区分。

心。因而股东权规制的主要对象是大股东,包括自然人股东、国有股东或法人股东。规制大股东的同时也在保护中小股东。依照法律性质的不同,可将股东权规制分为公法规制和私法规制。对股东权的公法规制涉及民商事法、银行监管法中的强制适用规范,私法规制则依据民商事法中的许可适用规范和推定适用规范。

三、问题银行股东权规制

问题银行股东权规制属于安全性措施,①是权责机关在问题银行处置中运用规制理论,②限制股东的部分或全部权利,使股东承担额外的义务和责任。股东加重责任是一种特殊的股东权规制措施。

(一)问题银行股东权规制的特殊性

1. 规制目的是协调利益冲突

风险预防和控制的理念随着银行经营管理的始终,各国法律制度以防控系统性风险为导向,对银行股东权利实施全方位规制,不同阶段规制的价值取向和重点不同。在准入阶段,监管机构设置设立或入股银行的资格、金额、持股形式等条件,规制银行投资者或发起人的投资行为,防范设立银行时的投机风险。在银行正常运营阶段,公司治理机制发挥重要作用,平衡股东与股东、股东与债权人等主体之间的利益冲突,控制大股东的不公平侵害行为,保护中小股东的合法权益。在问题银行处置中,股东冒险行为和投机主义行为引发的利益冲突更甚于平常。股东容易促使管理层罔顾银行存在的问题,采取冒险的经营行为,这些利己行为容易导致系统性风险,影响金融市场信心和金融稳定。如果不注重规制股东权利,则会导致银行问题扩大化,甚至引发银行破产倒闭,对社会公共利益造成极大的损害,因而经济安全和秩序在此时居于优先地位。实施股东

---

① 严格意义上讲,问题银行股东权规制表明规制的对象是问题银行中的股东权,更准确的说法是在问题银行处置中规制股东权。

② 参见杨松、郭金良:《银行危机处置过程中的股东权利限制研究》,载《法律科学(西北政法大学学报)》2013 年第 5 期。

权规制，更注重维护金融稳定，防范系统性风险，保障关键金融功能运作，维护金融市场信心。

2. 规制主体是有关权责机关

在银行的准入监管和持续性监管中，主要由监管机构对股东等市场主体实施规制。鉴于银行对经济社会的系统性影响，问题银行处置就成为涉及诸多权责机关的系统性工程。权责机关之间的权力合理分配与协作，对问题银行处置的成效影响甚大。权力分配与一国金融业结构及其监管体系相关，又与问题银行处置的需要有关。其中，监管机构包括央行及其他银行监管部门，[①]处置机构则包括市场化处置机构和行政处置机构。[②] 这些机构属于行政机关或准行政机关。[③] 法院作为问题银行处置的最后防线，在问题银行的司法清算中起主导作用，对股东权规制行为进行事后审查和裁判，为被规制股东或受侵害股东提供权利救济。

3. 受制主体主要是银行大股东

银行大股东是股东权规制的主要受制主体，应以其持股比例或影响力界定。[④] 依照这两个标准，控股股东、主要股东是大股东，[⑤]发起人、有

---

① 在一元监管模式的国家或地区，央行兼具宏微观审慎监管职能；在二元或多元监管模式的国家或地区，央行一般负责宏观审慎监管，而其他银行监管机构负责微观审慎监管。

② 在一些国家或地区，银行监管机构同时具有处置权力。

③ 参见王勇：《问题银行公共资金救助法律制度研究》，法律出版社 2016 年版，第 42～43 页。

④ 股东权规制虽以大股东为主要的受制主体，但其法律效力却波及中小股东，比如在银行接管中，大股东的表决权被中止，中小股东也被中止表决权，并不会因其弱势地位而被豁免。但权责机关会首先规制大股东，规制程度也比中小股东更深。在问题银行处置中，权责机关在必要时将只对大股东实施加重责任。因此，本书分析一般股东权规制时，只笼统地以股东代称，在特定情形中特指大股东或控股股东。

⑤ 根据《银行保险机构大股东行为监管办法（试行）》第 3 条，大股东的认定有 3 种方式 6 种情形，3 种方式包括持股比例、实际控制影响和监管认定。从持股比例看，大股东持有城市商业银行和农村商业银行 10% 以上股权，持有国有大型银行、民营银行等其他银行 15% 以上股权；从实际控制影响看，大股东实际持有银行大于等于 5% 的股权，或提名过 2 名以上董事，或被监管机构认定对银行经营管理有控制性影响的；监管认定则属于兜底性规定。《商业保险机构公司治理准则》第 114 条、《商业银行股权管理暂行办法》第 56 条都只规制主要股东和控制股东，两类股东的认定标准是：其一，持有或控制资本总额或股份比例分别大于等于 5% 或 50%；其二，持股比例不足前项标准，却对银行经营管理有重大影响。本书结合前述规章的规定，认为大股东包括主要股东、控股股东及对银行经营管理有重大影响的股东。

影响力的自然人股东是大股东,[①]控股或有影响力的法人股东和国有股东也都是大股东。[②] 其中,法人股东不仅包括银行集团、金融控股公司,也包括运营金融产品的特殊机构。与银行中小股东相比,大股东处于资金、决策和信息的强势地位,对银行的控制力和影响力更强,具有不当行使权利的内在动力和倾向。大股东行为的负外部性更强,对银行问题恶化或危机加剧具有推波助澜的作用。此外,大股东在问题银行处置中有可能利用其优势地位,借助信息不对称侵害中小股东的合法权益。因而大股东应当成为主要的受制主体。

4. 行为方式介于强制与非强制之间

在问题银行处置中,权责机关可单独采取或并用强制性或非强制性措施,限制、调整股东权,使股东承担额外的义务与责任,实质上是权责机关针对问题银行的大股东采取行为监管措施,这些规制措施促使大股东善意、审慎地行使股东权利,督促大股东承担作为商主体、公司治理主体与风险处置主体的责任。股东权规制介于民事行为和行政行为之间,具有不完全的平等性和不完全的命令—服从性,发挥着“调制解调器”和“内在稳定器”的作用。[③] 这种规制行为具有自由裁量的属性,随着银行危机的深化强制性逐渐增强。监管机构要求大股东提交恢复与处置计划(Recovery and Resolution Plan,RRP),要求控股股东和主要股东承诺维持资本、救助银行,审查和认可注资承诺、救助协议,赋予私的规制一定的法律效力,属于一种非强制行为。优先股转换、应急资本或自救债等减记或转股机制,在股东约定情形下是非强制行为,适用法律规定时

① 如果仅凭持股比例界定大股东,很容易将其他应加强规制的股东排除在外,但扩大受制主体范围又会过度加重股东的救助负担。有必要采取影响力标准进行补充界定。

② 法人股东或国有股东持股比例较小时,一般不宜被认定为大股东;但当其对银行经营管理有影响力时,也应当被认定为大股东。

③ 参见张守文:《略论经济法上的调制行为》,载《北京大学学报(哲学社会科学版)》2000 年第 5 期。

是强制行为。[1] 大股东承担加重责任、限制股东治理权则属于权责机关的强制行为。权责机关的规制行为应遵循法定授权、正当程序的要求，符合行政行为的合法性与合理性。

（二）问题银行股东权规制的必要性

强化对问题银行股东权的规制，不仅是汲取历史教训的必然选择，也是借鉴国际经验的迫切需要，更是解决现实问题的紧迫要求。

从我国银行发展史来看，由各级政府主导的银行股份制改革，实现了由专业银行、国有独资银行到国有控股银行的转型，重组和关闭了高风险的城乡信用合作机构，形成了各类银行并存的格局。我国银行业风险处置与改革虽取得了显著成效，以“花钱买机制”建立了公司治理机制，[2]却耗费了大量的财政资金。中小银行普遍存在股东不当行使权利、股东谋取私利等问题，疏于对董事和高级经理人的监督，使公司治理机制流于形式。银行风险和危机的扩大，也使股东等主体的冒险行为和机会主义行为增多。我国权责机关以强势行政干预处置银行风险，在客观上形成了隐性的国家担保，使银行股东、董事等主体滋生了非理性预期。为使银行真正形成自负盈亏、稳健经营的理念，我国应当尽快健全问题银行处置机制，进一步强化对问题银行股东权的规制。

从国际实践来看，2007 年至 2009 年的美国次贷危机、欧债危机及国际金融危机，暴露了欧美银行公司治理机制的缺陷，以及问题银行处置制度的漏洞。银行股东等主体存在过度冒险行为，法人股东对银行监督与

---

① 减记或转股触发事件约定之法律属性是比较复杂的问题，往往同时具备意定性和法定性，其中或多或少渗透了权责机关的意志。故此处仅以强制性、非强制性作不甚准确的区分。See Bart P. M. Joosen, *Regulatory Capital Requirements and Bail in Mechanism*, in Matthias Haentjens & Bob Wessels eds., *Research Handbook on Crisis Management in the Banking Sector*, Edward Elgar Publishing, 2015, p. 225 – 226.

② 易纲：《建设现代中央银行制度》，载《中国金融》2022 年第 24 期。

公司治理参与不足,[①]都是银行危机的成因。危机发生后,FSB、国际货币基金组织(International Monetary Fund,IMF)等国际组织以强化股东权利的方式促进银行公司治理,FSB、BCBS 指引及各国立法以有序处置机制解决"大而不倒"问题,强调处置机构可废除和中止股东相关权利,促使股东优先吸收损失、积极救助银行。[②] 我国银行受到国际金融危机的冲击较小,但因与国际金融业趋同化发展也输入了一些不稳定因素。加强银行股东行为治理,督促银行股东依法积极行使权利,有助于完善金融安全网,更有效地防控银行风险和危机。

从我国现实来看,我国的银行体系具有多元化、多层次的特点,该体系是通过注资、优化股权、引入战略投资者等改革措施构建的。很多银行公司治理机制"形似而神不似",国有股东未能发挥应有作用,中小股东普遍存在"搭便车"或"理性冷漠"的态度;部分银行大股东把持重大决策,利用关联交易谋取私利,损害中小股东权益;大部分银行危机管理机制不健全。如今,我国已允许设立民营银行,金融控股公司也迅猛发展,我国银行体系中股权多元化、股东异质化的特点极为明显,银行与其他行业、与金融业融合发展,也增加了银行业治理难度。在银行股权结构复杂化的背景下,部分股东滥用权利谋求私利,一些中小银行已沦为大股东的"提款机",爆出违规持股、违规关联交易、骗贷等丑闻,严重威胁着银行的安全与稳健运营。然而,我国银行监管法、公司法及破产法等法律对这些问题付之阙如,主要依靠权责机关的运动式监管处理具体问题。我国银行业的高质量发展面临考验与挑战,需要进一步完善注资、并购、设立过桥银行、引入新投资者等处置机制,[③]健全问题银行的股东权规制体系。

---

① See Directive (EU) 2017/828/EU of the European Parliament and of the Council of 15 May 2017Amending Directive (EU) 2007/36/EC as Regards the Encouragement of Long-term Shareholder Engagement, Whereas (2).

② See FSB, *Key Attributes of Effective Resolution Regimes for Financial Institutions*, October 15, 2014, Art. 3. 2. p. 7.

③ 参见《中国银保监会关于推动银行业和保险业高质量发展的指导意见》"(十六)积极稳妥推进问题金融机构处置"。

第二节　问题银行股东权规制的法理阐释

股东权源于银行所有权的契约安排,股东与相关者利益追求不同,产生了银行公司治理问题,导致了私法自治的失灵。监管机构、处置机构介入银行公司契约,通过监管措施约束股东等主体的行为,调整股东与相关者之间的利益。在问题银行处置中,应以金融安全、稳定等为价值导向,比较各类处置方式的优劣,从中选择成本最小、收益最大的方式,优先适用市场化处置方式,也不完全排斥在必要时单独适用或合并适用行政处置手段。

一、理论基础:银行的公司治理与监管

银行的公司治理机制本质上是不完备的金融契约,仅能在危机处理中发挥有限的作用。监管、处置等机制规制股东等主体的行为,与公司治理机制共同防控和处置银行风险。结合公司治理、银行监管与处置理论,可全面地阐释问题银行股东权规制的理论。

(一)公司治理:契约自治的国家干预

宏观经济、业务模式、治理结构、经营管理等因素都可能会促使问题银行形成,[①]这些问题与公司治理有千丝万缕的联系,与大股东角色错位后的不当行为相关联。从股东角度看,银行的公司治理机制是有关银行所有权的契约安排。但这种公司契约本身不完备,在多重因素交互作用下,无法妥善处置银行风险。权责机关介入问题银行处置,矫治股东意思自治失灵,弥补银行公司契约的不足。

---

① See Yves Mauchle, *Bail-In and Total Loss Absorbing Capacity (TLAC) Legal and Economic Perspectives on Bank Resolution with Functional Comparisons of Swiss and EU Law*, Wolters Kluwer, 2017, p. 14 – 15.

1. 银行公司治理的应然与实然

（1）银行公司治理的应然。发起人或认股人放弃资金所有权，形成了银行初始资本，获取股东身份和权利。[①] 股东与相关者缔结了一系列金融契约，形成了银行的契约关系网络。股东将经营管理权让渡给董事、高级经理人，[②]享有索取权、控制权、剩余索取权和剩余控制权。[③] 于是银行也发生了所有权与经营权的分离。[④] 股东又将决策权和监督权授予董事会与监事会，只保留重大事项的表决权和知情权。董事会将决策执行权委托给高级经理人。银行的股东会、董事会和监事会之间形成了“双重委托关系”[⑤]。银行的公司契约不仅界定股东等各方权利，也明确了各相关者的角色和职责。其中，股东可以决定银行发展方向，督促董事会等机构发挥主要作用；发起人股东、大股东还必须使银行符合审慎经营原则。[⑥] 董事会、高级经理人作为契约当事人协调各投入要素，[⑦]负责银行日常的经营管理。公司法不仅界定各方权利、定分止争，也确认股东与相关者“关系型契约”的效力，[⑧]成为股东与相关者的关系之法。[⑨]

---

① 参见王月、刘倚源：《冲突与衡平：契约视角下股东不公平损害问题研究》，中国政法大学出版社2013年版，第33～34页。

② See Frank Easterbrook & Daniel Fischel, *The Corporate Contract*, 89 Columbia Law Review 1416 (1989).

③ 参见侯东德：《股东权的契约解释》，中国检察出版社2009年版，第18、47页。

④ 参见［美］阿道夫·A. 伯利、加德纳·C. 米恩斯：《现代公司与私有财产》，甘华鸣、罗锐韧、蔡如海译，商务印书馆2005年版，第78页。

⑤ 王之亮：《中国大型商业银行公司治理及其优化路径研究》，西南财经大学2012年博士学位论文，第137页。

⑥ 参见［美］亨利·范·格罗、索尼亚·布雷约维克·布拉塔诺维克：《银行风险分析：公司治理和风险管理的评估框架》，中国财政经济出版社组织翻译，中国财政经济出版社2011年版，第40～41页。

⑦ 王月、刘倚源：《冲突与衡平：契约视角下股东不公平损害问题研究》，中国政法大学出版社2013年版，第31～32页。

⑧ 参见张维迎：《理解公司：产权、激励与治理》，上海人民出版社2014年版，第289～291页。

⑨ 参见石纪虎：《再论股东与公司之关系——〈公司法〉相关条文之评析》，载《云南大学学报（法学版）》2009年第3期。

(2)银行公司治理的实然。近年来,国际组织不断改革银行公司治理模式,BCBS强调银行董事、高级经理人对股东负责,并确保对股东的透明度。[①] 国际清算银行(Bank for International Settlement,BIS)提出,在银行公司治理中,存款人利益优于股东利益,强调股东应积极行使权利,保障股东负责地参与公司治理。[②] 契约型、多重主体共治等模式及股权结构多元化,有助于维护公共利益,保障相关者利益,遏制主体间的利益冲突。各国借鉴了国际最佳实践,银行的公司治理机制趋同化,但差异仍较为明显。

银行公司治理模式与一国经济发展水平、银行业现状、监管模式等相关,主要有英美模式与德日模式,治理结构呈现各自特色。其中英美银行股权较为分散、股权流动性强。美国银行业中多由机构投资者、金融控股公司控股、参股;英国银行业通常以母子公司控股,都具有"弱股东、强管理层"的特点。德日银行法人之间普遍交叉持股。德国"全能银行"股权结构较为集中,盛行金融业交叉持股;日本的银行股权结构相对分散,企业集团与主银行的关系错综复杂。两国银行股东普遍注重与银行的长期战略合作关系。[③] 我国建立了现代银行公司体系,但股东异质化、股权多元化使各银行公司治理机制貌合神离。其中,国有银行需完善国家股东重大决策机制,地方法人银行的决策容易受地方政府不当干预,民营银行由其主发起人股东主导,还有较多中小银行、农村商业银行由金融控股公司主导。中小银行大股东有很强的控制欲望,对银行决策有重大影响。

2. 银行股权问题引发的公司治理失灵

金融机构公司治理问题是国际金融危机的诱因之一。[④] 由于风险不

---

① See BCBS, *Principles for Enhancing Corporate Governance*, October 2010, p. 5 - 7.

② See BIS, *Corporate Governance Principles for Banks*, July 2015, p. 3 - 6.

③ See Jonathan R. Macey & Geoffrey P. Miller, *Corporate Governance and Commercial Banking a Comparative Examination of Germany, Japan, and the United States*, 48 Stan. L. Rev. 73 (1995 - 1996).

④ See Raluca A. Roman, *Shareholder Activism in Banking*, The Federal Reserve Bank of Kansas City Research working papers RWP15 - 09, p. 38 (2015).

确定、有限理性、利益诉求不同等因素，股东缔结的金融契约本质上是不完备契约。契约的不完备性使股东不作为或乱作为，引发了股东之间的代理问题：其一，股东利益诉求不同，存在造成公司僵局的潜在可能。资合性与人合性也是银行的信用基础，股东之间的信任、协作关系维系着银行的存续。[①] 由于银行股东的异质性，各类股东存在不同的利益诉求。金融控股公司、控股股东容易利用优势地位，借助关联交易等方式控制银行，引发大股东与中小股东之间的利益冲突，产生大小股东之间的代理问题，影响银行的人合性基础，甚至引发产生问题银行的公司僵局。其二，股东之间实质不平等，中小股东参与权弱化。股东以参与表决方式行使权利，虽对重大事项决策实行一股一票，但实质不平等使股东参与权弱化。英美银行的各类股东参与积极性不高，偏好"用脚投票"或并购控制管理层；德日银行的一般股东、职工代表虽受股权激励，但只具有有限的监督银行决策职能。我国的银行曾深受"股东至上主义"影响，一度形成"行政干预下的经营者控制"模式，[②]国有股东、法人股东占主导地位，深受政府政策导向、大股东意志影响。国内外银行中小股东容易沦为公司债权人，大部分股东丧失或不履行发言权，股东会变为徒具形式的举手机器和橡皮图章，容易被大股东利用资本多数决控制决策过程，深受政府、企业集团、金融控股公司、母公司或控股股东的影响。其三，控股股东滥用控制权，控制或影响银行决策。控股股东与其他股东的权利并无实质不同，但前者因出资、持股形成的支配权而产生了优越性，"不仅在比例上享受更多数量上的利益，而且享受其他股东不能接近的机会"[③]，任命关系人为银行董事或高级经理人，开展不当关联交易，谋求其他更多优越机会或私人利益。国内外银行危机表明，控股股东容易控制或影响银行决

---

① 参见汪青松：《股份公司股东权利配置的多元模式研究》，中国政法大学出版社 2015 年版，第 17 页。

② 参见张建伟、李妍：《中国商业银行的公司治理模式选择："股东至上主义"到"债权人主义"》，载《管理世界》2002 年第 9 期。

③ ［韩］李哲松：《韩国公司法》，吴日焕译，中国政法大学出版社 2000 年版，第 226 页。

策,采取过度冒险经营行为,容易使银行公司治理机制失灵,也导致了问题银行的出现。[①]

3. 银行监管和处置中对公司自治的干预

银行业具有风险高、负外部性、资产高杠杆性、信息透明度低等特点,使股东与相关者无法实现契约自治,还会因利益冲突外溢引发较大风险,产生私法规制失灵问题,需要监管机构、处置机构的适度介入。

金融安全网由监管与存款保险、最后贷款人及问题银行处置等机制构成,对股东实行较为全面的规制。监管机构以设定资格、入股资金、持股比例等对股东实施审慎监管,预防股东进入银行业时的风险。在持续性监管中,监管机构强制股东披露转让股份、持股变动、股权质押等情况,也防控股东行为产生的风险。其中,穿透管理可以全面把握股东信息,在准入监管和持续性监管中准确识别股权结构,有效地评估股东资质和行为,遏制股东的不正当行为。负面行为清单明确股东的"禁为"行为,要求股东定期报告资本补充能力,禁止股东不实入股和虚假出资,遏制股东追求短期利益;要求股东发挥督促作用,促使银行合规审慎经营。[②] 关联交易监管增强了关联交易透明度,拓展了关联方范围和交易类型,要求股东及时、全面、准确地披露关联方、交易类型等信息。监管机构在日常监管和问题银行处置中发挥作用,可以调整银行的股权结构及股东等主体的行为,发挥危机管理和防控风险的重要作用。

(二)监管与处置:资本监管对股东的约束

鉴于银行对经济社会的系统性影响,监管机构在银行准入、日常经营与问题银行处置中监管股东,防范和治理股东行为的潜在风险,弥补私法

---

① 参见[美]乔治·阿克洛夫、保罗·罗默:《所有者掠夺:以破产牟利的经济黑幕活动》,徐卫宇等译,载吴敬琏主编:《比较》第 15 辑,中信出版社 2004 年版。

② 参见《商业银行股权管理暂行办法》第 14 条、第 16 条、第 18 条、第 22 条、第 23 条、第 25 条。在《商业银行法(修改建议稿)》《银行业监督管理法(修订草案建议稿)》中,规定了准入阶段、公司治理、风险管理和处置中股东的应为、禁为行为与责任;《银行保险机构公司治理准则》《银行保险机构大股东行为管理办法(试行)》则主要规范银行股东参与公司治理的行为,强化大股东的义务与职责。

自治的缺陷,维护宏观金融安全。[①]

1. 银行监管与危机管理的规制作用

“良医者,常治未病之病,故无病。”[②]银行监管者类似良医,应追求防患于未然的监管境界,在银行“未病”之时,根据监管指标发出预警、督促银行及时纠正;银行监管者又不同于良医,不能使银行与风险完全绝缘,因为银行本身就是经营风险的企业。唯有有效地管理风险,才能使银行持续经营。银行审慎监管以防控风险为导向,正是贯彻居安思危、防微杜渐的理念。

银行审慎监管旨在确保银行的安全与稳健经营、保护存款人,要求银行及其相关者有效地控制银行风险。[③] 银行经营高风险业务,本身具有较强的脆弱性,经营管理中面临财务风险、操作风险、声誉风险与环境风险,监管机构与银行董事会负责识别、监测和控制各类风险。[④] 监管机构享有独立监管权,以非现场监管和现场检查实施审慎监管和经营行为监管。[⑤] 审慎监管理念贯穿于银行的准入、持续经营和退出等各阶段,保障银行安全与稳健运营。[⑥] 监管机构同时适用激励相容监管,促进经营管理状况良好的银行发展,实现银行、股东的“共赢”。

银行审慎监管不仅监管银行的资本,也监管其股权结构、规制股东行为。监管机构设置了成为股东的客观条件和裁量性条件,审慎地审查股东资格、资金来源、持股比例和方式等方面,避免不稳健机构或不适格人员投资银行。监管机构在持续性监管中,根据监管指标、负面清单等规范

① 参见戴凤岐:《经济安全与经济法》,载《法学杂志》2004 年第 1 期。

② 陈广忠译注:《淮南子译注》,吉林文史出版社 1990 年版,第 786 页。

③ See Kern Alexander, *Bank Resolution Regimes: Balancing Prudential Regulation and Shareholder Rights*, The Journal of Corporate Law Studies, Vol. 9(1):197, 2009, p. 197 – 227.

④ 参见[美]亨利·范·格罗、索尼亚·布雷约维克·布拉塔诺维克:《银行风险分析:公司治理和风险管理的评估框架》,中国财政经济出版社组织翻译,中国财政经济出版社 2011 年版,第 283 页。

⑤ 参见周仲飞:《银行法研究》,上海财经大学出版社 2010 年版,第 157 页。

⑥ 参见丁邦开、周仲飞主编:《金融监管学原理》,北京大学出版社 2004 年版,第 58 ~ 60 页。

股东行为，引导股东追求长期利益、审慎合规经营。[①]

资本监管主要关注银行的偿付能力，要求银行保持合理的资本结构。[②] 充足的监管资本有利于增强银行抵御风险能力；也可在风险管理中发挥预防作用，降低金融危机的破坏性。[③] 监管理论认为，出资较多的股东在银行出现财务问题时，对出资的担忧将促使其督促银行审慎经营。[④] 因此，资本监管是银行审慎监管的核心。BCBS 构建了资本监管指标体系，巴塞尔协议Ⅲ改进了监管资本的定义及其功能。

从微观审慎角度看，监管资本由一级资本、二级资本构成，最主要的目的是通过股本、次级债等吸收损失。[⑤] 其中一级资本包括核心一级资本（Common Equity Tier 1，CET1）和其他一级资本（Additional Tier 1，AT1），CET1 是可永久使用和支配的自有资金，优先用于弥补任何损失，其所有人享有劣后顺位的股利分配权，也享有剩余财产请求权，在银行清算中劣后于所有债权受偿。[⑥] 当银行处于财务困难时，将触发持续经营事件（Going-on Concern），一级资本吸收损失，促使问题银行复苏；当银行不可持续经营时，将触发破产清算事件（Gone Concern），二级资本吸收损失。[⑦] 当各类资本工具依次吸收损失时，股东及相关资本工具持有人

---

① 参见巴曙松、邓子龙：《中国上市银行股权监管的演进逻辑与未来趋势》，载《中国银行业》2018年第7期。

② 参见［比］马蒂亚斯·德沃特里庞、［法］让·梯若尔：《银行审慎监管》，王永钦、石磊、李娜译，机械工业出版社2016年版，第4页。

③ See Jihad Dagher, et al., *Benefits and Costs of Bank Capital*, IMF Staff Discussion Note SDN 16/04, March 2016, p. 8.

④ 参见周仲飞：《银行法研究》，上海财经大学出版社2010年版，第159～163页。

⑤ See BCBS, *Basel Ⅲ: A Global Regulatory Framework for More Resilient Banks and Banking Systems*, June 2011, p. 14.

⑥ 其中，一级资本包括普通股、股份发行溢价、留存收益等，其他一级资本包括优先股、永续债等其他一级资本补充工具、少数股东资本等。附属资本包括债转股、自救债等资本补充工具。See BCBS, *The Basel Framework*, 2019, p. 48－49.

⑦ See Yves Mauchle, *Bail-In and Total Loss Absorbing Capacity (TLAC) Legal and Economic Perspectives on Bank Resolution with Functional Comparisons of Swiss and EU Law*, Wolters Kluwer, 2017, p. 113－116.

的地位和权利也随之发生变化。

在界定不同监管资本的构成后，监管机构确定了资本充足率、杠杆率、流动性、风险集中度等指标，评估银行公司治理状况，监管股东持股比例、关联交易等。[①] 监管机构要求股东采取措施防控风险，维持银行经营的可持续性及关键的金融服务功能。资本充足率是审慎监管的核心指标，旨在降低银行过度冒险行为的动机。风险集中度限制银行的关联贷款、授信等资产交易，对同一借款人账户交易、非账户交易的风险敞口提出比例限制，规制股东、金融控股公司、子公司等关联交易人，防止银行风险过度集中于同一借款人。监管机构通过杠杆率监管，限制股利分配、股权转让或限制股东权。

从宏观审慎角度看，监管机构主要运用逆周期资本、[②]系统性资本附加、[③]流动性附加、动态拨备等工具。其中，前三种工具都可以提升银行吸收损失能力。如果银行不按要求计提，监管机构将采取限制分红、限制回购股份等措施，会对股东权产生较大影响。

2. 问题银行处置中的股东权规制

问题银行处置是银行监管的延续，图 1 - 1 表明了银行监管与处置的关系。监管机构在日常监管中发现银行风险苗头，对银行发出预警并进行早期纠正，督促银行整改风险隐患及存在问题。银行董事会虽主要负责危机管理，但股东也可适时督促董事会尽责。早期预警与纠正无法解决问题时，监管机构应决定问题银行进入处置程序，权责机关也将依次救助银行或使银行退出市场。在国际最佳实践中，有效的问题银行处置机制旨在保护金融服务功能，并以最小化传染、控制金融危机成本、确保关

---

① 参见刘宏宇：《商业银行公司治理的监管与评价》，载《国际金融研究》2007 年第 1 期。

② 逆周期资本包括资本留存收益和逆周期资本缓冲，前者由扣除递延税项及其他项目后的普通股权益组成；后者是银行在经济上行周期中在 0 ~ 2.5% 计提的资本缓冲，适用于下行周期吸收损失。See BCBS, *The Basel Framework*, 2019, p. 54 - 60.

③ 系统性资本附加是对 G-SIFIs 提出额外增加 1% ~ 2.5% 的附加资本要求，完全由普通股权益构成。参见廖岷、孙涛、丛阳：《宏观审慎监管研究与实践》，中国经济出版社 2014 年版，第 80 页。

键金融功能为目标。[①]

事前安排⟹早期预警⟹早期干预⟹金融风险化解与处置

触发事件:持续经营　　触发事件:破产清算

可持续经营(Viable)	不可持续经营(Not Viable)		资不抵债(Insolvency)
正常经营　早期危机	问题银行处置		
日常监管、早期纠正	市场救助、行政干预、市场退出		
恢复与处置计划 审慎监管	自我救助 应急资本 自救债	控制管理 全面控制 公共救助	并购重组 撤销关闭 破产清算

图1－1　银行监管与处置全流程

权责机关在银行监管和处置中享有不同权力,根据监管、市场化处置或行政处置的不同,权责机关适时限制或调整股东的权利、义务与责任。在事前安排阶段,监管机构可要求金融控股公司、发起人或主要股东参与制定RRP,做出维持银行资本、救助银行的书面承诺。当触发可持续经营事件时,问题银行处于不可持续经营的状态,无法通过审慎监管规避破产倒闭风险。监管机构有权根据资本监管指标,促使银行、股东采取早期纠正措施,避免银行问题恶化。

当纠正措施无法解决银行问题,权责机关将决定该银行进入处置程序。[②] 问题银行救助可被分为市场救助和行政干预等程序。在自我救助中,权责机关要求银行实施应急资本和自救债等资本补充机制,以减记、转股等方式核销股权,要求股东分担银行损失,限制股东治理权。在外部救助机制中,银行或权责机关将实施购买和承接交易、资产剥离,股东权受到相应限制。当市场救助失灵后,权责机关采取行政干预手段,对问题

① 参见Stijn Claessens等编著:《宏观审慎监管政策——通向金融稳定的新道路》,孙涛等译,电子工业出版社2013年版,第243页。

② 参见廖岷、孙涛、丛阳:《宏观审慎监管研究与实践》,中国经济出版社2014年版,第81～83、154～155页。

银行实施接管、公共救助或国有化,股东权受到较大程度的限制,股东也将承担较多的义务和责任。当救助措施无法处置银行危机时,问题银行将退出市场。权责机关应优先并购重组,在必要时撤销关闭或破产清算。并购重组涉及股权并购,主要适用公司法、证券法等法律规制股东权。撤销关闭和破产清算属于强制性退出方式,不仅股东的财产权和治理权依次受到限制,股东也将承担分担剩余风险的加重责任。最终结局是无法破产重整、救助彻底无望的银行完全退出市场。

二、规制目的:调整利益冲突

股东与相关者在问题银行处置中的利益冲突更加尖锐,问题银行处置是重新调整各方利益的过程。权责机关权衡公共利益与股东利益,确保在维护公共利益的同时,较少侵害股东合法利益。

(一)问题银行处置中的利益冲突

1. 股东与相关者之间的利益冲突

股东作为理性经济人,在交易中会考虑期限、回报、风险、控制和利益冲突等基本要素。[①] 所有银行股东都预期以长期持股获得长期回报,但上市银行的股价波动会使风险厌恶者抛售股票,使风险中性者相机抛售股票。因此,各国银行监管法或公司法都规定了持股期限限制,禁止大股东在一定期间内转让股份。股东持股比例和影响力不同,投资心态和动机不同,回报预期也不同。在大股东绝对控股或相对控股的上市银行里,大股东容易把持银行经营决策,向其关联人或关联企业授信,以关联贷款等获取控制权收益。非上市银行的大股东一般兼任董事或高级经理人,可以直接控制银行经营管理。在银行公司治理结构中,股东与相关者之间都存在利益冲突。股东受有限责任庇护,可能成为潜在的风险偏好者。存款人等中小债权人存在"搭便车"的心态且对其监督困难,利益冲突呈

---

① 参见[加]布莱恩·R. 柴芬斯:《公司法:理论、结构和运作》,林华伟、魏旻译,法律出版社 2001 年版,第 43 页。

现出多元化、多维度的特点。董事、高级经理人追求个人利益,与股东利益不一致,又因信息不对称而产生更严重的利益冲突。大股东获取控制权收益,侵害中小股东的合法权益。监管具有替代银行债权人治理机制的作用,却使银行各主体间的利益冲突更加复杂,将利益冲突拓展到股东与监管机构之间。[①]

2. 问题银行处置中的利益冲突

金融安全网对银行公司治理机制产生了深远影响。监管机构提出股东资质、资本充足率等审慎监管要求,在一定程度上抑制股东道德风险,有助于防范银行危机、降低银行风险。资本充足率的监管、预警及早期纠正措施,对出现轻微资本问题的银行形成监管压力,促使股东等购买低风险、高收益的资产,采取措施增加银行监管资本。金融安全网有助于有序、高效处置银行危机,亦具有"双刃剑"效应。监管机构一般持谨慎保守态度,弱化董事会治理作用,抑制股权激励作用,削弱私法规制在银行公司治理中的作用。金融安全网也具有负面作用。审慎监管虽可在一定程度上解决银行业市场失灵问题,其股权集中限制不利于股东行使治理权,也不利于外部市场发挥其治理作用。[②] 最后贷款人可能使股东形成"公共救助"的依赖心理;存款保险和问题银行处置机制可能会引发股东的道德风险,形成权责机关风险兜底的不合理预期,容易诱发股东与高级经理人等主体的冒险行为。因此,问题银行处置中必须协调和平衡各相关方的利益。

(二)问题银行处置中的利益调整

问题银行处置强调尽早识别风险,早做准备,及时、有效、灵活地处理风险,[③]旨在调整股东利益与其他相关者利益,实现维护金融稳定、保持

---

① 参见曹艳华、王庆金:《商业银行治理机制对风险承担行为的影响:理论与实践》,中国社会科学出版社2011年版,第41页。

② 参见曹艳华、王庆金:《商业银行治理机制对风险承担行为的影响:理论与实践》,中国社会科学出版社2011年版,第41页。

③ See FSB, *Key Attributes of Effective Resolution Regimes for Financial Institutions*, October 2011, para. 3. 1.

市场信心、保护存款人利益等目的。

1. 价值目标:公益与私益的适度平衡

(1)维护公共利益。银行救助促使存在可维持希望的问题银行得到了复兴,也使其他银行增强了经营实力,可以避免因银行破产倒闭导致的资产流失、投资损失等诸多问题,避免因银行破产引发连锁反应,防范和遏制金融风险恶化趋势。市场退出使无法生存的问题银行归于消灭,可以避免资源浪费、市场信心受损等风险,保持银行业的稳定性和竞争力。

(2)适度保护股东权益。在问题银行救助中,股东让渡部分权益,承担相应的义务与责任,为问题银行注入一定资金。这些规制行为避免了问题银行的破产倒闭,避免了银行破产时股东要承担更加繁重的责任,避免了股东在银行的权益归零的风险。经救助获得新生的银行一般会恢复经营,股东也将获得未来的收益。此外,通过银行救助,股东也积极地履行职责,进一步了解银行状况,有利于优化问题银行的公司治理。在问题银行的市场退出中,股东等主体已尽力分担损失、救助银行,权责机关也实施了救助措施,对挽救银行危机无济于事。对恢复无望的问题银行,"当断不断,反受其乱",为避免银行、股东、债权人等遭受资产清算的噩运,最优策略莫过于使其有序地退出市场。

2. 价值基础:秩序、正义与效率的协调

银行奉行审慎经营原则,实现安全性、流动性与效益性的协调。但问题银行的"三性"之间存在紧张关系。问题银行处置制度具有秩序、正义和效率等法律价值,通过调整股东等主体的行为与利益,回归银行经营"三性"的协调关系。

(1)秩序价值。秩序以安全为核心,体现为"一定程度的一致性、连续性和确定性"[①]。银行业领域的安全包括微观安全和宏观安全,各主体恪守交易规范、银行机构稳健运行,股东投资安全、存款人账户和存款安

① [美]E. 博登海默:《法理学:法律哲学与法律方法》,邓正来译,中国政法大学出版社 2004 年版,第 228 页。

全,使整个行业、社会和国家处于金融稳定状态。当银行出现声誉风险、业务失误、资金短缺等突发事件时,由于银行业的脆弱性、信息不对称性,极易影响市场主体信心,客户的担忧、恐慌情绪升温,便会打破银行交易的稳定性,发生银行挤兑等现象,进而引发区域性风险,甚至演变为金融危机。问题银行处置制度旨在消除银行业中的无序状态,消除影响银行安全和稳健运行的因素,体现和确保银行交易秩序。

(2)正义价值。问题银行处置重新分配问题银行的优质资产、客户关系等资源,协调与平衡股东利益和公共利益。为维护金融稳定、维持市场信心、保护关键金融功能和存款人利益,[①]权责机关责令股东、无担保和无保险债权人首先分担银行损失。通过矫正正义实现分配正义,牺牲个别正义维护整体正义。但对个别正义的限制并非无限度的,股东分担损失要遵循债权位阶,股东权规制也要符合正当程序的要求。股东可监督规制行为,并通过各类救济手段维护自己的合法权益,确保监管、规制和处置手段的公正性和公平性。

(3)效率价值。问题银行处置制度寻求最小成本处置,避免不必要的价值损失,[②]确保公平地保护各相关者的合法权益,尤其注重保护存款人利益。成功实施救助将使问题银行恢复常态,不仅保护存款人利益,也保护股东的合法权益,避免银行被强制清算后各方利益受损的困境。救助失败后,使恢复无望的银行彻底退出市场,避免各相关者利益遭受清盘,将问题银行的负面效应最小化,维护金融稳定和市场信心。

3. 标准与方式:法律的规制与协调作用

(1)股东利益与公共利益的协调。股东是追求自身利益最大化的理性人。在银行正常经营时,股东主要追求所投入股权资本的回报最大化和长期化。股东有以下具体的利益诉求:在银行盈利后,要求分配股息和红利;在银行重大事项决策时,要求参与决策、知晓决策内容,并保证其决

---

① See FSB, *Key Attributes of Effective Resolution Regimes for Financial Institutions*, 2011, p. 3.

② See FSB, *Key Attributes of Effective Resolution Regimes for Financial Institutions*, 2011, p. 3.

策权利不受影响。在问题银行处置中,股东有权要求其股东权受到公平处置,使其损失不高于银行破产时的损失;在股东权受不当侵害后,有权采取诉讼手段维护其合法权益。银行更要维护存款人利益、市场信心、金融稳定等公共利益。所谓存款人利益,主要指的是客户在银行的存款不受银行破产的影响;市场信心则是社会公众对银行保持信任,不因银行风险事件引发恐慌和银行挤兑;金融稳定是指不因单个银行的破产或其他问题而发生传染等问题,危及整个银行业的安全和秩序。

在银行经营的不同阶段,对于这两种利益的重视程度是不同的。在常态下,银行在审慎经营中,不仅要注重保护存款人等主体利益,也要保护中小股东的合法权益。一旦银行产生问题,处于危机状态之中,金融市场秩序、市场信心、存款安全等公共利益就占据了优势地位,取得了优先受保护的地位。在问题银行处置中,股东权规制要实现公共利益和股东利益的协调与平衡。

(2)利益调整的作用方式。股东权规制调整股东行为,体现法律的工具性价值,最终实现秩序、正义和效率等目的性价值。① 法律具有告知、指引、评价、预测、教育和强制等作用。② 强制适用规范、许可适用规范、推定适用规范发挥不同作用,规定股东的“可为”“应为”“禁为”模式,明确需要保护的利益及其范围、程序和救济机制,以及各类利益的先后次序,③在立法、执法、司法中实现股东利益与公共利益的多次分配和动态调整。在问题银行处置中,银行大股东不仅要被限制部分或全部权利,还要履行积极救助银行义务、承担赔付责任。这些规制措施与合同法、公司法、破产法等法律共同作用,实现各相关者利益的再平衡。

---

① 参见张文显:《法哲学范畴研究》,中国政法大学出版社 2001 年版,第 192 页。

② 参见张文显:《法哲学范畴研究》,中国政法大学出版社 2001 年版,第 192 页。

③ 参见[美]E. 博登海默:《法理学:法律哲学与法律方法》,邓正来译,中国政法大学出版社 2004 年版,第 413 ~ 414 页。

三、规制方式:公私法规制并用

维护金融稳定、维持市场信心是权责机关和私法主体的共同利益所在。问题银行处置旨在以最小处置成本实现共同利益。权责机关以公私法相结合的方式规制股东权,应尽可能运用私法规制,在必要时运用公法规制。

(一)私法规制的运作机理

问题银行处置中常用私法手段规制股东权,遵循民商法基本原理。民商法尊重当事人的意思自治,调整私法主体之间的人身和财产关系,[①]应当从个体和团体成员两个维度进行考察。

1. 私法规制的作用机制

民商法以"权利—义务—责任"调控行为,可被归纳为"权利—规制:权利行使规范 + 义务规范 + 责任规范"的规制模式。权责机关、股东等主体以平等地位参与的市场化处置,都属于对股东权的私法规制。

(1)股东的权利规范。投资人入股银行成为股东,以协议、章程界定、限制和规范股东权。[②] 银行公司章程经过监管机构审核、备案或公示,使之成为银行的基础性、纲领性文件。法律、公司章程设定了股东权的边界,明确了股东的资质条件、具体权利、行使权利的程序和具体情形。公司章程以股东权为中心,明确规定了股东行使权利、股东会召开程序等事项,也规定了股东转让权利、退出银行等相关事宜;界定了股东会、董事会、监事会、高级经理人等主体的职责和权利,构建起银行公司治理机制。民商法中存在大量的许可适用规范、推定适用规范,明确股东"可为"行为的范围,又以少量的强制适用规范划定股东权边界,设置股东行使权利的禁区。

(2)股东的义务与责任规范。当股东滥用权利或违反义务时,民商

① 参见曾筱清、杨益:《金融安全网法律制度研究》,中国经济出版社 2005 年版,第 17 页。

② 参见侯东德:《股东权的契约解释》,中国检察出版社 2009 年版,第 77 页。

法以禁止权利滥用、诚实信用等基本原则和规则进行调控。从法理上看，义务与权利相对应，是行使权利而应为的行为。公司法、证券法等法律对银行公司章程作出了指引性规定。自银行成立之日起，银行股东可选择适用其中的许可适用规范，无条件地适用其中的强制适用规范，股东以公司章程明确如实出资、维护公司运营、信义义务等私法义务，这些义务又为监管法所修正，提出更严格的要求。股东应当符合监管机构规定的准入资格，按照监管要求履行出资义务、信息披露义务等。在银行正常运营的状态下，银行股东的角色与一般公司股东无异，除了享有重大事项表决权、知情权等重要权利外，股东一般不干涉银行董事会、经理层的日常经营管理。股东应当承担的法律责任，是对股东违反法定义务或实施违法违规行为的惩戒。当股东未能履行法定义务或滥用权利时，其他主体可依照公司法、银行法等法律，要求股东停止对银行或其他主体的侵害，或者补缴出资、赔偿损失，维护个人或银行的合法权益。

2. 私法规制的具体方式

新设银行发起人在“生前遗嘱”中承诺补充银行资本、救助银行，其他银行大股东在 RRP 中约定注资、救助、分担风险等义务，监管机构对承诺和 RRP 进行审查和修订，以非强制行为承认其法律效力。此外，问题银行处置中的购买与承接交易、债转股融资等方式，都是股东承担新合同义务的表现。这类自我救助方式一般不影响银行的公司治理机制。股东事先做出自我约束的承诺，表明在触发相关事件时，其财产权被自动减损、冲销。问题银行处置中也会采取并购、资产剥离等方式，这使问题银行公司治理机制发生变动，银行股权结构、股东的地位都将发生变化，股东行使权利，受到公司法、证券法等法律的规制。

（二）公法规制的运作机理

在问题银行处置中，权责机关基于维护宏观金融安全的考虑，依照银行监管法和处置法规制股东权。合理的权力分配将减少权责机关之间的冲突，增进问题银行处置事务的协调与合作。

1. 公法规制的属性与效力

银行处置法中规定了很多强制适用规范，以“权利—规制：权利限制规范+义务规范+责任规范”的模式，要求股东“禁为”和“应为”某类行为，股东不得损害银行及相关者的合法权益，应当优先吸收银行损失、救助银行。在问题银行的救助和市场退出中，权责机关优先以市场化方式处置风险，必要时实施强制行为。权责机关的权力源于经济法规范，应当恪守其法定权力的边界，在法定权限范围内行使规制权力，使其规制措施符合法定职责和正当程序的要求。同时，规制行为还应符合比例原则，不得损害被规制股东的合法权益。如果权责机关违背法定职责的要求，应当承担相应的法律责任。合法的股东权规制行为将产生公定力、确定力等法律效力。不仅权责机关、股东不得任意改变已生效行为，社会公众也应普遍遵从其决定。规制决定会约束股东，促使其积极救助问题银行。[①]

2. 权责机关之间的分权与合作

在问题银行处置中，股东权规制涉及众多权责机关。各权责机关应以有序、有效、及时处置问题银行为目标，统合审慎监管、最后贷款人、存款保险、破产清算等职能，[②]依次介入问题银行的救助与市场退出程序。规制行为是各权责机关对公权力的运用，其职权范围取决于不同国家监管体制的安排。监管机构负责启动、主导处置程序，在金融稳定和风险处置中发挥核心作用。监管机构有权采取要求股东注资、放弃债权或限制权利等审慎监管措施。央行具有防范系统性风险的职责，具有与风险防控有关的处置权力；央行也作为最后贷款人发挥作用，为银行提供流动性支持。存款保险机构主要负责防控投保银行的风险，在银行遭遇危机时赔付存款人损失，享有衍生的风险处置权力。财政部门主要提供公共救

---

① 参见张守文：《略论经济法上的调制行为》，载《北京大学学报（哲学社会科学版）》2000 年第 5 期。

② See Tomas Ambrass, *Bank Resolution Regime. Balancing Private and Public Interests. A Comparative Analysis*, (Ph. D. diss., Mykolas Romeris University, University of Basel, 2015), p. 232.

助。政府在处置中可以稳定经济社会秩序。[①] 这些权责机关只有在履行其法定职责时,才可以对银行股东提出一定的附加条件,要求其为或不为一定行为。法院在不同处置程序中发挥不同作用。法院在一般情形下协助实施和执行处置措施,但在特定机制中使处置或规制措施发生法律效力。[②] 如在英国特别处置机制中,英格兰银行等需向法院申请管理令、破产令等令状,法院享有审查、签发、否决这些令状的权力;[③]美国联邦存款保险公司(Federal Deposit Insurance Company,FDIC)针对不执行中止或终止银行经营等措施的问题,可向地区法院申请临时禁令。[④] 法院一般不会干涉问题银行处置,除非问题银行进入破产清算程序,法院对分担损失、分配财产等作出裁判。法院有权审查股东权规制行为的合法性与合理性,为股东提供权利救济。如果股东认为问题银行处置存在程序瑕疵,或股东权被非法规制、不当规制,有权向法院提起维护自身合法权益的诉讼。

3. 公法规制的具体方式

在银行经营的不同阶段,股东受到不同程度的监管。在设立或营业期间,发起人股东需按监管机构要求提交 RRP,大股东要承诺救助银行。在银行经营中,股东还应根据监管机构的审慎监管要求采取相应行动。监管机构通过早期预警发现银行存在资本问题时,股东要及时补充资本。在不同处置阶段,股东不仅要协助补充银行资本,权利受到限制,必要时还需承担额外的义务和责任。当银行处于危机状态时,权责机关将督促股东承担相应的加重责任,采取放弃债权、提供担保、履行救助义务等行动。这类规制具有明显的衡平作用,既可以矫正股东滥用权利,又是对股

---

① See Tomas Ambrass, *Bank Resolution Regime. Balancing Private and Public Interests. A Comparative Analysis*(Ph. D. diss. ,Mykolas Romeris University, University of Basel, 2015), p. 233, 234, 241.

② See Tomas Ambrass, *Bank Resolution Regime. Balancing Private and Public Interests. A Comparative Analysis*(Ph. D. diss. ,Mykolas Romeris University, University of Basel, 2015), p. 247.

③ See U. K. ,*Banking Act* 2009: *Special Resolution Regime Code of Practice*, March, 2017, p. 29 – 34.

④ See 12 U. S. C. 1818(d).

东救助问题银行的硬性要求。对问题银行的行政干预主要有受控制的管理、临时管理、接管、国有化和公共资金救助等。随着干预措施的逐步深入,对股东的权利限制也逐渐强化。其中,公共资金救助是财政部门向问题银行注资,或央行向问题银行提供流动性支持,会对股东提出提供担保、分担损失或救助银行等要求,以免产生道德风险。国有化则是将问题银行控制在政府名义下,政府成为该银行的股东,原银行股东地位被削弱或完全丧失资格。

(三)公私法规制成本与收益的比较

权责机关在问题银行处置中实施股东权规制措施时,应当考虑监管和处置的成本与收益。发达国家普遍采用成本收益分析法进行利益权衡,优先使用市场化手段处置问题银行,只在市场失灵、危机紧迫时才进行必要和适当的行政干预。

1. 问题银行处置的成本与收益

问题银行处置的“成本—收益”假说认为,权责机关处置问题银行一般应遵循处置收益 V 总是大于处置成本 C。实际处置成本取决于不同的处置制度安排,这种制度安排可能成功或失败。故而实际处置成本不一定等于处置制度的成本,其 C_1 取值一般位于最小处置成本 C_S 与最大处置收益 V_g 的区间内,即 $C_S < C_1 < V_g$。成功的处置制度 C_V 安排趋近于 C_S,不成功或失败的处置制度 C_f 安排趋近于 V_g。[①] 实践中一般从权责机关和被规制机构、利益相关者等角度分析处置成本。权责机关的直接成本包括制度设计成本、实施监管和处置措施耗费的人力和物力成本、实施救助和市场退出等措施的成本。间接成本不仅包括股东、债权人、稳健经营银行等各方的直接或间接损失,[②]也包括道德风险、削弱行业竞争、阻碍金融创新及退出经营市场等不利后果,这些都属于不可计量的损失。[③] 被监管机构或相关主体的直接成本主要是合规成本,其间接成本则包括丧

① 参见阙方平:《有问题银行处置制度安排研究》,中国金融出版社 2003 年版,第 147 ~ 148 页。

② 参见阙方平:《有问题银行处置制度安排研究》,中国金融出版社 2003 年版,第 147 ~ 148 页。

③ 参见刘士余:《银行危机与金融安全网的设计》,经济科学出版社 2003 年版,第 158 页。

失竞争力、差异化服务、营利可能性的机会成本及经济成本。[①] 处置收益包括效率收益、安全收益及公共利益等间接收益。

《金融机构有效处置的关键要素》(Key Attributes of Effective Resolution Regimes for Financial Institutions, KAs)规定了可处置评估程序,是对问题银行处置的"成本—收益"假说的应用。[②] 权责机关首先应评估问题银行的状况,预估问题银行带来的损失,着重分析采取措施与否、采取不同措施的成本与收益,比较各类方案的成本与收益,从中选择成本最小的处置方案。有的国家在法律中明文规定问题银行处置的成本收益分析。如存款保险基金赔付时,我国法规明确规定存款保险基金使用最小成本原则。[③] 欧盟法规定实施存款保险赔付等处置措施时,综合考虑全体纳税人利益与私人利益。美国《联邦存款保险公司改进法》(Federal Deposit Insurance Company Improvement Act,FDICIA)规定,在处置失败金融机构时,FDIC 应考虑清算成本和收益,估算问题银行资产现值,寻求成本最小的处置方式。[④] 如在实施购买与承接交易时,FDIC 要比较失败机构的清算成本与有并购意向的机构的竞标标的,预计 FDIC 接管失败机构后的损失。如果其他机构给的竞标标的可接受,并使其处置成本最小,就将失败机构的存款等转移到有并购意向的机构。[⑤] 在处置系统性风险时,也将突破最小成本原则,因为金融稳定、市场信心更重要。

2. 股东权规制中成本收益法的运用

对股东权的规制也需考虑成本与收益。股东遭受的损失属于处置的间接成本,这并不意味着股东会一直遭受损失。从股东角度考虑,他属于剩余风险承担者和剩余资产分配者,在不同处置措施中的成本与收益各

---

① 参见史纪良主编:《银行监管比较研究》,中国金融出版社 2005 年版,第 25 页。

② FSB, *Key Attributes of Effective Resolution Regimes for Financial Institutions*, October 15, 2014, I-Annex 3: Resolvability Assessments, p. 37 – 38.

③ 参见《存款保险条例》第 18 条。

④ See 12 U. S. C. § 1823 (c) (4) (1991).

⑤ See FDIC, *Resolutions Handbook*, Revised Dec 23, 2014, p. 12 – 13.

不相同。在银行救助阶段，问题银行仍具有可持续经营价值，银行存在正净值，股东权仍具有经济价值，是驱动股东参与银行救助的经济动力。股东注资、被限制权利、被增加义务的经济价值及救助失败后的损失，都可被视为其救助银行的直接成本。股东的收益包括银行救助收益分配所得及恢复原状的股东权价值。股东一般会被要求强制参与银行市场退出，其成本包括被放弃或被废除权利的经济价值，以及赔付存款或存款保险基金的资金；收益主要是银行破产清算或撤销关闭后的剩余价值。最极端的情形是股东所有权益归零，成为纯粹的剩余风险承担者。

通过行政处置手段，短期内能达到维护经济秩序、保持金融稳定和维持市场信心的效果。如果银行被部分或完全国有化，成为政府控股银行，银行的经营管理会深受公权力干预和操控。原有股权被稀释，原股东将会与新股东存在潜在利益冲突，不利于优化银行公司治理机制，也不利于银行的长期可持续发展。市场化处置对股东权影响较小，但也会助长股东等主体的投机行为和道德风险，反而不利于银行的安全与稳健运行。因此，权责机关需要在市场化处置与行政处置之间找到均衡点，预估各类处置措施的成本与收益；权衡股东利益与公共利益，灵活运用股东权的公私法规制措施，从中找出最优处置方案与规制方式。

第三节　作为特殊股东权规制的加重责任

自监管机构提出民营银行“自担风险”的监管要求以来，我国逐步引入了股东加重责任规则。[①] 这类规则的理据不足，有移植后水土不服之

① 2013 年，国务院在《关于金融支持经济结构调整和转型升级的指导意见》中首先提出，设立民营银行的民间资本要自担风险。银行监管部门在《关于鼓励和引导民间资本进入银行业的实施意见》《关于促进民营银行发展的指导意见》中也明确了自担风险的要求。原银保监会发布的部门规章、指引文件先后提出了股东维持资本承诺、限制权利、注资义务等要求。这类规则借鉴了国外立法经验，具有突破股东有限责任的特点，可被归纳为股东加重责任。

虞。加重责任重新分配股东的权利、义务与责任，是适用于问题银行处置中的特殊股东权规制和利益调整机制。一般股东权规制的法理不易阐释加重责任之正当性。需从辨析加重责任的语义、法律属性出发，整合先前相关研究观点，分别以商主体、风险管理和问题银行处置为视角进行阐释，可以将加重责任视为特殊的股东权规制。

一、加重责任的辨析与反思

我国法理与制度中并不存在与加重责任完全对应的法律术语，对加重责任存在一定误解，应当结合其语义渊源，辨析其概念与法律属性。

（一）语义与内涵的辨正

1. 语义上的澄清：此责任并非彼责任

股东加重责任并非立法语言，而是学理概念。英美学者们观察到银行监管体制变革和规则变化，梳理了“力量源泉”“交叉担保”和权利限制等规则，注意到股东的额外义务、责任有别于股东有限责任，运用形象化、个性化的术语指称这类规则，[①]以股东加重责任概括这类规则。

中外学者们普遍认识到，股东加重责任是股东有限责任在理念和具体规则上的突破。外国学者们在相关文献中常用的“义务、责任”(obligation)和“责任”(liability)，都有法律责任的意思，[②]都有浓厚的契约色彩，在具体语境中更倾向于义务。至于扩张的(expanding)、加重的(enhancing, enhanced)、增加的(increased)、无限制的(unlimited)等修饰词，表明这些义务、责任超出了“有限”的限度。我国学界基于对上述英文词语的理解，惯用加重责任概括这种特性，虽然较为形象地反映出突破股东有限责任的特点，却未详细区分词语间的细微差别，更未探讨外国法

---

① 国外学者往往用 Expanding Obligation、Enhanced Obligation、Increased Liability、Unlimited Liability 等指称加重责任，个性化十足，也增加了在后续研究中整合相关观点的难度。

② 根据《元照英美法词典》和《牛津法律大辞典》，Obligation 一般是债或债权债务关系的意思，有时有法律义务或道德义务之意，带有“强制性、当为性”的特点；Liability 是根据法律或公正原则应履行的责任、义务，是不确定或确定的债务或责任，应根据履行情况而定。

律中相关规则呈现的义务内容。国内学者们普遍以借鉴美国法律为主，形成了采用加重责任术语的惯例与共识，[①]这种简化处理的做法虽有利于初步研究，却为后续研究增添了不少理解困难。我国学者大都将加重责任理解为法律责任。有学者尝试以加重责任解释民营银行"自担风险"的制度，[②]认为民营银行发起机构"自担风险"与学理上的"加重责任"有对应关系。[③] 近年来，学者全面地探讨了加重责任的内涵与外延，认为加重责任是特定股东为依法救助问题银行而承担的额外法律义务。[④] 从语义角度来看，加重责任并非单纯的法律责任，其内涵远较字面意思丰富。

2. 内涵的厘定：银行处置中的特殊规制

美国法上的加重责任规则是由权责机关确立的，将股东"应为"行为规范升级为强制适用规范。权责机关要求股东超出出资额补充资本、分担损失，这些行为不同于整改、惩戒、处罚等强制手段，都体现出规制股东权的特点。既有放弃或限制部分或全部股东财产权，也有额外的义务和责任，是一种运用规制理论的安全性措施。[⑤] 据此，可将加重责任界定为权责机关在问题银行处置中，为使银行资本达到监管要求或弱化银行破产倒闭风险，针对大股东依法适用的股东权规制行为。一般规制行为与加重责任具有互补和协调的作用。前者的规制范围较广，将会限制股东的财产权、治理权等权利，适用于银行经营过程的始终；后者仅适用于问

---

① 我国学者的研究始于 2005 年，学者们并未深究"加重责任"的语义，形成了运用该表述的惯例。

② 参见柴瑞娟：《民营银行：发展障碍及其法律对策——以民营银行开闸为时代背景》，载《法学评论》2014 年第 3 期。

③ 参见宋怡林：《民营化背景下商业银行股东加重责任研究》，辽宁大学 2015 年博士学位论文，第 46 页。

④ 学者杨松、宋怡林将承担加重责任的股东限定为"持有银行一定比例股份的股东"，所承担的加重责任是各类问题银行救助义务的统称。参见杨松、宋怡林：《商业银行股东加重责任及其制度建构》，载《中国社会科学》2017 年第 11 期。

⑤ 参见杨松、郭金良：《银行危机处置过程中的股东权利限制研究》，载《法律科学（西北政法大学学报）》2013 年第 5 期。

题银行处置程序,只限制股东财产权。

(二)法律属性的再认识

加重责任在股东权责分配上突破了有限责任的限制,与法人人格否认制度不同。加重责任重新调整银行股东权利、义务和责任,是包含权利限制、额外义务与责任的类概念。

1. 问题银行处置中的规制行为

规制是监管和加重责任的上位概念,是对所有调整、管理和限制行为的统称,所依据的规则是法律、交易习惯、伦理道德和行业规范。监管与加重责任都属于公法规制,都以强制适用规范为依据,都是权责机关强行要求的行为。但二者的规制主体、受制行为和适用时间不同。监管的权责机关仅限于监管机构,以审慎监管规则为主,对股东直接或间接产生规制作用,适用于从准入到退出的全过程。加重责任的权责机关包括监管机构、处置机构,以处置法为依据对股东直接产生影响,仅适用于问题银行处置阶段。

2. 突破有限责任的权责配置机制

(1)加重责任是有限责任的例外。其一,加重责任弥补了有限责任在权责分配中的不足。有限责任、无限责任与加重责任都属于权责分配机制。[①] 无限责任虽能有效遏制股东在投资交易中的道德风险,但股东与公司人格不分,股东以其所有财产为投资负责,使股东承担的风险与责任明显过重,无法激发投资者积极性,不适应银行的资合性特点。有限责任以股东与公司人格分离为基础,具有降低投资者监控成本、促进股份自由转让、有利于最优化投资等优势,[②]也存在代理成本较高、诱发股东投机行为等弊端,不适于控制股东在问题银行处置中的行为。加重责任适当增加了股东在问题银行处置中的负担,可以抑制股东的自利行为,却不会使其承担更重的义务与责任,在遏制股东道德风险与激发投资者积极

---

① 参见苏轩:《股东责任论——以有限责任公司为视角》,吉林大学2010年博士学位论文,第11~12页。

② 参见施天涛:《公司法论》(第4版),法律出版社2018年版,第10~12页。

性之间取得了平衡。其二,加重责任突破了“有限的量”,却仍属于限定责任。有限责任以股东认购出资额或股份价额为限,[①]与倍数责任、比例责任均有“量的有限责任”之特点。[②] 加重责任增加了银行股东的权利负担,股东需补充超出出资额的资本,其限度介于有限责任与无限责任之间。其三,加重责任只适用于特定时期的特定股东。加重责任在银行正常经营时属于风险预防机制。在问题银行处置中,当存在相应的触发事件并符合适用条件时,控股股东、金融控股公司等大股东将受到不同加重责任的规制。

(2)加重责任亦有别于法人人格否认制度。加重责任与法人人格否认制度都突破了有限责任,但二者有不同的适用范围。加重责任是权责机关对大股东的强制要求,仅适用于问题银行处置,调整大股东的权利、义务与责任,强调大股东及时救助银行、分担损失,保障关键金融功能、维护市场信心和宏观金融安全。法人人格否认一般适用于中小股东维权诉讼,由法院判决有过错的股东对混同债务承担连带责任。英美法学者认为,“揭开公司面纱”能平衡有限责任的成本和收益,遏制由股东引发的公司过度冒险激励。[③] 大陆法学者则认为,“穿透责任”适用于资产混淆、资本过低、康采恩关系、毁灭生存等情形。[④] 但该制度是事后救济,存在因果关系及类型认定复杂、理论纷争多的问题,[⑤]不适于处置问题银行。

---

① 参见虞政平:《股东有限责任:现代公司法律之基石》,法律出版社 2001 年版,第 6 页。

② 在存款保险制度确立之前,英美银行普遍存在股东承担双重责任、三倍责任等现象,美国加利福尼亚州某些公司甚至长期存在股东比例责任,如运通公司就实施股东比例责任。

③ 参见[美]弗兰克·伊斯特布鲁克、丹尼尔·费希尔:《公司法的经济结构》,罗培新、张建伟译,北京大学出版社 2014 年版,第 49 ~ 50 页。

④ 参见[德]托马斯·莱塞尔、吕迪格·法伊尔:《德国资合公司法》(第 3 版),高旭军等译,法律出版社 2005 年版,第 480 ~ 491 页。

⑤ See Stephen M. Bainbridge & M. Todd Henderson, *Limited Liability*, Edward Elgar Publishing, Inc, 2016, p. 129 – 131.

3. 并非单纯的法律义务和法律责任

加重责任的内涵远较法律义务、法律责任丰富，与二者存在重合但不等同的关系；外延上包括权利限制、额外义务与责任。

（1）加重责任与法律义务的异同。加重责任可被视为银行股东因其主体地位产生的义务或职责和第二性义务，与法律义务都具有应为行为的共性。[①] 权责机关根据银行风险演变态势，运用自由裁量权要求大股东为或不为一定行为。权责机关要求大股东注资、救助，属于股东诚信义务衍生的额外义务。权责机关限制股东权，要求股东转让或放弃权利，是以公权力约束股东权；股东赔付存款保险机构或存款人，是强制股东承担的额外赔偿责任。这种权利限制与额外责任是从民商事基本原则衍生而来的，有的是权责机关的强制要求或规制措施，却不宜被笼统地认定为法律义务。

（2）加重责任与法律责任的异同。加重责任与法律责任都有主体承担不利后果的表象，但二者内涵有着本质上的不同。在民商法领域，股东因违约行为和侵权行为承担责任，违约行为适用严格责任归责，侵权行为以过错责任或无过错责任归责。严格责任、无过错责任不以过错为构成要件，而过错责任必须符合法定要件。梳理我国《公司法》（2023 年修订）及其司法解释的规定，银行股东承担违约责任或侵权责任的情形贯穿于公司成立至清算的始终，涉及未依法出资、[②]滥用权利、[③]不当关联交易、[④]设立中不当行为、[⑤]不

---

① 参见宋怡林：《民营化背景下商业银行股东加重责任研究》，辽宁大学 2015 年博士学位论文，第 121、123～127 页。

② 根据《公司法》（2023 年修订）第 107 条的规定，《公司法》第 49 条、第 52 条和第 53 条的规定适用于股份有限公司，涉及股东未按期足额缴纳出资、出资不足、抽逃出资等给公司造成损害的情形，股东要承担相应的损害赔偿责任。未按期足额出资也会导致股东丧失未缴纳出资的股权。

③ 《公司法》（2023 年修订）第 21 条第 2 款：公司股东滥用股东权利给公司或者其他股东造成损失的，应当依法承担赔偿责任。

④ 《公司法》（2023 年修订）第 22 条适用于控股股东利用不当关联关系损害公司的情形，该控股股东应承担损害赔偿责任。

⑤ 根据《公司法》（2023 年修订）第 44 条、第 107 条，股东要承担为设立公司以自己的名义从事民事活动产生的民事责任，以及因履行公司设立职责产生的损害赔偿责任。

依法清算等行为，[1]属于股东未依法履行义务或不当行使权利产生的法律责任。

在问题银行处置中，应明确区分股东的加重责任、违约责任和侵权责任。股东未履行法定职责与义务，不问其主观过错，适用严格责任归责，都应当承担违约责任；股东滥用权利造成侵害的，按照过错原则或无过错原则承担侵权责任。加重责任并不单纯表现为法律责任。此时的股东并未实施任何侵权行为或违约行为，不能以过错责任、无过错责任归责。股东被限制权利，承担额外义务，是依法律或监管要求救助问题银行，按权责机关要求为或不为一定行为。股东赔付存款保险机构或存款人，是股东履行投资责任与承担投资风险的体现，这种责任具有道义责任和商事伦理责任的特点；也是处置银行危机以及维护公共利益的需要，规避了股东获取与其投资者身份和责任不相符的收益，遏制股东趁问题银行处置之际满足个人不合理的欲求。

二、加重责任的理据分析

为何要制定加重责任规则，这是法律制度构建亟待解决的首要问题。仅注意到加重责任的作用，难免陷入肤浅的功利主义思维。国内外法理研究只能解释部分规则，学者们逐渐注意到加重责任的利益调整作用，有利于更好地解释加重责任的正当性。

（一）功利性思考：加重责任的作用

加重责任规则源于问题银行处置实践，弥补了股权管理和监管的不足，在银行正常经营时发挥“预防针”作用；在问题银行处置时作为“催化

---

① 最高人民法院《关于适用〈中华人民共和国公司法〉若干问题的规定（二）》（2020 年修订）中，第 18 条是控股股东未依法定期限成立清算组导致公司损害的赔偿责任，以及控股股东怠于履行清算责任的赔偿责任；第 19 条是控股股东在公司解散后恶意处置公司财产或未经清算以虚假清算报告骗取注销登记的赔偿责任；第 20 条是公司未清算即注销时的赔偿责任；第 21 条是控股股东等过失人的责任分担规则。根据《公司法》（2023 年修订）第 232 条，股东不属于清算义务人，但有可能是公司章程规定或股东会决议另选的清算组成员。因此，在适用前述相关规则时，需结合新公司法的规定进行相应调整。

剂"增进处置效率。

1. 防控银行潜在风险

加重责任对股东设置较重的权利负担,使股东产生强化权利规制的预期,督促股东规范地行使权利,有效地防控和遏制银行风险。

(1)防控银行股东道德风险。金融控股公司容易利用控股关系从事高风险、高收益业务,其他大股东容易借助控股地位或影响力把持银行经营决策。一旦银行遭遇财务困境或面临破产倒闭风险,金融控股公司、控股股东、主要股东很可能会采取过度冒险行为,转移资产和风险谋取私利,使附属银行或所控股参股银行问题日趋恶化。金融控股公司、自然人大股东都存在政府救助的预期和依赖性,极易借助有限责任逃避救助银行的义务。加重责任通过预设额外的救助义务和责任,弥补公司治理和银行监管机制的不足,有效地防控金融控股公司、自然人大股东的道德风险,杜绝其规避风险、依赖公共救助的不合理预期。

(2)调控和引导银行股东行为。加重责任可以调控和引导金融控股公司和自然人大股东的决策、投资等交易行为,要求大股东提前安排风险承担、损失分摊等事宜,发起人股东或金融控股公司制定"生前遗嘱",做出维持银行资本的承诺,参与制定银行资本RRP,预设股东在银行救助和市场退出中的额外责任与义务。以股东承诺的方式进行银行风险的事前防控,为金融控股公司、自然人大股东设置了激励与约束机制,对其履行股东职责、积极救助银行、合理分担银行损失具有较强的引导作用。

2. 促进问题银行处置

问题银行处置中股东与相关者间存在较大的利益冲突,加重责任重新调整股东的权利、义务和责任,协调和平衡股东利益与公共利益,有利于及时处置、有效处置问题银行。

(1)平衡股东利益与公共利益。加重责任要求大股东积极救助问题银行,避免银行资金状况恶化为影响金融市场的风险事件,减少问题银行公共救助成本。当银行资本不足时,控股股东、主要股东和金融控股公司应履行维持资本的承诺,及时补充银行资本,执行资本恢复计划;当银行破产倒闭时,大股东需赔付存款保险基金,劣后于其他债权人受偿,金融控股公司及其他附属银行承担担保责任。这些措施以降低公共救助成本、维护金融稳定等公共利益为导向,适当调整大股东的权益,一定限度上突破有限责任,并非让大股东承担无限责任。股东承担加重责任,在问题银行的救助与市场退出中实现与相关者的共赢。

(2)实现安全与效率的目标。银行的经营管理以安全稳健为目标。金融控股公司不当控制附属银行,股东滥用权利,都会威胁银行的安全与稳健经营。加重责任促使金融控股公司审慎经营,督促大股东强化对银行的风险管理和监督。在问题银行救助中,加重责任将使问题银行脱离财务困境,维护金融安全与稳定,避免银行危机损害市场信心。在问题银行的市场退出中,加重责任使大股东分担银行损失,减少存款保险基金的赔付成本,不仅实现了单个银行的安全与稳健运行,而且最终维护了银行业整体的安全与稳健;大股东承担加重责任也有利于维持关键金融服务,兼顾银行业务的效率。①

(二)正当性思考:国内外理论检视

1. 国内外加重责任理论综述

美国学界密切关注本国银行业现状,从法律属性、理论解释等方面研究了加重责任制度,提出了多种富有创见性的观点。学者杰克逊认为,金融控股公司的加重责任将监管责任从政府机构转移到金融控股公司。②在理论阐释方面,饿狼说形象地反映了金融控股公司向子公司索取利润、压榨盘剥子公司的行为,③论证 FDIC 新的银行关闭政策对金融控股公司

① 参见杨松、宋怡林:《商业银行股东加重责任及其制度建构》,载《中国社会科学》2017 年第 11 期。

② See Howell E. Jackson, *The Expanding Obligation of Financial Holding Companies*, 107 Harv. L. Rev. 507 (1994).

③ See Kieran J. Fallon, *Source of Strength or Source of Weakness?: A Critique of the "Source-of-Strength" Doctrine in Banking Reforms*, New York University Law Review, Vol. 66: 1344, p. 1344 – 1383 (1991).

道德风险的抵消作用。[①] 监管退化说关注了“去监管化”导致的美国银行监管能力退化,[②]认为加重责任可弥补监管体制,促使金融控股公司权衡资本决策。[③] 成本支付说认识到交叉担保条款的制度价值,认为加重责任使金融控股公司补偿从存款保险制度中所获收益,可减少向社会公众、公共财政转嫁破产成本份额。[④] 市场惩戒说注意到金融控股公司与存款人的利益冲突,[⑤]认识到资本维持承诺和及时纠正规则的作用,加重责任可以强化金融控股公司对附属银行冒险行为的监管。企业责任说关注到金融控股公司与子公司共同承担责任的必要性,[⑥]可解释力量源泉规则的作用。[⑦] 公共选择理论认为加重责任是利益集团博弈的结果,[⑧]其观点被联邦最高法院判决意见采纳,后来又被学界和实务界批判。这些观点虽可解释美国法的部分制度与实践,但研究对象局限于金融控股公司,无法从根源上阐明加重责任的法理基础。

我国学者以介绍美国法理论、制度为主,现已结合我国现实,深入剖析加重责任的理论。有学者认识到金融控股公司加重责任是减少权利或

---

① See Robert C. Clark, *The Regulation of Financial Holdings Companies*, Harvard Law Review, Vol. 92:802, p. 802 – 813 (1979).

② See Howell E. Jackson, *The Expanding Obligation of Financial Holdings Companies*, Harvard Law Review, Vol. 107:507, p. 507 – 619 (1994).

③ See Geoffrey P. Miller & Jonathan R. Macey, *Double Liability of Bank Shareholders: History and Implications*, Wake Forest Law Review, Vol. 24:31, p. 31 (1992).

④ See Howell E. Jackson, *The Expanding Obligation of Financial Holdings Companies*, Harvard Law Review, Vol. 107, p. 509 – 525 (1994).

⑤ See Eric J. Gouvin, *Shareholder Enforced Discipline: How Much is Too Much?*, 16 Ann, Rev. Banking L. 311 (1997).

⑥ See Philip I. Blumberg, *The Increasing Recognition of Enterprise Principles in Determining Parent and Subsidiary Corporation Liabilities*, 28 Conn. L. Rev. 295 (1996).

⑦ 参见姜立文:《金融控股公司法律问题研究——国际比较与中国对策》,华东政法学院 2005 年博士学位论文,第 153 ~ 154 页。

⑧ See Daniel A. Farber & Philip P. Frickey, *Law and Public Choice: A Critical Introduction*, The University of Chicago Press, 1991, p. 21 – 33.

增加法律义务。[①] 有学者认为民法社会化是股东加重责任的理论背景。加重责任符合公平、诚实信用、禁止权利滥用等民法基本原则,其直接法理依据在于“准代理”理论。子公司是母公司的代理人,由母公司承担子公司行为所产生的法律责任。[②] 有学者认为加重责任可以促进民营银行股东谨慎经营。[③] 有学者结合民营银行改革提出功能契合论,认为股东加重责任属于法律义务,具有效率、安全、公平等价值,与商业银行的交易成本、交易安全、风险分担等功能相契合。[④] 有学者认为,加重责任的约束力主要源于监管机构的要求,以银行陷入某种危机为发生条件,责任主体为控股股东和金融控股公司,行为方式为增加股东义务和限制股东权。[⑤]

2. 国内外加重责任理论评价

综观加重责任的理论研究,国内外学者或多或少受实用主义影响,一般选取特定规则得出自己的结论。在国内外具有代表性的观点中,饿狼说、企业责任说、准代理说主要关注金融控股公司及其子公司的行为,认为加重责任可以遏制金融控股公司不当行为。监管退化说、市场惩戒说、成本支付说、功能契合论注意到加重责任的利益调整作用,可以弥补监管漏洞,减少利益冲突,降低公共财政支出。美国学者的观点虽有一定借鉴意义,却无法完全契合我国的实际情况。如果不结合我国实际照搬照抄其观点,可能会产生南橘北枳的效果。准代理学说虽注意到加重责任的私法价值,却未关注其社会效应;功能契合论有助于我们理解加重责任的价值,却未能结合其规制行为本质进行分析。加重责任具有权利规制属性,是权责

① 参见闫海:《金融控股公司法律制度研究》,载漆多俊主编:《经济法论丛》第 8 卷,中国方正出版社 2003 年版。

② 参见阳露昭、刘涛:《论金融控股公司加重责任制度的法理基础》,载《上海金融》2009 年第 3 期。

③ 参见柴瑞娟:《民营银行:发展障碍及其法律对策——以民营银行开闸为时代背景》,载《法学评论》2014 年第 3 期。

④ 参见宋怡林:《民营化背景下商业银行股东加重责任研究》,辽宁大学 2015 年博士学位论文,第 167 页。

⑤ 参见杨松、宋怡林:《商业银行股东加重责任及其制度建构》,载《中国社会科学》2017 年第 11 期。

机关重新调整问题银行中股东的权利、义务和责任。需要结合国内外理论与我国实际,整合国内外学者的真知灼见,论证加重责任的正当性。

三、加重责任的法理重构

加重责任是特殊的股东权规制,规制的目的在于调整股东利益与公共利益。这种规制方式已超越了传统的权利、义务与责任配置,可分别从商主体、公司治理和银行处置的视角进行剖析。

(一)商主体视角:商事伦理的作用

金融控股公司和自然人股东都属于商主体。民商法基本原则、商事伦理发挥私法规制作用,引导大股东承担必要的加重责任。

1. 诚实信用原则的要求

诚实信用原则是指导一切民商事活动的根本原则。政府、企业或自然人投资银行,虽是以获取收益为目的的商行为,却应当遵循基本的商事伦理。公司法规则与审慎经营规则共同构成了银行股东的商事伦理。在银行的持续性经营中,大股东应规范地行使权利,不得违背自有资本实缴资本、“两参一控”、关联交易等监管要求。在问题银行处置中,银行危机容易引发股东的道德风险。股东容易以掏空、欺瞒、抽逃等方式违背法定义务和监管义务,也容易滥用其优势地位谋取私利,侵害银行及其他主体的合法权益。股东不应以有限责任逃避纾困职责,更不应对银行危机放任不管。当银行陷入资金短缺或面临破产倒闭等困境时,限制大股东相关权利,要求大股东履行注资、救助和分担风险的义务和责任,既符合投资者自担风险的商事伦理,也符合商主体诚信行事的行为规范。

2. 权利与义务相一致的要求

各国公司法、银行法的许多规则都体现了权利与义务相一致的原理。我国《公司法》(2023 年修订)规定了在不同阶段禁止股东滥用权利的规则,[①]

① 《公司法》(2023 年修订)第 21 条规定了禁止股权滥用规则,其他相关监管规章也规定了股东权利的边界、“应为”和“禁为”行为,遏制股东滥用权利。

要求股东的权利与义务相对等,滥用权利行为应当受到法律制裁。银行股东受到《商业银行法》(2015 年修正)《银行业监督管理法》等法律法规、规章的约束,股东资质、入股条件、股权转让等事项均受到严格限制,防范股东在银行经营管理各阶段滥用权利。股东的权利与义务一直处于动态均衡中,不存在只享受权利和利益,不履行义务、不承担责任的状态。大股东滥用权利的行为违背银行审慎经营规则,影响关键金融服务,容易侵害存款人利益、威胁金融稳定,需要加重责任进行规制。无论在银行正常经营中,还是在问题银行处置阶段,加重责任不仅能预防股东不当行使权利,也能遏制股东危害银行的各类不正当行为,督促股东依法依规地行使权利、履行义务。[①]

(二)公司治理视角:风险防控机制

加重责任适用于问题银行处置阶段,不仅弥补了公司治理机制的缺陷,也实现了股东与相关者的利益调整。

1. 补充银行公司治理机制

处理好"双重委托关系"和相关者关系,是银行公司治理的重点。股东会、董事会、监事会与高级经理人之间形成了制衡、监督机制。由于股东之间的地位不对等、持股比例悬殊、信息不对称和获益方式差异,[②]使大股东与相关者的目标和诉求不同,影响公司治理机制发挥正常作用。在问题银行处置中,大股东更容易控制、利用和影响董事会或管理层,使银行沦为其攫取不正当利益的工具;大股东也容易以有限责任为庇护,采取冒险、激进的决策,损害银行及中小股东的合法利益。此时,银行内设机构之间的制衡监督关系被打破,大股东等主体的权利、义务与责任处于失衡状态,董事会无法发挥风险管理、利益冲突管理职能,公司治理、审慎监管无法正常发挥作用。要求大股东分担银行损失,积极救助银行,补充银行资本,既可纠正失衡的主体权利、义务与责任配置,也可遏制大股东

---

① 《银行保险机构公司治理准则》第 5 条、第 15 条。

② 参见汪青松:《股份公司股东异质化法律问题研究》,光明日报出版社 2011 年版,第 106 页。

的自利行为和冒险行为,弥补公司治理机制应对银行危机的不足。

2. 特殊的利益调整机制

问题银行的安全性、流动性和效益性存在冲突,[①]扭曲了股东利益和公共利益之间的平衡关系。股东在问题银行处置中承担加重责任,能够调整股东利益和公共利益。在银行救助阶段,加重责任促使股东主动吸收损失、补充资本,虽会增加股东的权利负担,却避免了股东权益破产归零的更大风险,[②]促使股东规范行使权利,优化问题银行的公司治理。股东对问题银行实施额外注资和救助,避免银行破产倒闭的连锁反应,既可以使问题银行得到复兴,也增强其他银行的经营实力。股东在银行市场退出阶段承担"剩余风险",赔付存款人或存款保险机构,减少公共资金浪费。在问题银行处置中,适当地加重股东的负担,有助于维护更重要的公共利益,实现股东利益和公共利益的适度平衡。

(三)问题银行处置视角:特殊规制机制

1. 问题银行处置中的社会性规制

与银行监管侧重于经济性规制不同,问题银行处置重在实施社会性规制,以解决市场失灵和负外部性为主要目的。在准入监管和持续性监管中,监管机构以资质审查、资本监管为核心,调整和配置各主体的权利、义务和责任,[③]防范大股东等主体不符合资质及股东滥用权利引发的风险。在问题银行处置中,大股东极有可能利用信息优势地位,损害其他主体、社会公众的合法权益,对金融稳定有潜在的不利影响。[④] 大股东在问题银行处置中的赌徒心态和冒险行为,也将产生极大的负外部性。权责机关为及时处置银行风险、维护金融安全,对股东行为实行必要规制。加

---

① 根据《商业银行法》(2015 年修正)第 4 条第 1 款,商业银行遵循安全性、流动性和效益性的经营原则。问题银行的"三性"常常处于紧张状态。

② 参见郑志斌、张婷:《公司重整制度中的股东权益问题》,北京大学出版社 2012 年版,第 13 页。

③ 参见史生丽:《商业银行公司治理与银行监管》,法律出版社 2010 年版,第 34 ~ 77 页。

④ 参见杨松、郭金良:《银行危机处置过程中的股东权利限制研究》,载《法律科学(西北政法大学学报)》2013 年第 5 期。

重责任将审慎监管理念延伸到问题银行处置中的股东行为，强化股东补充资本、分担损失、限制权利，也会遏制其滥用信息优势和地位优势。

2. 大股东行为的强制调控机制

在问题银行处置中，加重责任重新配置股东权利、义务和责任，调整股东与其他主体的利益。加重责任规范主要由股东权规范和义务、责任规范构成，以强制适用规范明确股东“必为”和“应为”行为。一方面，设置股东财产权限制规范，强制要求股东转让股权，放弃股利分配权和分红权等权利。另一方面，股东承担额外的义务和责任，要求股东补充问题银行资本、注资或救助，或向已支付存款保险资金的存款保险机构赔付，“剩余风险”机制使股东赔付存款人。通过强制调控股东权利、义务和责任，增强问题银行处置效率（见图 1－2）。

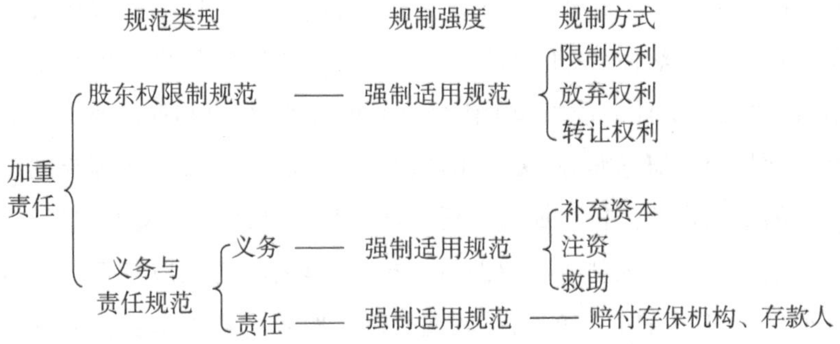

图 1－2　加重责任的规制作用

小　　结

问题银行对经济社会影响甚大，应当透过资本不足的表象，分析问题银行的形成原因。其中，公司有限责任与股东行为的负外部性之间存在矛盾，使大股东有可乘之机，不当行使权利引发银行公司治理和经营管理问题，是造成问题银行的主要原因。因而，要加强对问题银行股东权的限制，加强股东的相关义务和责任，减少问题银行处置引发的股东道德风险。

在问题银行处置中,股东权规制将有效协调金融效率和金融安全,维护社会正义与个体正义,实现公共利益与个人利益的平衡。股东权规制的正当性源于银行治理、监管与处置理论。股东与相关者之间存在利益冲突,打破了公司契约的均衡状态,使契约自治失灵。监管与处置机制发挥规制作用,调和股东与相关者的利益冲突,弥补私法自治的不足。股东权规制要遵循私法自治与公法干预并行的理念,采取市场化处置和行政处置相结合的方式,灵活运用私法规制和公法规制手段,遵循商事法律、金融交易的基本价值取向,权衡效率、安全和正义等价值,实现股东与各相关者的互利共赢。

加重责任规则是特殊的股东权规制制度。我国监管机构的做法颇具"拿来主义"色彩,仅简单借鉴了国际经验,制定了一些效力层次较低的加重责任规则。然而,加重责任入法并不意味着法律制度已实现了逻辑自洽,仅凭加重责任的作用和国内外现有的理论,难以阐释加重责任的正当性。须从厘清概念渊源、法律属性出发,从商主体、公司治理与问题银行处置的不同视角分析。加重责任不同于传统法理上的义务和责任,是在问题银行处置中规制股东权的特别措施,是公权力在股东权上设置的权利负担,也是一种特殊的利益调整机制。股东承担加重责任体现了基本商事伦理,是诚实信用、权利义务相一致等基本原则的要求,也是问题银行处置、公司治理的重要机制。

第二章　问题银行股东权规制的制度与实践

大股东不当行使权利，引发股权乱象和股东错位。为妥善处置这些问题，权责机关适合并用一般规制与加重责任。但加重责任入法后，面临着制度构建、适用等困境，可借鉴国外经验做好宏观设计。从微观方面看，现行公司法与银行监管法中存在股东权利、义务与责任规范，可基于规制关系与规范特点设置加重责任规则，更应在实践中慎重地适用一般规制与加重责任规则。

第一节　问题银行股东权规制的背景与困境

受宏观经济形势、公司治理和监管"双失灵"等因素影响，股权乱象与股东错位已成为问题银行的主要"致病"因素之一。这也凸显了强化问题银行股东权规制的必要性。加重责任入法后，便形成了问题银行股东权规制的二元体系，却也产生了制度构建等方面的困境。我国需要考虑体系定位、立法模式、适用条件等问题，完善加重责任与一般规制的制度架构。

一、现实背景：股权乱象与股东错位

唯有追溯问题银行的"病症"（symptoms）与"病因"（causes），[①]方可

① See BIS, *Guidelines for Identifying and Dealing with Weak Banks*, July, 2015, p. 8.

“对症下药”，对问题银行施以适当处置措施。“问诊”问题银行，其产生往往是公司治理失灵、业务偏差、决策失误、内部激励失调等“病因”叠加的后果，[①]这些“病因”与股东不当行使权利关系甚大。

（一）问题银行中的股权乱象

近年来，我国很多中小银行爆出诸多股权管理乱象，成为不少银行的潜在隐患，甚至引发银行风险与危机。

1. 股东缺少相应资质

国内外对银行股东的资质均有严格的监管要求，以股东资质审查预防准入阶段风险。我国对自然人股东和法人股东设置了不同的审慎监管条件。[②] 近年来的核查、检查和处罚案件表明，一些地方法人银行、农村中小银行股东不符合相关资质要求。其中，部分银行存在初始入股或增资扩股违规等问题，如江苏太仓农村商业银行、[③]桂林银行因股东以非自有资金入股受罚。[④] 部分自然人股东或法人股东涉嫌违法违规行为，如安徽五河农村商业银行前十大股东中有九大股东涉嫌非法集资。[⑤] 部分股东存在失信行为，如江苏紫金农村商业银行有2家股东被法院认定为失信被执行人，其十大股东企业控股股东、实际受益人还存在失信行为。[⑥] 一些银行参股企业核心业务不突出、公司治理混乱，以杠杆资金入股银行。

2. 违反参股持股要求

监管机构对股东参股、持股银行提出了较多要求，禁止主要股东同时

① See BIS, *Guidelines for Identifying and Dealing with Weak Banks*, July, 2015, p. 8.

② 我国在监管机构的行政许可事项中规定各类自然人股东、法人股东的资格条件，一般可被分为认知能力、诚信状况、资产状况等审慎条件。

③ 参见2018年12月25日中国原银保监会苏州银监分局行政处罚信息公开表（苏州银监罚决字〔2018〕9号）。

④ 参见2019年2月21日中国原银保监会桂林银保监分局行政处罚信息公开表（桂林银保监罚决字〔2019〕5号）。

⑤ 《安徽五河农商银行十大股东全军覆没，过半股权归属悬疑》，载和讯网，http://bank.hexun.com/2019-11-18/199317423.html。

⑥ 《紫金银行上市一年问题频出，股东失信监管处罚》，载新浪财经，http://finance.sina.com.cn/stock/relnews/cn/2019-12-26/doc-iihnzhfz8409496.shtml。

参股或控股多家银行，要求银行、股东按照穿透原则披露股权关系。一些中小银行股权结构复杂，更容易成为股东谋取个人或集团利益的工具。自然人股东往往以集团或家族企业控股、持股多家中小银行，如广西富商吴某及其家族企业控股、持股北部湾银行等地方法人银行。金融机构、产业集团或其他法人股东以关联企业控股或持股多家中小银行，容易增强机构间互联性，增加机构间传染概率，产生资产质量不佳、业务模式不优、风险集中等问题。如某公司通过关联公司入股19家农村合作金融机构，使其最高实际持股比例超过40%。[①] 又如新华联集团不仅控股银行，其子公司、孙公司也控股或持股多家银行。[②] 也有部分保险资产管理企业违规持有城市商业银行股份，如安邦集团持有3家银行股份。[③] 少数股东存在监管机构禁止的委托代持、违规筹资入股等行为，隐性地提升其银行持股比例。

3. 违规开展股权交易

监管机构对股权交易实施审慎监管，要求股东依法开展关联交易、股权质押、股权转让等交易。近年来的排查整治发现了一些银行的违规股权交易。有银行违反法定程序和要求设立股权质押，如南海发展银行股东在该行设立之初以认缴出资进行股权质押。部分银行的股权质押管理不规范，流程控制、内控等机制不健全，如225家银行未在名册或股权管理系统中记载股权质押信息。[④] 一些银行对股东关联交易控制不到位，向股东违规发放关联贷款。一些银行和股东不遵循关联交易审议程序，

---

① 《全面开展股东股权排查整治工作 夯实农村中小银行公司治理基础》，载国家金融监督管理总局门户网，http://www.cbirc.gov.cn/cn/view/pages/ItemDetail.html?docId=217121&itemId=915&generaltype=0。

② 据了解，新华联集团同时持有北京银行、宁夏银行的股份，由其控股的湖南新华联国际石油贸易公司投资了长沙银行和三家村镇银行，该公司持股的长沙海达酒类食品批发公司投资了湖南湘江新区农商银行。

③ 安邦集团同时持有成都农商银行、民生银行和招商银行的股份。

④ 《全面开展股东股权排查整治工作 夯实农村中小银行公司治理基础》，载国家金融监督管理总局门户网，http://www.cbirc.gov.cn/cn/view/pages/ItemDetail.html?docId=217121&itemId=915&generaltype=0。

向主要股东、关系人发放优惠贷款或信用贷款,如富阳农村商业银行、[①]青岛平度惠民村镇银行违规发放股东关联贷款,[②]温州银行未能审慎管理主要股东、关联方授信集中度。[③] 部分股东以不当关联交易进行利益输送,很多中小银行股东对银行贷款久拖不还,恶意"掏空"银行。北部湾银行原股东吴某及其关联企业就曾骗取银行贷款而且拖欠不还。

(二)问题银行股东的角色错位

银行股东往往具有很强的趋利本性,受追求个人利益的驱动,容易产生角色错位,极易"缺位"和"越位",干预银行的经营管理,与董事、高级经理人相互勾结,使银行处于不安全和不稳健状态。

1. 银行股东的不作为

(1)银行所有者"缺位"。在我国国有银行、城乡合作金融机构改革中,各类银行均存在所有者"缺位"问题。国有银行改制为股份制银行后,各银行股权结构日趋多元化、合理化,但"一股独大"的特征仍然明显,国有股东、国家股东曾长期缺位,国有银行代理链条过长。中央政策文件虽提出财政部门依法履行出资人职责,[④]但仍需进一步规范出资人履职程序等事项,避免不当行政干预。我国各地组建城乡合作金融机构等中小银行时,虽构建了"形似而神不似"的公司治理机制,但并未厘清政府部门、准政府部门、股东在其中的定位和作用,还产生了内部人控制等问题。

(2)股东怠于履行职责。英美等国银行股权较为分散,各类股东普遍持"理性冷漠"态度,在投票表决中往往存在"搭便车"现象,怠于履行其公司治理职责。日本银行大股东疏于履行监督职责,以不正当手段获

---

① 参见2019年9月26日中国原银保监会浙江监管局行政处罚信息公开表(浙银保监罚决字〔2019〕24号)。

② 参见2019年12月27日中国原银保监会青岛监管分局行政处罚信息公开表(青银保监罚决字〔2019〕25号)。

③ 参见2019年7月2日中国原银保监会温州监管分局行政处罚信息公开表(温银保监罚决字〔2019〕5号)。

④ 参见《关于完善国有金融资本管理的指导意见》"(五)"。

取关联贷款追求私人利益，导致日本银行业危机。[①] 我国一些上市银行的中小股东无能力、无精力关注银行公司治理，中小银行大股东为谋取私利而不履行应尽职责。

2. 银行股东的乱作为

（1）干预银行经营管理。大股东持股比例较高，影响力较大，占据较多信息资源，很容易插手银行经营管理。在重大决策过程中，大股东利用控股地位或持股比例的优势，利用其影响力影响或控制表决过程和结果，使股东会作出有利于己方的压倒性意见，影响银行的投资、经营等商业模式。大股东还会利用控制权，任命董事或高级经理人，使其成为自己的傀儡；或者为董事、高级经理人提供丰厚报酬，弱化其监督管理职能，采取过度冒险的经营策略，使银行成为谋取股东利益的工具。[②] 大股东还会使银行内设机构虚化，使表决过程形式化，侵害中小股东的合法权益。大股东的干预行为成为银行资产质量恶化、过度杠杆率、过度风险敞口等问题的源头之一。[③]

（2）银行股东与内部人舞弊。一些中小银行的大股东来自产业企业，往往具有有利交易条件、处于优势地位。由于银行经营管理过程不透明，大股东借助优势地位使内部防控机制虚化，利用“关系链”输送不当利益。大股东还往往采取非公允价格转移资源，从事法律或监管规定禁止的关联交易，或未依法披露或报备关联交易，影响了交易的公平性。一些股东利用内幕交易获利，滥用银行信贷资金，[④]为自己、近亲属或其他关联方谋求优惠贷款等不正当利益。一些股东以牟取不法利益为目的，设立空壳银行转移银行资金。

---

① See Masaharu Hanazaki, Toshiyuki Souma & Yupana Wiwattanakantang, *Silent Large Shareholders and Entrenched Bank Management: Evidence from the Banking Crisis in Japan*, SSRN (Feb. 2, 2004), https://papers.ssrn.com/sol3/papers.cfm?abstract_id=497402.

② See FSB, *Guidelines for Identifying and Dealing with Weak Banks*, July, 2015, p. 8.

③ See FSB, *Guidelines for Identifying and Dealing with Weak Banks*, July, 2015, p. 8.

④ See David C Parker, *Closing a Failed Bank Resolution Practices and Procedures*, IMF, 2010, p. 9.

(三)银行股权乱象与股东错位的原因

银行股东不当行使权利的主要原因在于公司治理与监管的“双失灵”,以及金融创新的不当激励等因素。国有银行股东及法人股东还存在银行业改革失误、“大而不倒”问题和金融混业等因素引发的问题。

1. 普遍原因

分析股东不当行使权利导致问题银行产生的共性,其共同原因不仅是银行公司制度及金融安全网的缺陷,也是银行发展偏差、银行公司治理与监管“双失灵”所致。

(1)银行公司治理的缺陷。银行公司治理的先天缺陷与后天病因,是股东不当行使权利的制度原因。一方面,有限责任存在难以克服的先天性缺陷,成为诱发股东道德风险的主要原因之一。在英美银行业发展史上,有限责任凭借限定赔偿责任、减少交易成本、降低股东监管成本、促进投资多元化、有利于股东决策最优化等优势,[①]取代了无限责任和加重责任等制度,成为银行类公司的基础制度。但有限责任亦具有“双刃剑”效应,导致股东收益与损失不相称,金融控股公司或自然人大股东尤为如此。金融控股公司与附属银行虽是独立法人,前者却影响或支配后者的财产和决策。在后者因决策遭受损失或发生危机时,金融控股公司却不承担责任或承担有限责任。[②] 自然人大股东持有较大比例的银行股份,却只承担有限的银行风险处置责任。这就很容易引发大股东冒进行为等道德风险。另一方面,银行公司治理机制失灵,成为诱发股东道德风险的后天病因。理想的银行公司治理机制是股东会、董事会、监事会分权制衡,股东不干涉职业经理人的经营活动。但国有银行中国有股东占据主导地位;民营银行中主发起人等大股东使股东会等形同虚设;金融控股公司主导或控制附属银行,形成银行内部利益冲突、垄断利益等问题,还可

---

① See Frank H. Easterbrook & Daniel R. Fischel, *The Economic Structure of Corporate Law*, Harvard University Press, 1998, p. 41 – 44.

② 参见刘东平:《金融控股公司法律制度研究——以金融效率与金融安全为视角》,西南政法大学 2006 年博士学位论文,第 147 页。

能趁银行危机向附属银行转嫁风险。[①] 在这些银行公司治理机制中,大股东容易控制银行重大决策,产生公司僵局、风险高度集中、大额风险敞口等问题,成为滋生问题银行的温床。

(2)金融安全网的漏洞。国际金融危机表明,各国金融安全网存在明显漏洞。国际金融业曾一度盛行“去监管化”,权责机关普遍放松了对结构化产品、金融混业等创新业态的监管,使股东与高级经理人有相互勾结、谋取私利的空间。此外,防控金融风险的监管机制无法有效规制股东行为。监管机构从准入、持续经营和退出等方面实施监管。监管机构以资本充足率为核心,以风险权重为基础计量监管资本。当银行资本达不到监管要求时,会对股东采取相应的监管行动。资质审核、持股比例、股权转让等方面的要求强化了对股东的约束,但无法有效管控大股东影响附属银行、银行公司治理产生的问题,也无法监管大股东等主体合谋引发的系统性风险。问题银行处置机制容易形成大股东的投机预期,对问题银行的不当处置也会增加银行股东谋取私利的概率。不适当的处置会使大股东利用其优势侵害中小股东、存款人等相关者;不及时的处置会加剧银行风险和危机,使大股东从事风险极高的活动。最后贷款人制度容易使大股东形成央行等公共救助的预期,采取冒险经营策略。存款保险制度虽加强了对存款人权益的保障,但只是将银行风险转嫁到存款保险机构,并不会抑制大股东谋取利益的冲动,反而可能会助长大股东的赌博心态,助推金融控股公司和银行的冒险行为。

(3)金融创新的不当激励。随着世界各国金融业深化发展,金融领域各类创新层出不穷,金融产品结构化、复杂化,金融组织结构复杂化,股东行动主义勃兴,引发从投资理念、投资行为到公司治理、权利义务等深层次变化,使银行公司治理与银行监管面临着前所未有的挑战。[②] 金融

① 参见刘东平:《金融控股公司法律制度研究——以金融效率与金融安全为视角》,西南政法大学 2006 年博士学位论文,第 147 页。

② 参见李安安:《金融创新视域下的公司治理——以规制利益冲突为中心》,武汉大学 2013 年博士学位论文,第 9 ~ 20 页。

创新引发的行业变化是中性的,对股东等主体的激励性质取决于经济发展态势。在经济平稳发展时,金融创新为股东等主体创造了良性激励,成为其合理规避风险、谋取利益的工具。在经济危机期间,金融创新会蜕变为对股东等主体的不当激励机制,诱使股东与其他市场主体相互串通,利用金融产品与服务的创新转移风险、追逐暴利;也会促使股东利用金融创新的特性制造合规假象,逃避监管机构的核查与监督。

2. 特殊原因

由于各国经济金融发展水平不同,银行监管体制不同,银行业发展态势不同,问题银行或银行危机的生成机理也不同。

(1)银行业改革产生的特殊问题。部分新兴市场国家在金融改革中出现失误,使很多银行股东滥用权利,引发了银行问题和危机。这些国家大都采取了金融开放、股权多元化等改革措施,改革前的银行业普遍存在体制单一、国有部门独资等特点,部分国家还存在政商勾结、金融寡头等问题,使大股东容易借银行改革谋取私利。俄罗斯在金融领域实施了“休克疗法”,意图将单一银行体制改造为多元化银行体制。但由于该国产业资本与金融资本高度融合,曾出现过很多金融寡头,产生了银行贷款质量差、贷款集中度较高、关联贷款等问题,[①]一度引发了较为严重的金融危机。马来西亚、印度尼西亚等国在金融开放中也产生了股东谋取私利引发的银行危机。[②] 此外,一些国家在处理银行危机时,权责机关盲目干预银行经营,采取不当经营措施,也使一些银行问题进一步恶化。我国在信用合作机构改革中,因行政干预、盲目扩张、股东关联贷款较多等因素叠加影响,加剧了银行问题的严重性。

(2)“大而不倒”的衍生问题。一些大型银行或国有银行因其体量较大,在一国经济中占据重要地位,若其倒闭将会产生系统性风险,引发金融市场动荡。政府一般会向这类问题银行发放紧急贷款、注入财政资金。

---

① 参见徐向梅:《俄罗斯银行制度转轨研究》,中国金融出版社 2005 年版,第 156~177 页。

② 参见刘俊:《各国问题金融机构处理的比较法研究》,华东政法大学 2007 年博士学位论文,第 43~44 页。

股东利用这类银行“大而不倒”的市场地位，普遍存在国家实施公共救助的预期，不再担心银行经营问题，降低对银行重大决策风险的关注度，采取冒险、激进的经营策略。在金融危机期间，华尔街金融机构股东普遍存在政府风险兜底的预期。[①] 在这种盲目乐观情绪支配下，股东在一些银行陷入暂时困境时，仍进行投机交易，放松了对董事和高级经理人的监督，使金融风险不断加剧，成为国际金融危机的诱因之一。

（3）金融混业发展的附带问题。随着近年来金融业不断向纵深发展，银行业、保险业和证券业进一步融合，产业资本与金融资本加速融合，一些企业或自然人股东控制金融控股公司、民营银行或中小银行。一方面，金融混业产生了全能银行、金融控股公司和母子银行等组织模式。[②] 其中，全能银行容易导致金融业务交叉传染；母子银行容易引发控制经营、决策混同等问题。[③] 金融控股公司具有控股公司和混业经营的双重属性，其母子公司、兄弟姊妹公司之间的法律关系错综复杂，容易出现利益冲突、内部交易、风险传染等问题。[④] 金融业务结构复杂化、组织结构不透明、各项业务交叉渗透，使金融控股公司、母公司或全能银行容易控制或影响市场交易，容易使股东滥用控制权和进行投机。另一方面，我国民营企业进入银行业，虽有利于打破银行业的国家垄断，促进市场竞争、实现产融结合；却带来产融交互发展风险。民营银行发起人普遍具有产业背景，存在投机交易动机，抗风险能力较弱，容易形成企业关联贷款、不当授信等问题，[⑤]产生民营银行“内部人控制”现象，由发起人或大股东把持民营银行。盲目地引入民营银行还可能会产生较大金融风险。俄罗斯

---

① 参见阳建勋：《公司治理与金融监管互动中的银行股东道德风险规制》，载《现代法学》2018 年第 4 期。

② 德国银行业普遍实行全能银行模式，银行可兼营证券、保险等业务；英国银行业实行母子公司模式；美国银行业实行金融控股公司模式，以此规避银行经营的地域限制。

③ 参见闫海：《金融控股公司法律制度研究》，载漆多俊主编：《经济法论丛》2003 年第 8 卷。

④ 参见姜立文：《金融控股公司法律问题研究——国际比较与中国对策》，华东政法学院 2005 年博士学位论文，第 172～175 页。

⑤ 参见高达：《我国民营银行股东的特殊法律规制》，载《法治社会》2016 年第 2 期。

在法律制度不完善时,推进了激进的银行民营化改革,大量民营银行催生了许多金融大鳄,内部人舞弊、欺诈等违法犯罪横行,该国权责机关不得不耗费大量财力和人力处置由此产生的金融风险。① 一些转型经济体的银行私有化改革也引发了经济社会问题。

股权乱象和股东错位已成为问题银行的沉疴痼疾。治沉疴须用“猛药”,加重责任可谓一剂“猛药”。唯有加重责任入法,才能使之发挥疗效。但该规则入法却会产生制度构建与适用的困境。

二、困境一:加重责任入法的问题

我国监管机构虽制定了有关加重责任的零星规则,提出了相应的监管要求,却与现行法律体系不协调,存在界定模糊、效力层次较低、可操作性不强等问题。这类规则规制强度较大,赋予权责机关更多自由裁量权,对股东救助银行、投资银行的积极性存在潜在影响。

(一)制度现状:规则与要求并存

我国仅在部门规章、规范性文件中规定了部分加重责任规则,在相关文件中体现了股东责任加重的要素。其中,《商业银行股权管理暂行办法》要求股东书面承诺补充银行资本,责令不配合风险处置的股东转让股权。② 中央文件要求强化国有重点金融法人股东自我救助责任,③提出非金融企业要承担控股、参股银行风险处置的责任与义务。④ 根据《银行保险机构公司治理准则》第 6 条,主要股东要作出补充银行资本的长期承诺,要在银行公司章程中注明,属于银行资本规划的一部分。有关民营资本入股银行的政策文件、规范性文件要求股东支持银行持续补充资本、制定 RRP;提出股东承担剩余风险和处置责任的要求。相关规则的主要内

---

① 参见徐向梅:《俄罗斯银行制度转轨研究》,中国金融出版社 2005 年版,第 156 ~ 177 页。

② 该规章第 48 条规定了监管机构责令股东转让股权和限制股东治理权等强制措施,在该条第 11 项规定的“风险处置”情形下,转让股权可被视为一种加重责任。

③ 《关于完善国有金融资本管理的指导意见》。

④ 《关于加强非金融企业投资金融机构监管的指导意见》。

容包括补充资本、维持资本、剩余风险与风险处置，其中补充资本、维持资本、风险处置属于不明确的加重责任规则，剩余风险是明确的加重责任规则。

（二）建构问题：难以融入规制体系

1. 相关规则与现行法律的协调性不强

我国监管机构制定了相关规章和规范性文件，要求银行发起人或大股东承担额外的义务和责任。这些监管要求在现行法律体系中缺少明确的定位，与现行公司法、破产法等法律的协调性不强，很难厘清监管制度与现行法律规则之间的关系。如主要股东的维持资本承诺虽属银行公司治理要求，但相关法律法规并未明确该要求与有限责任制度的关系。又如民营银行发起人需遵守承担“剩余风险”的监管要求，但“剩余风险”的法律属性较为模糊。[①] 对于民营银行发生风险后，发起人股东承担“剩余风险”时如何适用公司法、破产法，一直缺少明确的指引，也不易从现行法律制度中得出令人信服的解释。

2. 适用对象和规制方式较为宽泛

我国的股东加重责任规则未考虑到银行类型、股权结构，未能关注股东行为的异质性，适用对象和规制方式存在宽泛化的问题。对适用对象的规定仅着眼于股东的持股比例，未能结合股东的影响力、差异性确定不同股东的加重责任。现行制度仅要求股东以章程、书面承诺等方式约定维持银行资本，未能厘清章程、书面承诺和 RRP 的关系，也未考虑问题银行救助和市场退出阶段的特殊性，缺少对股东适用追加资本、吸收损失及救助义务的具体安排。

3. 相关规则效力层级和约束力较低

我国的股东加重责任规则具有较强的政策性，缺少上位法明确其法

① 按照银行监管部门相关负责人的说法，“自担风险”属于一种私法规制，但这种说法仍存在模糊之处。目前，民营银行股东只在设立银行的公告中表明承担剩余风险的意思，并不存在相关的法律机制。

律属性和定位。[1] 尽管监管机构享有制定审慎经营规则的法定授权,[2]但加重责任制度成为法律规范后,可以更有效地约束权责机关和股东。一方面,加重责任法制化可以防范权责机关滥用自由裁量权,使其依照法定权限和程序决定加重责任的适用。另一方面,加重责任法制化可有效地约束股东的行为,规范股东行使权利。国外立法与实践表明,美国股东加重责任制度经历了由监管政策向制定法转变的漫长过程,各类市场主体曾多次就FDIC的规制措施提起诉讼,最终由制定法确立了"力量源泉"等规则。欧盟、俄罗斯等经济体采取立法先行的做法,以法律制度强化了股东加重责任的法律效力。从各国的立法历程来看,为增强加重责任对权责机关和股东的约束力,应当采取适当方式将其转化为相应的法律制度。

4. 相关规则对股东的负面影响不容忽略

我国相关规范性文件规定,股东违反承诺和章程、不配合风险处置的,监管机构将要求其整改或采取权利限制措施。这些规定暗含加重股东责任的意思,却未明确具体的适用条件和程序,可操作性和指引性相对较差。监管机构享有自由裁量权,可决定股东加重责任的程度、行为方式,其规制权力处于不确定状态。强行适用加重责任,将会加重股东的负担,无法形成对股东救助问题银行的激励。"剩余风险"等加重责任规则强化了股东的投资风险责任,可能会遏制股东投资银行的积极性。国外仅有美国、日本、俄罗斯、欧盟等少数经济体制定了加重责任规则,并严格限定了适用程序和条件,其中缘由不仅和立法体制、国情有关,也和加重责任的负面影响相关。我国应当审慎考虑实施加重责任的成本与收益,促使加重责任制度化、体系化。

三、困境二:加重责任的制度架构

实现加重责任规则的法制化,关键在于明确加重责任的体系定位、立

---

① 参见伏军:《危机银行处置:原理、制度与方法》,法律出版社2018年版,第75~76页。

② 《银行业监督管理法》第15条、第21条规定,银行监管机构享有监管规章、规则及银行审慎经营规则制定权。目前的加重责任规则只是规范性文件的要求。

法模式及适用条件。加重责任规则既是公司法和破产法中的特别制度，也是问题银行处置的特别机制。我国可以借鉴国外复合式立法模式，明确加重责任的适用方式与时间等条件。

(一)如何嵌入股东权规制体系

1. 制度定位：特别的公司法与处置法制度

公司法以股东有限责任为基础，构建了以股东权为核心的公司治理机制，配置了股东等主体的权利、义务与责任。银行监管法规定了股东准入、持续监管和退出的监管规则，问题银行处置制度要求股东分担损失、救助银行。公司治理、监管和处置机制构成了防控银行风险的“防火墙”与“灭火器”。然而，问题银行公司治理机制失灵，无法妥善调整股东利益与相关者利益。大股东注入资本增强了问题银行的资本实力；大股东实施救助有助于问题银行恢复常态；大股东承担“剩余风险”、赔偿存款人和存款保险基金，减少问题银行救助成本和公共资金损失，避免银行破产倒闭的系统性风险。股东加重责任形成了问题银行的重整与清算规则，填补一般公司重整与清算规则的漏洞，[①]也弥补金融安全网的不足。股东加重责任是公司法和问题银行处置法中的特别规则，是银行适用的特殊重整制度和破产制度，主要在问题银行救助与市场退出中发挥作用。

2. 立法体例的选择：国外经验借鉴

国外加重责任制度有复合型和单一型的立法体例。复合型模式以美国为典型，分别规定在《联邦存款保险法》(Federal Deposit Insurance Act, FDIA)、《联邦存款保险公司改进法》、美联储《Y 条例》等法律制度中，形成了制定法、监管规则与判例法规则相结合的加重责任体系。这种立法例为大多数国家采用，避免了概括立法太过抽象、不能适用于特定情形的问题；但其内容相对零散，存在多个权责机关“监管竞争”问题，需要结合

① 参见宋怡林：《民营化背景下商业银行股东加重责任研究》，辽宁大学 2015 年博士学位论文，第 182 ~ 183 页。

不同的法律规则进行判断。俄罗斯在《信贷机构破产法》中进行集中规定,是典型的单一型模式。这种立法例操作简便,可与其他转介条款衔接,但适用条件存在局限性。与国外的加重责任制度相比,我国尚未形成系统性的制度,很多规定在政策文件中进行表述,没有转化成为严谨、科学的立法语言,既没有规定适用程序,也缺少可操作性强的规范。我国适宜采取复合型模式,在公司法和银行监管法中作出一般规定,在相关行政法规、规章中规定具体规则。

(二)如何适用加重责任规则

加重责任规则属于强制适用规范,存在过度侵害股东合法权益的潜在可能性。为约束权责机关的自由裁量权,我国应明确加重责任的适用方式与时间。

1. 适用方式

(1)加重责任的法定适用。目前,我国仅有部门规章规定了个别加重责任的转介条款,[①]对加重责任的适用是较为含糊的。为实现基本商事法与银行监管法的有效衔接,我国可在《公司法》(2023 年修订)《企业破产法》等法律制度中规定转介条款。[②] 明确规定在问题银行救助和市场退出情形下,将适用银行监管法规定,突破股东有限责任的限制;也可在银行监管法中规定转介条款,与商事法发生关联。

(2)加重责任的约定适用。股东还可与相关者以“生前遗嘱”和事后协议的方式,约定加重责任的适用。其中,“生前遗嘱”是经过监管机构审查的股东意思,可采取发起人协议、公司章程、RRP 等形式。发起人协议主要适用于民营银行或中小型银行。发起人股东承诺维持银行

① 《商业银行股权管理暂行办法》第 19 条规定,主要股东应按监管规定作出补充银行资本的书面承诺,此条文就属于缺乏明确指引的转介条款。该办法第 47 条则明确规定监管机构强制股东转让股份的法律依据,属于具有明确指引的转介条款。转介条款应当具有明确指引,尽可能缩限公权力的自由裁量权,否则将会为公权力的强势干预预留空间。

② 转介条款的原初意义是在相关民事法条款中设置适用监管要求的条件,在符合相关条件时适用监管要求。参见苏永钦:《以公法规范控制私法契约——两岸转介条款的比较与操作建议》,载《人大法律评论》2010 年卷,法律出版社 2010 年版。

资本,支持制订补充资本计划,明确约定补充资本的触发条件、履行方式等内容。[①] 大股东可在公司章程中明确约定在必要时救助银行,制订资本补充计划。RRP 的适用对象已由 SIB、民营银行扩大到各类银行。这几种协议虽是大股东、董事、高级经理人等主体自主协商的结果,但也需经过监管机构的审核与批准并定期更新,必须要符合银行监管法的强制适用规范。[②] 事后协议具有一定灵活性,适用于问题银行行政干预的情形,主要是权责机关与大股东订立处置协议,以行政合同方式约定加重责任。

2. 适用时间

过早地适用加重责任会挫伤股东参与处置的积极性,过晚地适用又会贻误处置的最佳时机,应当严格限定加重责任的适用时间。原则上将加重责任的适用时间限定为问题银行处置过程,结合各时点的银行资本状况、危机紧迫程度、公共利益受威胁程度进行判断。在早期纠正阶段,当银行资本不足时,就可以考虑适用注资等加重责任;倘若资本状况继续恶化,监管机关可在实施转股、减记等方式时,要求股东进行注资或救助。在市场救助或行政干预阶段,银行资本已严重不足,可根据法定或约定条件适用注资、救助等加重责任。在撤销关闭或破产清算中,股东应在强制性清算阶段承担剩余风险。

第二节　股东权的双重规制及其制度安排

加重责任与一般规制形成了股东权的双重规制体系,宏观架构仅能解决体系和适用问题,唯有明确构成要件才能发挥加重责任的作用。设计加重责任规则需要关注银行股东的特点。银行股东与一般公司股东并

---

① 我国目前成立的民营银行中,其发起人均在发起协议中规定了股东承担剩余风险、限制权利等加重责任。

② 金融控股公司、SIB、民营银行都需遵守监管要求,制订符合要求的恢复与处置计划。

无本质区别,其特殊性主要在于银行监管对股东个体和群体行为的影响。各国法律中一般没有规制股东权的单行法或专门章节,[①]相关规则散见于公司法、证券法、银行监管法等法律中。其中,公司法规则大都以赋权、强权为导向,银行监管法赋予股东较重的审慎义务与责任。我国现行法律中股东权规制体系与国际准则趋同,也借鉴国外法制定了部分加重责任规则。我国可按照规制主体、受制主体及行为方式,制定不同的权利限制规范、义务和责任规范。

一、银行股东的权利规范

股东权规范规定股东权的行使方式、程序及限制等规则,是股东权规制体系的最主要内容。我国法律借鉴了国际准则和国外立法经验,制定了符合国情的股东权规范体系。

(一)银行股东权规范的理论分析

自国际金融危机以来,促使银行股东积极参与公司治理,已成为国际社会的共识。OECD、BCBS 修订了公司治理原则及其方法,[②]强调尊重股东权、发挥相关利益者的作用是良好公司治理的基础。[③] 相关指引明确提出,要强化股东财产权及知情权、[④]表决权、赔偿请求权等衍生权利。各国公司法均以保护股东权为本位,在公司治理框架中规定了股东权规范。大陆法系国家以公司法或商法为主;而英美法系国家在制定法和判例中明确具体规则。我国的银行股东权规范以《公司法》(2023 年修订)

---

① 澳大利亚是个例外。该国于 1998 年制定了《金融业(股权)法案》,2015 年修订了该法案。该法案专门规定了股东在各类金融机构中的持股比例、控制权、民事责任等内容。

② G20 和 OECD 于 2015 年修订了《公司治理原则》及其方法,BCBS 分别于 2010 年、2015 年发布了《加强银行公司治理的原则》和《银行公司治理原则》,对以前的指引文件做出大幅修订。各国际准则的侧重点不同,G20 和 OECD 的准则强调平等对待大股东和中小股东,促进上市公司股东积极参与公司治理、强化股东权利;而 BCBS 的指引则强调董事会对股东的披露义务。这些国际准则对各国立法都具有示范和借鉴意义,都可适用于银行。

③ See OECD, *G20/OECD Principles of Corporate Governance*, 2015, p. 3.

④ See OECD, *G20/OECD Principles of Corporate Governance*, 2015, p. 3.

《证券法》(2019年修订)为据,也适用部门规章、司法解释和规范性文件的规定。

当银行的投资人或认股人完成出资行为后,其股东身份被登记于股东名册、持股凭证等证明文件中,基于股东身份产生了股东权。银行股东的权利是具有开放性和多维性的权利束,随着金融创新层出不穷,股东权经历了分分合合,不断衍生出多元化的权利类型。抛开复杂多变的权利形态,银行股东权大体上可被分为财产权、治理权和救济权,其中财产权以实现股东利益为目的,治理权实现股东共同利益,也满足股东个人利益。[①]

银行股东依照公司法行使权利,这些规范大多属于许可适用规范和推定适用规范,主要规定了"可为"行为,少数规范规定了"应为"和"禁为"行为。股东除享有法定权利外,还享有公司章程等自治文件约定的意定权利,是在法定范围内对股东权的扩张和限缩。与一般公司法中股东权规范不同,银行股东权规范中存在较为严格的监管要求。依据规范功能和内容的不同,可将股东权规范分为财产权规范、治理权规范和诉讼权规范。[②]

(二)银行股东的财产权规范

股东财产权属于经济性权利,是股东因出资从公司获得财产性收益而享有的一系列权利。股东投资的最终目的是获取经济利益,实现自身收益最大化。股东参与决策、表决等事项,行使治理权和诉讼权的根本目的是保障股东财产权。OECD认为转让股份、获取公司收益是股东的基本权利之一。[③] 财产权规范居于股东权规范的基础地位,以盈余分配请求权、股份持有和转让权利为核心。股东可在银行日常经营

① 参见施天涛:《公司法论》(第4版),法律出版社2018年,第257页。

② See Valia SG Babis, *Bank Recovery and Resolution: What About Shareholder Rights?*, Legal Studies Research Paper Series, Paper No. 23, p. 3 - 6(2012).

③ See OECD, *G20/OECD Principles of Corporate Governance*, 2015, p. 20.

中请求获得投资收益,也可在银行清算时请求分配剩余财产。但银行股东行使处分权等权利时,应当由监管机构批准或向监管机构报告。① 持股、优先受让或购买股份等权利与财产收益、证券权利相对应。② 根据表2-1的概括,可将股东财产权规范分为股利分配、增减股份及清算分配等方面的规范。股利分配规范属于许可适用规范,但受到"应为"行为的强制。银行首先应按照法定要求提取公积金,股东可优先以约定方式分配股利。新股认购权、股份转让权等规范亦属许可适用规范,也包含强制适用规范。股东按章程规定或全体股东同意的方式购买新股、转移股份,只在默认情形下采取法定方式。法律规定了股东的"应为"行为,股东只能依照法定程序、地点和方式转让股份。在股东分配剩余财产时,法律禁止股东在银行清算前分配财产,该规定属于强制适用规范。

表2-1　银行股东财产权规范的国际比较

性质	具体类别	G20/OECD 准则	国内法
财产权:自益权	股利分配请求权规范	1. 分享公司利润。 2. 委托他人管理股份〔1〕	按实缴出资比例分红、可约定方式。 公司税后利润分配规则:〔2〕 1. 应先用于弥补亏损。 2. 提取法定公积金或任意公积金。任意性规定:其累计额≥注册资本50%,可不再提取。 3. 分配依据:意定(公司章程规定)/法定(按股东持股比例分配)
	新股认购权规范	属于股东基本权利范畴	1. 股东会对发行新股及对原股东发行新股的种类、数额、价格、无面额股等作出决议。〔3〕 2. 为增加注册资本发行新股时,除公司章程规定或股东会决议的,股东不享有优先购买权。〔4〕 3. 为增加注册资本发行新股时,依照设立股份有限公司缴纳股款的有关规定〔5〕

① 参见《商业银行股权管理暂行办法》第28条。

② 参见邓峰:《普通公司法》,中国人民大学出版社2009年版,第257页。

续表

性质	具体类别	G20/OECD准则	国内法
财产权：自益权	股份转让权规范	向他人转让、转移股份属于股东基本权利之一	1. 除公司章程限制外，股东可以转让所持股份。[6] 2. 地点：证券交易所或国务院规定方式。[7] 3. 方式：背书等法定方式。[8] 4. 公开发行股份之前已发行的股份，自公司股票在证券交易所上市之日起1年内不得转让。[9]主要股东：取得股权之日5年内不得转让。[10] 5. 买入卖出交易限制：(1)上市银行或股票在全国性证券交易所交易的银行；(2)持股5%以上的股东；(3)买入后又卖出、卖出后又买入，时间间隔均为6个月；(4)该银行股票或股权性质的证券（本人、配偶、父母、子女持有或利用他人账户持有）；(5)买卖收益归银行，银行董事会收回[11]
	股份回购请求权规范[12]		1. 适用对象：异议股东。 2. 适用条件：对股东会合并、分立决议有异议。 3. 方式：要求公司收购股份。 4. 法律后果：6个月内转让或注销
	剩余财产分配请求权规范[13]	属于股东基本权利范畴	1. 公司解散、清算中。 2. 优先支付相关费用、缴税、清偿债务。 3. 按股东持股比例分配

〔1〕See OECD, *G20/OECD Principles of Corporate Governance*, 2015, p. 20.

〔2〕根据《公司法》(2023年修订)第210条、第211条，股东分配税后利润应依照以下顺序：弥补亏损→提取法定公积金(利润的10%)→提取任意公积金(股东会决议)→分配利润(持股比例或公司章程规定)。公司违反《公司法》规定分配税后利润的，股东必须退还违法分配的利润。

〔3〕《公司法》(2023年修订)第151条。

〔4〕《公司法》(2023年修订)第227条第2款。

〔5〕《公司法》(2023年修订)第228条第2款。

〔6〕《公司法》(2023年修订)第157条：股份有限公司的股东持有的股份可以向其他股东转让，也可以向股东以外的人转让；公司章程对股份转让有限制的，其转让按照公司章程的规定进行。

〔7〕《公司法》(2023年修订)第158条：股东转让其股份，应当在依法设立的证券交易场所进行或者按照国务院规定的其他方式进行。

〔8〕《公司法》(2023年修订)第159条第1款规定，股东以背书或其他法定方式转让股票。

〔9〕《公司法》(2023年修订)第160条：公司公开发行股份前已发行的股份，自公司股票在证券交易所上市交易之日起一年内不得转让。该条也规定了适用其他法律法规与证监会规定的例外情形。

〔10〕《商业银行股权管理暂行办法》第17条。

〔11〕《证券法》(2019年修订)第44条。

〔12〕《公司法》(2023年修订)第162条第2款第4项及第3款。

〔13〕根据《公司法》(2023年修订)第236条第2款，在清算期间，股份有限公司财产清偿顺序为：清算费用→职工工资→社会保险费用→法定补偿金→缴纳欠税→清偿公司债务。股东按照持股比例分配公司剩余财产。根据该条第3款的规定，禁止股东不按清偿顺序分配公司剩余财产。

(三)银行股东的治理权规范

国际准则倡导公司治理框架应当保护股东权,确保公司平等对待所有股东;促进股东行使权利,强调促使上市公司股东积极参与公司治理的重要性。[①] 各国结合国际最佳实践与国情,不断丰富股东治理权的具体内容。

股东享有公司的最终控制权,股东治理权属于其参与性权利。股东作为公司成员参与决策,促进公司和股东的共同利益,最终目的是实现自身利益。股东一般不亲自参与管理,而是通过参与股东会了解公司经营管理状况,参与修改章程、并购、解散等重大事项决策。[②] 股东的治理权可被形象地概括为“用手投票”、“用脚投票”和“用嘴投票”。[③] 公司法对股东的治理权设置资格、时间和程序等限制条件,明确规定了股东会及其职责、召集、程序等重要事项,公司章程则规定具体事项。股份制银行召开股东会的要求严于有限责任公司制银行的,[④]监管要求与公司法规定基本相同。[⑤] 但严禁大股东不得干扰股东会决策、投票等活动,[⑥]也要严格遵守治理行为规范,不得干涉银行的经营管理。[⑦]

股东参与银行的公司治理,应按照法定程序和公司章程规定行使权利。银行股东的相关事项未经监管机构批准或未向监管机构报告的,该股东不得行使表决权、提名权等治理权。[⑧] 股东可以监督和探讨银行重大事务,享有对人事任命、薪酬等事项的表决权。股东不能提交利益冲突交易、章程修订等提案,也不能提交修改董事会的提案。公司重大事项表决遵循“一股一票”原则,对特别事项及类别股表决权也可遵循特别规

---

① See OECD, *G20/OECD Principles of Corporate Governance*, 2015, p. 18.

② See Franklin Gevurtz, *Corporation law*, West Group, 2000, p. 195.

③ 参见邓峰:《普通公司法》,中国人民大学出版社 2009 年版,第 392 页。

④ 对于股份制银行,适用《公司法》(2023 年修订)第 111 条至第 113 条、第 115 条至第 116 条、第 118 条至第 119 条;对于有限责任公司制银行,适用《公司法》(2023 年修订)第 58 条至第 59 条、第 64 条至第 66 条。

⑤ 参见《银行保险机构公司治理准则》第 18 条、第 20 条、第 22 条至第 23 条。

⑥ 参见《银行保险机构公司治理准则》第 5 条、第 15 条、第 16 条。

⑦ 参见《银行保险机构大股东行为监管办法(试行)》第 13 条、第 14 条、第 37 条。

⑧ 参见《商业银行股权管理暂行办法》第 28 条。

定。对重大事项的表决一般实行资本多数决；为防止大股东把持股东会，也可实行累积投票等制度（见表2－2）。

表2－2　银行股东治理权规范的国际比较

性质	具体类别	G20/OECD准则	国内法
治理权：共益权	股东参与会议权规范	创造便利条件，确保股东有效参与关键的公司决策[1]	1. 参与：对股东持股份数不做要求。 2. 会议提议权：股东单独/联合持股≥公司股份的10%，请求召开股东会临时会议；股东表决权≥公司表决权的1/10，提议召开董事会临时会议。[2] 3. 会议召集主持权：股东单独/联合持股≥公司股份的10%＋≥连续90日＋董事会不召集和主持董事会，自行召集与主持。[3] 4. 委托代理人参会：(1)股东委托代理人参会，代理人根据其授权行使表决权。(2)大股东的代理人应当是其关联方、一致行动人，大股东不得接受非关联方、一致行动人委托参会[4]
	董事、监事任命权规范	股东会选举、罢免董事会成员，股东有权表决	股东会依照公司章程/股东会决议选举董事和监事，或决议解任董事，或者决议解除监事职务[5]
	薪酬决定权规范	股东会决定董事、监事报酬，股东有权表决	股东会拘决议决定董事、监事的薪酬[6]
	提案权规范	股东应有机会在股东会上提出议案	1. 条件：单独/联合持股≥公司股份1%。 2. 时间：股东会召开10日前。 3. 方式：书面临时提案。 4. 提交：书面提交董事会[7]
	表决权规范	1. 参与股东会并投票。[8] 2. 方式：亲自投票与代理投票都有同等效果。托管人或受托人按股份受益人同意投票。消除跨国投票障碍、程序困难，减少投票成本。 3. 职权：规章、章程等修改；授权增发股份；重大交易	1. 参与：本人/代理人。 2. 方式：上市公司可以适用电子邮件或网络投票等方式；单一投票制、累积投票制。 3. 职权：决定公司经营、投资；审批董事会报告、监事会报告、财务报告、利润分配方案、弥补亏损方案、增资或减资决议、发行公司债务决议、合并分立等决议、修改章程。 4. 类型及表决要求：定期会议、临时会议，多数决及其适用条件[9]

续表

性质	具体类别		G20/OECD 准则	国内法
治理权：共益权	知情权规范	建议与质询权规范	股东应有机会在合理范围内向董事会提出问题[10]	1. 对公司经营提出建议或质询，董事、监事、高级管理人员列席股东会接受质询。[11] 2. 大股东协调配合中小股东的建议或质询。[12]
		查阅权规范[13]	1. 定期、及时地获得公司的实质性信息。 2. 有权参与涉及重大变化的决定、获取充分的信息。 3. 有权得到股东会议事规则的通知。 4. 披露资产出售、并购交易的规则和程序。 5. 有效、透明地运行公司控制权市场。 6. 机构投资者披露实质性利益冲突	1. 主体：股东（无持股比例限制）。 2. 范围：公司章程、股东名册、股东会会议记录、董事会与监事会会议决议、财务会计报告等。 3. 限制：正当目的

〔1〕OECD, *G20/OECD Principles of Corporate Governance*, 2015, p. 21.

〔2〕《公司法》（2023 年修订）第 113 条第（3）项、第 115 条第 2 款。

〔3〕《公司法》（2023 年修订）第 114 条第 2 款。

〔4〕《公司法》（2023 年修订）第 118 条，《银行保险机构大股东行为监管办法（试行）》第 15 条。

〔5〕《公司法》（2023 年修订）第 59 条第 1 款第 1 项、第 120 条第 2 款、第 71 条、第 179 条。

〔6〕《公司法》（2023 年修订）第 59 条第 1 款第 1 项、第 112 条。

〔7〕《公司法》（2023 年修订）第 115 条。

〔8〕OECD, *G20/OECD Principles of Corporate Governance*, 2015, p. 22 – 23.

〔9〕《公司法》（2023 年修订）第 59 条、第 112 条至第 119 条。

〔10〕OECD, *G20/OECD Principles of Corporate Governance*, 2015, p. 24.

〔11〕《公司法》（2023 年修订）第 110 条、第 187 条。

〔12〕《银行保险机构大股东行为监管办法（试行）》第 37 条。

〔13〕OECD, *G20/OECD Principles of Corporate Governance*, 2015, p. 22.

股东作为银行的所有者、监督者、受益人和股份消费者，①都有权了解和知悉公司基本情况和经营信息，享有必要的知情权。由于双重委托

① See Jennifer Hill, *Visions and Revisions of the Shareholder*, the American Journal of Comparative Law, Vol. 48, No. 1:42, p. 42 – 60(2000).

关系的存在,使股东处于信息劣势地位,高级经理人、董事等极易侵害股东的合法权益。因此,国际准则和各国法律都赋予股东知情权。股东既可参与股东会知悉相关事宜,也可通过质询高级经理人、查阅相关资料了解情况。股东应当依照《公司法》(2023 年修订)规定的范围行使查阅权,证明获知额外信息目的之正当性。银行大股东应与中小股东等所有股东沟通协商,并协调配合中小股东的质询。①

(四)银行股东的诉讼权规范

股东与公司人格、财产和责任的独立和分离,使其只能通过银行公司治理的程序和机制行使权利。在潜在利益冲突、信息不对称、大股东压榨等情形下,股东也处于"无知之幕"中。保护股东权不受侵害尤为重要。财产权和治理权规范及保护条款属于侵害预防机制,虽有定分止争的功能,但主要是对股东获取收益、参与事务的规定,无法充分保护股东权益。赋予股东诉讼权更有利于中小股东在遭受侵害后进行权利救济。

股东可提起维护自身合法权益的直接诉讼;还可提起维护银行权益的代表诉讼。我国公司法借鉴国际准则和国外立法,确立了股东诉讼权规范,明确了股东提起各类诉讼的主体资格、条件和程序,具有引导股东权利救济和控制滥用诉讼权的功能。如表 2－3 所示,我国法律规定了股东的直接诉讼和代表诉讼。其中,股东直接诉讼适用于关联交易、强制收购及决策程序、决议违法等情形,对股东起诉资格虽无要求,但需要股东受侵害、"善意"或担保等条件。股东代表诉讼适用于董事、监事或高级经理人侵害公司利益的情形,对起诉资格、前置程序、适用情形均有严格要求。《公司法》(2023 年修订)与相关司法解释规定了起诉条件和诉讼程序,在股东救济与防止滥诉之间取得平衡。

---

① 参见《银行保险机构大股东行为监管办法(试行)》第 37 条。

表2－3 银行股东诉讼权规范的国际比较

性质	具体类别	G20/OECD准则	国内法
诉讼权：救济权	直接诉讼规范	股东应有机会获得对侵害其权利的有效救济	类型： 1. 损害赔偿之诉（滥用权利侵害、[1]董事及高级经理人侵害[2]）。 2. 股东会、董事会决议无效、可撤销之诉（时间条件、担保要求）。[3] 3. 请求解散公司之诉（严重困难、公司僵局、持股比例要求）。[4] 4. 强制收购股权之诉。 5. 知情权之诉
	代表诉讼规范	股东应有机会获得对侵害其权利的有效救济	1. 适用情形：董事、监事、高级经理人违法违规、违反章程，侵害公司利益；[5]关联交易侵害；[6]清算侵害赔偿。[7] 2. 起诉资格：180日单独或合计持股≥1%。 3. 前置程序：书面请求监事会、董事会起诉；怠于救济、拒绝起诉、情况紧急时，股东起诉

〔1〕《公司法》（2023年修订）第21条第2款：公司股东滥用股东权利给公司或者其他股东造成损失的，应当依法承担赔偿责任。

〔2〕《公司法》（2023年修订）第190条：董事、高级管理人员违反法律、行政法规或者公司章程的规定，损害股东利益的，股东可以向人民法院提起诉讼。参见《银行保险机构公司治理准则》第17条。

〔3〕《公司法》（2023年修订）第26条第1款：公司股东会、董事会的会议召集程序、表决方式违反法律、行政法规或者公司章程，或者决议内容违反公司章程的，股东自决议作出之日起六十日内，可以请求人民法院撤销。该款"但书"规定了"轻微瑕疵、未产生实质影响"的例外情形。根据该条第二款规定，未被通知参加股东会的股东行使撤销权的起算之日及其期限。

〔4〕《公司法》（2023年修订）第231条：公司经营管理发生严重困难，继续存续会使股东利益受到重大损失，通过其他途径不能解决的，持有公司表决权百分之十以上的股东，可以请求人民法院解散公司。

〔5〕最高人民法院《关于适用〈中华人民共和国公司法〉若干问题的规定（二）》（2020年修正）第1条。

〔6〕《公司法》（2023年修订）第22条：公司的控股股东、实际控制人、董事、监事、高级管理人员不得利用其关联关系损害公司利益。违反前款规定，给公司造成损失的，应当承担赔偿责任。另参见最高人民法院《关于适用〈中华人民共和国公司法〉若干问题的规定（五）》第1条、第2条。

〔7〕最高人民法院《关于适用〈中华人民共和国公司法〉若干问题的规定（二）》（2020年修正）第23条。

上市银行对经济社会影响较大，股东权受到较多限制。股东主要适用强制适用规范，开展认购、转让、质押、退股等活动，依照《证券法》

(2019年修订)等法律法规、证监会规章和规范性文件规定行使权利,主要有《上市公司章程指引》《上市公司股东大会规则》等。证券法以公开为原则,强制大股东披露交易情况,大股东要遵循法定程序,以公平、公开的方式进行交易。

二、银行股东的义务与责任规范

银行具有一般公司的共性,股东应当遵守公司法上的义务与责任。银行又有负债比高、传染性强、风险复杂、公众性强、竞争性强等特点,在一国的经济社会发展和资源配置中发挥着重要作用。国内外银行监管法对股东的准入、持股、转让等行为实施审慎监管,在风险防控和处置中发挥关键作用,是使问题银行处置机制有效的先决条件。①

(一)准入阶段

BCBS核心原则倡导银行发照机构有自由裁量权,②可审查银行所有权结构、③股东适格性并设置最低初始资本要求。④ BCBS建议各国可以

---

① See BCBS, *Guidelines for Identifying and Dealing with Weak Banks*, July 2015, p. 10.

② 《核心原则方法》核心原则3之必要标准4规定如下:The licensing authority has the power to reject an application if the criteria are not fulfilled or if the information provided is inadequate. Basel Committee on Banking Supervision, *Core Principles for Effective Banking Supervision*, October, 2006, p. 11。

③ 《有效银行监管核心原则》核心原则3规定如下:Principle 3-Licensing criteria: The licensing authority must have the power to set criteria and reject applications for establishments that do not meet the standards set. The licensing process, at a minimum, should consist of an assessment of the ownership structure and governance of the bank and its wider group, including the fitness and propriety of Board members and senior management, its strategic and operating plan, internal controls and risk management, and its projected financial condition, including its capital base. Where the proposed owner or parent organisation is a foreign bank, the prior consent of its home country supervisor should be obtained. BCBS, *Core Principles for Effective Banking Supervision*, October, 2006, p. 3。

④ 《核心原则方法》核心原则3之必要标准6和7规定如下:6. The licensing authority identifies and determines the suitability of major shareholders, including the ultimate beneficial owners, and others that may exert significant influence. It also assesses the transparency of the ownership structure and the sources of initial capital. 7. A minimum initial capital amount is stipulated for all banks. BCBS, *Core Principles Methodology*, October, 2006, p. 11。

根据实际情况，规定银行的发起人或股东的资格、最低资本、资本缴付等要求。银行股东应当按照各国法律中的审慎监管要求，承担较一般公司股东更加严格的义务与责任。

1. 银行股东的适格要求

自然人或机构投资银行本质上属于商事行为，适用《公司法》(2023年修订)、《证券法》(2019年修订)等商事法的规定。但各国法将发起人或大股东的资格作为设立银行的条件之一，以这些基本要求确保被授予牌照的银行保持较高质量。① 有的国家只在一般商事法里进行规定，如俄罗斯法明确了以封闭式股份公司形式设立的银行股东的法定人数。有的国家对自然人发起人提出人数、经验或品德等方面的要求，如在美国设立联邦注册银行或州注册银行，其发起人不仅要符合法定人数，还需具有银行从业或监管经验。② 我国对银行股东资质实施审慎监管，要求股东依法依规，对其声誉、信用、财产和税务等状况有要求，③还规定了禁止成为银行主要股东、控股股东的失信、违法违规等情形。④ 针对银行的境内外机构发起人或战略投资者，⑤我国以设定积极条件和消极条件的方式，针对不同类型的发起人规定了监管指标、公司治理状况、财务状况、社会声誉、内控机制、母国经济状况等审慎

① 参见[美]詹姆士·R.巴茨、杰瑞德·卡普里奥、罗斯·莱文:《反思银行监管》，黄毅、张晓朴译，中国金融出版社2008年版，第94页。

② See Jonathan R. Macey, Geoffrey P Miller & Richard Scott Carnell, *Banking Law and Regulation*, Aspen Publisher Inc. ,2003, p. 99.

③ 《商业银行股权管理暂行办法》第5条：商业银行股东应当具有良好的社会声誉、诚信记录、纳税记录和财务状况，符合法律法规规定和监管要求。

④ 《商业银行股权管理暂行办法》第16条规定，主要股东和控股股东不得成为失信联合惩戒对象，不得存在严重逃废银行债务、欺瞒、被有关部门查处、妨碍监管等行为，不得存在对银行经营或重大违法违规有重大责任及其他影响银行经营管理的情形。

⑤ 《中国银保监会中资商业银行行政许可事项实施办法》第8条第1款规定，适格的发起人包括境内金融机构、境外金融机构、境内非金融机构和原银保监会认可的其他发起人。

监管要求。[①] 2018 年,“一行两会”又强化了非金融企业作为银行主要股东、控股股东的要求。[②] 2023 年,《金融稳定法(草案)》强调了金融机构主要股东、股东的勿为行为,《商业银行法》(2015 年修正)、《银行业监督管理法》修改稿也强化了股东资质的要求。

2. 股东出资的义务与责任

(1)足额出资的义务与责任。与一般公司不同,银行实行实缴资本制。在银行设立阶段,发起人、认股人必须按照公司法和银行监管法的要求,以法定金额、持股比例和形式,足额缴纳出资。股东应当承担未缴足出资的补缴责任,发起人还应承担设立失败的损害赔偿责任。

(2)银行的最低资本要求。银行发起人应按照法定最低注册资本设立银行。银行最低注册资本有以下立法模式:一是只规定固定金额,如德国、法国、丹麦等大多数欧盟国家规定,银行最低注册资本为 500 万欧元;希腊、比利时等国则规定了更高金额。[③] 二是规定固定金额,但允许根据实际情况上下浮动,如美国法规定,国民银行的最低注册资本为 10 万美元,但允许根据人口或地理位置做出相应调整。[④] 三是针对不同类型的银行设定不同金额,如意大利根据银行采取互助公司或有限责任公司的不同形式,做出不同规定;阿根廷以银行经营的是批发还是零售业务进行区分。[⑤] 我国则区分民营银行、涉农银行和城市商

---

① 《中国银保监会中资商业银行行政许可事项实施办法》第 9 条、第 10 条、第 12 条分别规定了成为银行发起人的积极条件,其中对外商独资银行、中外合资银行等金融机构作为农村商业银行、农村信用合作联社、村镇银行等银行发起人或战略投资者的资格有总资产、国际信用评级、资本充足率、注册地监管制度、母国经济状况等特别要求。对境内非金融机构作为银行发起人的资格有法人资格、诚信记录、纳税记录、经营状况、年终净资产、权益性投资余额、自有资金入股等特别要求。第 13 条规定了消极条件。

② 《关于加强非金融企业投资金融机构监管的指导意见》规定:核心主业突出、资本实力雄厚、公司治理规范、股权结构清晰、管理能力达标、财务状况良好、资产负债和杠杆水平适度,并制定合理明晰的投资金融业的商业计划。

③ 参见史纪良主编:《银行监管比较研究》,中国金融出版社 2005 年版,第 41 页。

④ 参见史纪良主编:《银行监管比较研究》,中国金融出版社 2005 年版,第 41 页。

⑤ 参见史纪良主编:《银行监管比较研究》,中国金融出版社 2005 年版,第 41 页。

业银行，设定不同注册资本金额，[①]各类银行的注册资本远高于国外的标准。

(3)股东资金来源要求。针对银行发起人和其他股东，各国法对首期资本缴付规定不同，主要区别在于是否允许借入资金缴付。美国、英国、法国、日本等国允许首期资本用借入资金缴付；德国、瑞士、加拿大、俄罗斯、印度等国只允许用自有资金缴付首期资本。我国明确规定股东要以"自有资金"入股银行，[②]明确禁止委托资金、债务资金等入股。[③]

(4)股东缴付资本形式。发起人缴付银行资本，是否可采用现金、非现金资产或政府债券等形式，各国法对此有不同的规定。英国、德国、法国、瑞士、澳大利亚等国允许银行首期资本和随后注资灵活采取现金、非现金等形式；美国、日本、印度等国禁止以非现金资产或政府债券注资。我国法律规定了银行注册资本的实缴资本制，禁止非现金或债券等形式注资。

(二)持续经营阶段

当银行持续经营时，股东需承担相应的公司法义务与责任，遵守银行资本监管要求，维护银行的安全与稳健经营。

---

① 《中国银保监会中资商业银行行政许可事项实施办法》《农村中小银行机构行政许可事项实施办法》等规章规定，各类银行最低注册资本分别是：中资商业银行为10亿元或等值可兑换货币，城市商业银行的为1亿元，农村商业银行为5000万元，农村信用合作联社为300万元，村镇银行为300万元或100万元。根据《商业银行法(修改建议稿)》第13条规定，全国性商业银行、城市商业银行、农村商业银行的最低注册资本分别为100亿元、10亿元和1亿元。银行监管部门可以确定对村镇银行等其他商业银行的最低注册资本。

② 我国各类银行行政许可事项实施办法均强调了主要股东自有资金入股的要求，并明确禁止委托资金、债务资金入股。2017年以来，银行监管部门在《中国银监会关于集中开展银行业市场乱象整治工作的通知》《中国银监会关于切实弥补监管短板提升监管效能的通知》《中国银监会关于进一步深化整治银行业市场乱象的通知》等文件中将非自有资金入股作为重点排查的市场乱象。《商业银行股权管理暂行办法》第10条第2款再次明确自有资金入股的要求。

③ 股东存在《商业银行股权管理暂行办法》第48条第2项情形的，应受到银行监管部门的股东权规制。

1. 维护银行权益的义务与责任

(1)一般股东的义务与责任。银行的经营管理应遵循审慎经营规则,股东要依照法律和公司章程规定行使股东权,不应偏离其法定角色,除参与银行重大决策外,一般不得超越法定和意定的权利边界。股东还应承担监督职责,督促董事会尽责、防控银行风险。股东不能滥用有限责任制度,不得滥用权利谋求私利,否则应承担相应的赔偿责任。股份制银行的发起人、认股人缴纳出资或股款后,除未召开创立大会或决议不设立银行等情形外,不得抽逃出资,否则应承担法律责任。

(2)控股股东的义务与责任。银行的控股股东除承担一般义务与责任外,还承担信义义务。控股股东应当依法合规地行使权利,对其他股东、董事等主体承担忠实、勤勉等义务,不应侵害银行及其他中小股东利益。控股股东违反信义义务的,应当承担违信责任,已成为英美法系和大陆法系国家公司法的重要内容。其中,美国判例法规则要求控股股东对公司和中小股东勤勉、尽责;德国联邦最高法院在判例中承认控股股东对少数股东的诚信义务。[①] 我国《公司法》(2023 年修订)禁止控股股东利用关联关系损害公司利益,否则应当承担赔偿责任。[②] 上市银行的控股股东、实际控制人对公司、社会公众股东负有诚信义务,应依法履行出资人职责,不得利用控股地位和各类交易侵害公司、社会公众股东的合法权益。

2. 银行的所有权结构要求

银行所有权结构影响着银行的公司治理结构及其运作方式。国际组织和各国政府都比较重视对银行所有权结构的监管,要求相关股东持有合理比例的股份。

(1)BCBS 的政策建议。核心原则及其方法提出,有关所有权结构的被审查主体包括银行的直接和间接控制者、主要的直接或间接股东。审

---

① 参见王继远:《控制股东对公司和股东的信义义务》,法律出版社 2010 年版,第 68 页。

② 《公司法》(2023 年修订)第 22 条。

查内容包括:一是评估银行所有权结构的透明度与初始资本的来源。二是审查所有大股东的情况、主要股东的财务状况,股东在必要时提供额外财务支持的能力,以及审查银行主要股东的其他权益和有关实体的财务状况。三是审查银行及其股东是否存在妨碍监管的行为,重点审查所有者控制具有平行结构的银行或空壳银行。①

(2)国外股东持股的要求。自然人股东、法人股东及关联方持股过多,容易形成优势地位,影响中小股东的利益,弱化公司治理机制作用。各国法一般都要求股东在一定比例内持股。表2-4简要列出了几个国家银行不同股东的持股比例限制。②

表2-4 样本国家银行股东持股比例要求

类别	美国	英国	加拿大	日本
单个股东	无限制	无限制	有表决权的,为20%;无表决权的,为30%;资产少于50亿元的,无限制	无限制
关联方	无限制	无限制	无限制	无限制
非金融机构	25%	无限制	10%	不得超过其资本或净资产;超过5%需备案;超过20%需批准
非银行金融机构	只能以金融控股公司持股	无限制	无限制	无限制
单个股东	10%	无限制	40%	15%
关联方	10%	最高可达100%;20%以上,需央行批准	有限制	15%

① See BCBS, *Core Principles Methodology*, October, 2006, p. 11-13.

② 本表根据相关资料综合整理,详见史纪良主编:《银行监管比较研究》,中国金融出版社2005年版,第43~47页。

续表

<table>
<tr><th>类别</th><th>印度</th><th>俄罗斯</th><th>菲律宾</th><th>澳大利亚</th></tr>
<tr><td>非金融机构</td><td>30%</td><td>25%；超过 25%需央行批准</td><td>有限制</td><td>15%；需财政部长批准</td></tr>
<tr><td rowspan="2">非银行金融机构</td><td>有限制</td><td>100%</td><td>最高可达 100%，但保险公司持股比例不得超过该公司认可资产的 10%</td><td>非财务公司持股比例最高为 10%</td></tr>
<tr><td colspan="4">均需相关监管机构批准或授权</td></tr>
</table>

注：如无特殊说明，以上数值均为持股最大比例。

通过表 2－4 可以发现国外对银行股东的持股要求有以下特点：一是发达国家一般不限制银行单个股东及其关联方的持股比例。二是各国对非银行金融机构在银行的持股比例普遍实行事前审批制。三是持股比例要求与一国金融发展现状相关，如美国禁止非银行金融机构直接参股银行，主要是为了防止银行业与其他金融业过度融合发展。日本对非金融机构持股比例提出严格要求，也有防控产融结合风险的考虑。俄罗斯属于经济转轨国家，更侧重对银行股东持股的事前审批。

（3）我国对股东持股的要求。我国禁止主要股东以发行、管理或控制金融产品的方式持有银行股份，[1]对单一投资人及其关联方以金融产品持有上市银行股份、[2]对涉农银行持股比例均有限制，现已取消外资金融机构入股、持股比例限制。我国对同一投资人及其关联方、[3]一致行动人作为主要股东，对非金融企业入股、参股银行数量也有限制。[4] 我国规

① 参见《商业银行股权管理暂行办法》第 25 条第 2 款。

② 参见《商业银行股权管理暂行办法》第 25 条。

③ 参见《商业银行股权管理暂行办法》第 15 条。

④ 《商业银行股权管理暂行办法》第 14 条第 1 款：同一投资人及其关联方、一致行动人作为主要股东参股商业银行的数量不得超过 2 家，或控股商业银行的数量不得超过 1 家。该规定即所谓的“两参一控”规则。

定主要股东持股不得少于五年。①

3. 以资本充足率为核心的资本监管要求

银行维持一定的资本金，可满足客户需求，避免恶性竞争，并保障银行的安全和稳健经营。从公司治理角度看，银行的资本充足率水平及其他资本监管指标，是监管机构是否介入银行公司治理的临界点，可以抑制股东的冒险偏好及道德风险。② 加强以资本充足率为核心的监管，已成为国际社会的共识。各国结合国情逐步将 BCBS 要求纳入监管体制，该体制以资本充足率为核心，以监测信用风险、市场风险和操作风险为基础。监管机构根据银行资本监管指标情况实施不同的监管行动，自然人股东和法人股东不仅要补充资本，其权益也会受到不同程度的影响。

(1)针对股东的一般监管。各国监管机构设置一定的区间，根据资本监管指标状况，在银行存在“不安全或不稳健”问题时，要求银行和股东采取纠正措施维持资本、补充资本，勿为侵蚀银行监管资本的行为。我国相关规章、规范性文件规定了应为和禁为行为，要求大股东履行资本补充义务，支持多银行渠道补充资本，平衡好现金分红与资本补充的关系，保障银行资本持续满足监管要求；主要股东还应承担资本补充的书面承诺和报告义务。③

(2)针对金融控股公司的特殊监管。欧盟制定《并表监管指令》《金融集团补充性监管指令》等，要求各国对金融控股公司实施多层次资本充足率监管，涉及母公司、控股子公司或其他持股公司及金融集团等。美国

---

① 根据《商业银行股权管理暂行办法》第 17 条第 1 款，持股期间起算点为取得股权之日。主要股东当然包括控股股东，以持股比例≥5% 为认定标准。

② 银行的资本金越接近于 0，股东越偏好风险。为抑制股东过度冒险行为，最低资本充足率成为决定监管机构介入的临界点。当银行资本充足率低于最低指标时，表明银行存在风险隐患，监管机构在此时介入，可确保银行稳健经营；当银行资本充足率远高于最低指标时，适宜由股东掌握银行控制权，并不去过多地干涉银行经营。参见类承曜：《银行监管体系的整体设计与机制协调：公司治理的视角》，中国金融出版社 2005 年版，第 157 ~ 160 页。

③ 参见《商业银行股权管理办法》第 10 条，《银行保险机构公司治理准则》第 16 条，《银行保险机构大股东行为监管办法（试行）》第 33 条、第 34 条、第 35 条。

通过《金融现代化法案》《Y 条例》《银行控股公司法案》实施监管，适用“力量源泉”“交叉担保”等判例法和制定法规则。我国现已确立了金融控股公司监管制度，提出实缴资本、资本补充能力、组织机构、风险管理等审慎性准入条件。[①] 同时，确立了金融控股公司的穿透监管、风险防火墙、公司治理等监管要求。

4. 配合处置银行风险

《商业银行股权管理暂行办法》规定，股东应积极配合监管机构的风险处置或接管等措施。[②] 股东及关联关系人不配合风险处置，使银行违背审慎经营规则，影响银行稳健运营，或侵害存款人及客户的合法权益的，监管机构有权责令控股股东转让股权，限制股东的治理权。[③] 该办法并未明确界定风险处置应当包括早期纠正、救助和市场退出等阶段。《银行业监督管理法》规定，[④]银行被接管、重组或撤销期间，担任高级经理人的股东应当按监管机构要求履行职责。在银行清算时，作为清算义务人的股东要按照公司法规定清算，否则应承担出资瑕疵责任。在未及时组织清算、无法清算、恶意处置资产或虚假注销、未予清算即行注销等情形下，控股股东都应当承担相应的责任，构成这类责任需符合违法违规行为、损害结果及因果关系等要件。[⑤]

5. 其他行为监管要求

为解决近年来中小银行存在的股权乱象，我国银行监管部门制定了一系列规章和规范性文件，明确大股东在银行公司治理和交易中的义务与责任，督促银行大股东规范行使权利。

---

① 参见《国务院关于实施金融控股公司准入管理的决定》“二”；《金融控股公司监督管理试行办法》第二章。

② 参见《商业银行股权管理暂行办法》第 24 条。

③ 参见《商业银行股权管理暂行办法》第 48 条、第 17 条。

④ 《银行业监督管理法》第 40 条第 1 款：银行业金融机构被接管、重组或者被撤销的，国务院银行业监督管理机构有权要求该银行业金融机构的董事、高级管理人员和其他工作人员，按照国务院银行业监督管理机构的要求履行职责。

⑤ 参见施天涛：《公司法论》（第 4 版），法律出版社 2018 年版，第 609 ~ 610 页。

(1)股权穿透监管。按照“三位一体”的穿透监管体制要求,主要股东承担层层说明银行股权结构的责任;银行要管理主要股东、控股股东及其关联方,实行关联交易审批、信息披露、授信管理与穿透识别等制度;监管机构要审查、识别和认定主要股东、控股股东及关联方等相关者。人民银行对金融控股公司从资本、行为和风险等方面,对其主要股东、控股股东等主体入股资金、真实股权结构及资本合规性进行穿透监管。[①] 实践中可从主体、产品和嵌套层级等方面进行识别。[②] 相较而言,其他国家只在会计准则中规定了穿透识别技术,尚未将其运用到股东监管层面。我国应当进一步明确其实施条件、程序和适用范围,避免穿透监管的滥用影响正当金融交易。

(2)负面行为清单管理。《商业银行股权管理暂行办法》规定了股东“禁为”行为,涉及入股、持股、股权转让、权利行使、关联交易、授信等方面,设置了禁止杠杆入股、“一控两参”、金融产品参股、不当关联交易等禁为行为规制。《银行保险机构关联交易管理办法》则禁止股东从事不当关联交易、不当利益输送等行为。[③] 负面行为清单几乎涉及股东在银行的所有行为,2021 年《银行保险机构大股东行为监管办法(试行)》强化了对大股东入股、关联交易等的监管。

(3)风险管理的义务与责任。银行监管部门针对大股东提出了更多的义务与责任,如根据监管要求做出书面承诺,配合监管机构的调查与风险处置,强化银行机构风险隔离,做好声誉风险管理。[④] 此外,还要求主要股东、控股股东要建立全面风险管理体系与风险防火墙制度。这些规

---

① 参见《金融控股公司监督管理试行办法》第 5 条、第 12 条第 4 款、第 18 条、第 40 条、第 41 条。值得注意的是,随着新一轮党和国家机构改革基本完成,改由国家金融监管总局负责监管金融控股公司,该局将暂行适用试行办法的相关规定。

② 参见叶林、吴烨:《金融市场的“穿透式”监管论纲》,载《法学》2017 年第 12 期。

③ 参见《银行保险机构关联交易管理办法》第 42 条、第 46 条。

④ 参见《银行保险机构大股东行为管理办法(试行)》第 26 条、第 28 条、第 29 条、第 31 条、第 32 条、第 36 条,《银行保险机构公司治理准则》第 16 条,《商业银行股权管理暂行办法》第 24 条。

则强化了股东风险防控的义务与责任。[①]

(4)股权变更与质押的义务。监管机构提出了股东入股、转让股权、股权质押等行为规范,股东要履行如实报告、信息披露、依规表决、符合限额等义务。[②] 大股东的股权质押数量超过所持股权数量50%的,会被禁为表决权、担保及持股等行为。[③]

(5)股东罚则。股东或大股东不遵守相关行为规则的,会被监管机构责令整改、限制权利,还会被监管机构公开谴责、禁止入股银行或罚款。[④] 相关股东滥用权利,不遵守财产权、治理权及诉讼权规范的,除依照《公司法》(2023年修订)相关规定承担损害赔偿责任外,对经济金融秩序造成严重后果的,也会承担相应的刑事责任。

(三)关联交易监管

股东的不当关联交易已成为诱发问题银行的重要因素。国际准则和各国法规定了股东类型、交易类型及限制措施,对股东关联交易进行严格规制,严禁股东从事不当关联交易。

1. 股东关联交易的认定

各国法并不完全排斥关联交易,一般从主体、交易内容来判断是否属于不当关联交易,相关规则存在一定相似性。

(1)被规制股东。各国将自然人股东及其近亲属、金融机构及其子公司都列为被规制对象。如美国法上持银行股权10%的主要股东;日本法中包括银行的子公司、子法人及相关法人,银行控股公司及其子公司等。我国有关制度从血缘、交易的关联性等方面进行界定,规制对象包括

① 参见《商业银行股权管理暂行办法》第20条、《关于加强非金融企业投资金融机构监管的指导意见》"(十)(十三)(十四)"。

② 参见《商业银行股权管理暂行办法》第11条、第13条,《银行保险机构大股东行为监管办法(试行)》第9条、第11条,《银行保险机构公司治理准则》第16条。

③ 参见《商业银行股权管理暂行办法》第23条,《银行保险机构大股东行为监管办法(试行)》第10条,《关于加强商业银行股权质押管理的通知》第3条。

④ 参见《银行保险机构关联交易管理办法》第59条,《商业银行股权管理暂行办法》第44条、第48条、第50条、第53条、第54条。

主要股东及其近亲属、控股股东、关联法人或组织及其控股自然人股东。[①] 随着监管日趋严格，我国又将关联交易对象拓展到股东及其关联方、一致行动人、最终受益人。[②]

(2)被规制交易。各国法均限制了关联交易的类型、条件、数量等内容。美国法将授信、购买资产、隔夜拆借及衍生交易等交易类型均纳入关联交易。我国将关联交易界定为授信类、资产转移类、服务类、存款和其他类型等交易，[③]根据单笔交易金额、资本净额、交易余额等判断一般关联交易和重大关联交易。[④] 我国已将银行实际承担信用风险的所有业务纳入被规制交易，[⑤]覆盖范围广于其他国家。也规定了金融控股公司及其控股银行禁为的关联交易。[⑥]

2. 股东关联交易的规制

各国法明确了关联交易的交易条件、内部程序和信息披露等方面的限制。

(1)交易条件限制。合法的关联交易应遵循诚实信用、公允原则，根据商业原则判断其交易条件。各国法将“不优于”或“同等情况”作为关联交易的判断标准。如美国《联邦储备法》要求，银行必须按照“常规交易条件”开展关联交易，限制交易担保物。英国法要求根据商业原则，判

---

① 《银行保险机构关联交易管理办法》第5条至第9条，我国对关联方一般从主体和关系两个层面“从严”认定。主体包括关联自然人、法人或其他组织。关联自然人包括控股股东、主要自然人股东及其近亲属，主要自然人股东持股或控股≥银行股份/表决权的5%或对经营管理有重大影响的股东，近亲属范围较广。关联法人或其他组织包括主要非自然人股东，非自然人股东包括直接、间接、共同持有或控制≥银行股份/表决权的5%，以及一切有直接或间接控制、共同控制、重大影响关系的法人或其他组织。关系包括控制、共同控制、重大影响，还包括签署协议、作出安排生效，从事有失公允交易损害银行等“视为关联方”的情形。

② 参见《商业银行股权管理暂行办法》第14条、第54条。

③ 参见《银行保险机构关联交易管理办法》第13条至第15条。

④ 参见《银行保险机构关联交易管理办法》第16条。

⑤ 参见《商业银行股权管理暂行办法》第33条第2款。

⑥ 参见《金融控股公司监督管理试行办法》第36条。本条采取列举+概括方式，规定了“禁为”关联交易类型，包括滥用实质控制权、监管套利、第三方间接内部交易、融资或无担保融资、超过限额的融资或担保、违规股权质押、余额≥金融控股公司净资产的10%的担保。

断关联交易的程序、条件和金额。各国法一般对关联交易量有单笔、总额及双向等数量限制。如美国法规定对股东的无担保授信不得超过其资本加盈余公积的15%，对所有股东授信不得超过银行资本。[①] 新加坡法要求对单一股东授信不得超过5000新元。我国对股东等单个关联方和所有关联方的授信均实现限额管理，[②]禁止对股东发放无担保贷款。金融控股公司与外部关联方的关联交易需遵循市场原则，不得形成垄断、有害公平竞争。[③]

（2）审批程序限制。为保障交易的公允性，关联交易要经过董事会等内部机构的关联交易审查和回避表决，[④]还要报监管机构审批。此外，银行内部还需规避关联交易中的利益冲突。

（3）信息披露要求。各国法一般要求银行和股东披露关联交易信息。我国法规定的信息披露范围较广，银行或股东不仅要披露股东关联方与银行的关系、基本情况，也要披露各关联交易方所持股份或权益及其变化情况，披露关联交易的性质和交易情况、交易后股份比例变化等，[⑤]一般应在商业银行财务报告或网站披露。

三、加重责任规则的制度安排

使加重责任融入现行股东权规制制度体系，可以增强规则的明确性和指引性，有效地约束权责机关的自由裁量权。加重责任规则可以以规制关系为根据，遵循“规制主体—受制主体—规制行为”的逻辑思路，应当符合一般规制的构成要件，结合大股东类型及行为特点做出特殊安排。

---

① 参见张蕾、王飞：《商业银行关联交易监管规制的国际比较与借鉴》，载《银行家》2011年第5期。

② 《银行保险机构关联交易管理办法》第16条第1款规定，银行对单个关联方的授信余额、单个关联法人或非法人组织所在集团客户的合计授信余额分别 < 银行上季末资本净额的10%和15%。银行对全部关联方的授信余额 < 银行机构上季末资本净额的50%。

③ 参见《金融控股公司监督管理试行办法》第35条第2款。

④ 我国银行监管部门要求商业银行设立关联交易控制委员会，负责对银行内部关联交易的备案或审批。

⑤ 参见《商业银行股权管理暂行办法》第36条。

（一）主体制度

1. 规制主体

鉴于银行业的特殊性，需要专业机构判断加重责任的适用方式、时机和条件。可由人民银行或国家金融监管总局根据职责分工和功能监管要求，决定不同类型银行股东承担加重责任。

2. 受制主体

国外一般将承担加重责任的主体限定为金融控股公司或其他大股东，并将中小股东排除在外。[①] 有学者将受制主体确定为持有一定比例银行股份的大股东。[②] 本书认为，加重责任的受制主体应当限定为银行大股东。鉴于我国银行业的股权结构多元化、股东异质化等特点，可用持股比例、影响力及股权所有制等复合性标准去界定。其一，按照股东持股比例与影响力，银行大股东是指控股股东、主要股东和金融控股公司。在特定情形下，还应包括同一控股公司的附属银行、子公司。其二，按照股权所有制形式，银行大股东则指国有银行大股东、民营银行大股东、外资股大股东，[③]需结合持股比例和影响力判断。国家股股东、国有股股东属于特殊股东，是否应当承担加重责任，需要结合实际情况具体分析。

（二）行为规范

1. 不同受制主体的行为规范

按照不同类型股东的持股特点及行为方式，自然人股东应当按照持股比例及影响力承担相应的加重责任。其中，发起人要承担所设立银行的救助义务、注资义务和剩余风险，在必要时被限制权利或让渡权利。控股股东承担的加重责任和发起人基本相同。主要股东应按照所处地位和

---

① 美国一般由银行控股公司承担加重责任，例外情形下由同一公司控制下的其他子公司承担加重责任。欧盟法将加重责任的适用对象确定为初始股东或金融控股公司。日本一般为持股50%以上的大股东，俄罗斯法将加重责任适用对象明确界定为银行创立人、参加人（亦即股东）。

② 参见宋怡林：《民营化背景下商业银行股东加重责任研究》，辽宁大学2015年博士学位论文，第195页。

③ 我国已全面取消外资入股银行的持股比例限制，外资股东已享有“国民待遇”，应按入股的银行类型适用相应的股东权规制措施和加重责任。

作用，承担注资和救助义务；在问题银行处置相当紧迫时，还可限制其部分或全部权利。在法人股东中，金融控股公司承担加重责任的方式较为特殊，主要体现为母公司为子公司提供资金支持或债务担保。如我国监管规章要求金融控股公司建立资本补充机制、发行合格资本工具。[①] 国有股东是否应当承担加重责任，缺少可资借鉴的国外立法，应当结合我国的实际情况分析。从银行类别看，民营银行发起人、国有银行等控股股东承担相对较重的加重责任。外资股东的加重责任适用国内法规定，根据其持股比例、影响力等因素确定。至于外资银行股东的加重责任，属于问题银行的跨境处置，需要根据银行的系统重要性、母国与东道国监管体制等因素综合考虑。[②]

2. 限制权利规范、义务与责任的规范

从行为角度分析，大股东承担的加重责任都以补充银行资金、分担银行损失为目的。总结国外立法，权责机关可根据问题银行资本状况，分别要求股东履行义务、限制权利或承担责任。[③] 其一，以补充资本、注资、救助为主的义务规范。其中，补充资本、注资义务是履行维持资本承诺，或在原有出资基础上投入额外资金。在实践中，监管机构往往要求股东参与制定 RRP，以书面形式承诺维持资本；或以股东注资的触发事件，约定注资的条件和额度。救助义务则包括股东提供债务担保或强制股权转让等。其二，限制权利规范。主要是股东放弃财产收益、限制分红等权利，不按约定、法定比例分享利润，或放弃分享利润。相关处置措施虽限制了股东的财产权，但放弃的是分享股份孳息的权利。而银行救助中股东权被冲销或核销，是分担银行损失、恢复银行常态的方式，并非以加重责任限制权利。在此也不宜将限制治理权纳入权利限制规范。其三，赔付责任规范。这类责任具有第二性义务的特点，不以股东主观过错为要件。

---

① 参见《金融控股公司监督管理试行办法》第 27 条。

② 外资银行股东承担加重责任已涉及更复杂的跨国银行处置或银行跨境处置，不属于本书讨论范围。在此只简要提及，不作深入分析，否则就有离题万里之嫌疑。

③ 参见陈文成：《金融控股公司对附属金融机构责任加重制度研究》，载《上海金融》2009 年第 8 期。

当问题银行被关闭或破产清算后，存款保险基金被用于赔付存款人。控股股东、主要股东、金融控股公司或附属银行分摊存款保险机构的损失；或者在存款保险赔付后，由大股东赔偿存款人损失。

第三节　问题银行股东权规制的制度与实践

“法律的生命不是逻辑，而是经验。”[①]问题银行处置法伴随着对银行业危机的回应发展起来，是对银行处置实践的总结。国际组织、各国政府积极探索问题银行处置和股东权规制的有效方式，法律与实践一直保持良好的互动关系。国外经历了多次银行危机，不断完善股东权规制制度。我国银行业虽未经历周期性发作的银行危机，但在推进金融体制改革的过程中，一些银行曾出现过不同程度的问题，权责机关采取了相应措施化解了金融风险。相较而言，我国的股东权规制制度与实践具有较为浓厚的行政色彩，与国际最佳实践有所不同。

一、规制制度的国际比较

问题银行处置中可适用一般法和特别法规制股东权，两类规则并非泾渭分明，却也存在一些较为明显的区别。[②] 国际金融危机以后，国际组织提出了解决“大而不倒”问题和处置银行危机的政策建议，各国也不断推进银行监管体制和问题银行处置机制改革，不同制度模式呈现融合发展趋势。

---

① 参见［美］小奥利弗·温德尔·霍姆斯：《普通法》，冉昊、姚中秋译，中国政法大学出版社 2006 年版，第 1 页。

② 本书以是否有特别处置机制为标准，不甚准确地将有关股东权规制体系分为一般法和特别法。所谓适用一般法是适用公司法等民商基本法规制股东权，适用特别法则是适用特别处置机制中的规定规制股东权。严格意义上讲，国内外并不存在针对银行股东的单独立法，各国银行股东行使权利，也适用公司法、证券法等民商法。

（一）一般法模式

国际金融危机以前，大多数欧洲国家没有制定专门的银行破产法或处置法，[①]适用一般的公司法或破产法规制问题银行股东权。2007 年以来，欧盟及其成员方形成了一般法与特别法并用的立法体例，为我国、日本等多国所借鉴。

1. 欧盟法：单一的监管与处置机制

在经历国际金融危机后，欧盟发布了一系列条例和指令，构建了单一处置机制（SRM）、单一监管机制（SSM）等银行监管和处置机制，重点防控“大而不倒”问题引发的金融业系统风险。针对银行破产、重整等问题，欧盟补充和完善了银行股东权规制的法律制度。为确保支付、清算和结算等关键金融服务持续运作，欧盟颁布了《银行恢复与处置指令》（BRRD），要求各成员方设置 SIB 的 RRP，要求股东、债权人按债权位阶分担银行损失，减少不必要的公共破产支持，遏制股东等主体的道德风险和逆向选择，避免对股东等私法主体合法权益的不必要减损，减少母国、东道国问题银行处置成本，[②]要求股东提交 RRP、注资义务承诺等。金融集团成员相关股东还应承担担保、贷款等加重责任，对集团成员流动性危机进行援助。[③] 在问题银行的股东权规制中，仍需要适用一般欧盟公司法的条例或指令。涉及资本变动等相关事宜时，各成员方需转化适用《公司资本指令》《第二银行指令》等。

2. 德国法：欧盟法与国内法的融合

德国银行处置法呈现由一般法到特别法、阶段性立法的特点。2008 年之前，德国银行的清算、破产等程序均适用一般公司破产法，并通过特

① 参见张继红：《银行破产法律制度研究》，上海大学出版社 2009 年版，第 29 页。

② See Michael Schillig, *The EU Resolution Toolbox*, in Matthias Haentjens & Bob Wessels eds., *Research handbook on Crisis Management in the Banking Sector*, Edward Elgar Publishing, 2015, p. 81 – 102.

③ See Directive 2014/59/EU of European Parliament and of the Council 15 May 2014 Establishing a Framework for the Recovery and Resolution of Credit Institutions and Investment Firms, Art. 19.5, Art. 19.6, Art. 19.7, Art. 21.

别立法转化适用欧盟相关指令。在国际金融危机期间,德国针对以往一般法规制不足的问题,分别于2008年和2009年通过立法确立了两阶段的银行危机处置制度。在第一阶段立法中,《金融市场稳定法》规定,新设金融市场稳定局(The Federal Agency for Financial Market Stabilisation,FMSA)管理金融市场稳定基金,履行新发行债券担保、再融资、购买风险头寸等职责,对问题银行的股东权实施相应规制。《金融市场稳定加速法》规定,问题银行的管理层可以不通过召集股东会增加资本。这些处置措施排除了股东表决权、优先购买权。第二阶段立法明确了政府具有控制控股公司的选择权。公司管理层要么依法不经股东会同意,增加资本或减少资本;要么转移该公司的资产和负债。《金融市场稳定补充法》规定,联邦政府有权向FMSA转移银行和银行控股公司的股份,按日落条款执行股份转移选择权,[①]也可通过购买交易或公开招标的方式执行。德国依照《金融市场稳定加速法》设立了特殊目的实体,使转移资产的银行及其股东分担损失,设置了银行股东的应急义务。2010年以后,德国《银行重组法》《信贷并购重组法》引入加快重组的问题银行处置机制,强调通过公权力干预促使股东等私法主体主动达成合同。其核心是设置了转移决定机构,联邦金融监管局(BaFin)按法定程序、遵守比例原则进行干预。为补偿问题银行及其股东的损失,应当剥离经营失败银行的优质资产,转移给其他机构,必须明确被转移的净资产价值额度,确保转移业务正常运转,隔离经营失败银行剩余部分的风险。稳定机制和处置机制存在立法目的、方式和程序的竞合。监管机构权衡风险、处置成本等因素,选择适当的处置机制。如果转移决定处置财务困难银行可行,重组机制不会引发系统性风险,那么重组机制比稳定机制更具优先性。2013年,德国制定了《围栏和恢复与处置计划法》,落实欧盟BRRD的要求,对

---

① 落日条款(sunset clause)亦有广义、狭义之分,广义的落日条款包括各种法律中以及合同中关于有效施行期限的规定;狭义的落日条款仅指规定各种法律规范性文件的有效施行期限的条款。

潜在的 SIB 适用触发、处置、救济及司法监督等措施。[①]

3. 日本法:存款保险法与一般法并存

日本银行的重整、破产一直适用普通破产法,如《破产法》《民事再生法》《公司再生法》及《公司重组法》等。日本制定了《金融机能安定化紧急措置法》《金融机能早期健全化紧急措置法》《尽快健全和增强金融体系法案》等法律,使问题银行处置措施具备法律依据。在国际金融危机后,日本政府采纳了 IMF 报告的提议,于 2013 年修订了存款保险法,实施 FSB 关键要素的要求,建立了问题银行的有序处置机制。根据日本存款保险法,一旦发现银行存在安全和稳健问题,就要区分系统性风险与非系统性风险。对非系统性风险采取购买和承接交易处置或赔付存款人。针对系统性风险,经金融危机应对会议讨论,由首相作决定后,[②]相关机构可针对不同危机采取三种方式:[③]一是对资本不足的银行采取再融资措施。二是由首相决定后,对已失败银行或破产的银行,可采取资金援助、暂时国有化等应对金融危机措施。三是由金融厅监管的日本存款保险公司控制银行,向第三方购买者或过渡银行转移银行资产和债务;经法院允许,可减少资本或转移业务,必要时甚至可以剥夺股东的任何权利。日本在《2001 年银行法修正案》第 52 条中规定,持股 50% 以上的大股东在银行资本不足时承担增资的加重责任。

4. 我国:由政策化向法制化转型

我国借鉴国外经验和教训,相关制度经历了政策化到法制化的渐进式转型过程。1978 年至 1993 年,在初步构建现代金融体系时期,我国银行业从“大一统”模式逐渐转变为专业银行模式,尽管经济调控与商业银

---

① See IMF, *Germany Financial Sector Assessment Program—Bank Resolution and Crisis preparedness*, *Bank Resolution and Crisis Management Framework—Technical Note*, June 2016, p. 9 – 11.

② See Tomoaki Hayashi, *Japan: Regulatory Development of the Banking Resolution Regime*, in Matthias Haentjens & Bob Wessels eds., Research handbook on Crisis Management in the Banking Sector, Edward Elgar Publishing, 2015, p. 504 – 518.

③ See FSB, *Second Thematic Review on Resolution Regimes Peer Review Report*, 2016, p. 12 – 13.

行分离，但各专业银行仍未完全脱离政府金库的窠臼。此时除了中央、国务院政策文件调控银行业务和资本结构外，几乎没有什么金融法律制度，不存在实质上的股东，也无所谓现代银行制度。1994年至2012年，在现代银行改革阶段，我国清理整顿金融业乱象，化解问题贷款风险和危机，推进专业银行和城乡信用合作机构改革。我国制定了《中国人民银行法》《银行业监督管理法》等法律，构建了"一行三会"的金融监管体制，设立了国有控股银行、城市商业银行和农村商业银行，银行业呈现多元化发展趋势。对银行破产和股东权规制主要适用《公司法》(2023年修订)、《证券法》(2019年修订)、《企业破产法》等法律。《银行业监督管理法》、《商业银行法》(2015年修正)等法律原则性地规定了监管机构的权力。2009年以来，我国监管机构发布了一系列规章和规范性文件，细化股东准入、持股、股权转让等要求。2013年以后，我国银行股权结构优化、银行业对外资和社会资本开放，银行业频频暴露累积的风险。我国不断完善股东参与公司治理、银行风险处置等方面的规定，整治银行股权乱象，强化股权治理、股东监管和风险管理。2018年，监管机构先后发布了《商业银行股权管理暂行办法》及其配套文件，健全了从股东、商业银行到监管机构"三位一体"的穿透监管框架。我国确立了SIB的特别处置机制，提出制定、审核RRP的要求。同时，人民银行等机构也在探索早期纠正、金融控股公司股权监管等制度，[①]强化对银行危机和风险的防控。我国尚不存在有关银行处置或破产的专门立法，呈现法律与政策并用、新旧制度并立、多层次规范共存等特点。随着强监管、补短板等措施的逐步落实，银行股权与关联交易专项整治常态化，我国正在完善有中国特色的问题银行处置法。

（二）特别法模式

1. 美国：应对危机促成的法制变革

在美国，规制银行股东的规则散见于联邦法和州法的规定。根据银

① 2020年9月11日，中国人民银行公布了《金融控股公司监督管理试行办法》，确立了金融控股公司监管制度。

行类型的不同，分别适用 FDIA、FDICIA 及联邦银行法等联邦法，或者适用州银行法等州法。其中，联邦存款保险公司（FDIC）的“及时纠正”（Prompt Corrective Action，PCA）权力规制金融控股公司和控股股东行为，相关法案确立规则要求各类股东补充资本、实施自救。金融控股公司或控股股东适用“力量之源”、额外股款补缴、交叉担保等制定法和判例法规则。2010 年，美国颁布了《多德·弗兰克法案》及相关法规，对 SIB 提出提交“生前遗嘱”和更严格的风险监管要求；明确问题金融机构处置的条件和程序。[①] 美国针对被保险银行确立了“有序清算程序”，FDIC 有权力提供广泛的财务援助。这种特别处置机制旨在减少银行股东等主体的冒险行为，试图在遏制道德风险、避免公共救助和保持金融稳定之间取得平衡。[②]《多德·弗兰克法案》要求，资产在 500 亿美元以上的 SIB 和加入联邦存款保险的银行，可由财政部长决定进入有序清算程序，由 FDIC 行使处置权、任命接管人，其行使处置权可不经过股东和债权人同意。[③]

2. 英国：特别处置法与一般法融合

英国早期并没有专门的问题银行处置法，《1986 年破产法》和《1986 年破产规则》中的大多数条文均可适用于银行破产。[④] 2008 年，英国以处置北岩银行危机为契机，制定了有效期一年的特别立法，设置了特别处置机制。自颁布《2009 年银行法》后，[⑤]英国以特别处置机制、银行破产程序和银行管理程序为核心，进一步完善了问题银行处置程序。在特别处置

① 参见[英]阿德利安·巴克莱：《金融危机：成因、背景与后果》，王年咏译，东北财经大学出版社 2013 年版，第 371 ~ 374 页。

② See Donald Bernstein & Reena Agrawal Sahni, *United States*, in Matthias Haentjens & Bob Wessels eds., Research handbook on Crisis Management in the Banking sector, Edward Elgar Publishing, 2015, p. 550 - 559.

③ See FSB, *Peer Review Report*, 2020, p. 13

④ See Louise Verrill & Paul Durban, *United Kingdom* (*England and Wales*), in Matthias Haentjens & Bob Wessels eds., Research Handbook on Crisis Management in the Banking Sector, Edward Elgar Publishing, 2015, p. 526.

⑤ 参见周仲飞：《银行法研究》，上海财经大学出版社 2010 年版，第 343 页。

机制下,英格兰银行负责处置问题银行;财政部负责实施公共资金援助、临时国有化等措施;审慎监管局负责触发特别处置机制,授权设立过渡银行,监管剩余银行和过渡银行;金融行为监管局也承担相应职责。英格兰银行可不经过股东、债权人或法院同意,在银行营业不可持续时决定进入处置程序,行使处置权力、任命接管人。① 英国法区分三类银行处置理由,对股东等主体实施相应的规制措施。新法并未改变银行管理程序的启动条件和机构,仍由英格兰银行向法院申请银行管理令。在不同的银行破产理由下,银行管理人可采取停止支付分红、清算和解散银行等措施。英国法强调市场机制对股东的约束,并未规定加重责任规则。

3. 俄罗斯:政府强势干预下的法制改革

俄罗斯银行业是在苏联解体后的动荡中发展起来的,具有国有资本占主导地位、金融寡头垄断的特点。② 该国银行业发展中存在很多风险隐患。自 1998 年以来,俄罗斯总结银行业危机和改革的经验和教训,不断完善银行处置法律体系。俄罗斯政府强势推行渐进式改革,先后颁布了《信贷机构破产法》《银行破产法》《银行重组法》等法律,重构银行资本金制度,建立存款保险制度,完善银行业的并购、重组等制度。俄罗斯借鉴了国际最佳实践,结合本国银行业特点,依法赋予俄罗斯银行较大的处置权力,构建了有序的市场退出机制。依照《信贷机构破产法》的规定,俄罗斯银行若评估某问题银行发现存在系统性影响,应决定适用防止破产措施。股东承担延期付款担保、放弃股息红利分配、增加注册资本等加重责任。③

国际金融危机以来,各国借鉴国际准则和国际最佳实践,赋予监管机

---

① See Louise Verrill & Paul Durban, *United Kingdom* (*England and Wales*), in Matthias Haentjens & Bob Wessels eds., Research Handbook on Crisis Management in the Banking Sector, Edward Elgar Publishing, 2015, p. 526.

② 参见庄起善、窦菲菲:《俄罗斯银行业改革与发展(1988 - 2007):动荡、危机到稳定》,载《学术交流》2008 年第 5 期。

③ 参见俄罗斯《信贷机构破产法》第 7 条、第 8 条。

构和处置机构较大的自由裁量权，在问题银行处置的不同环节规制股东权。[①] 各国以SIB有序处置机制为核心，完善快速处置、保护存款人利益、分担损失、市场化处置等机制，[②]结合各国国情制定股东加重责任规则。可见加重责任并非万灵药，应当根据各国银行监管和处置机制选择适用。

二、规制实践的国际考察

问题银行几乎从银行诞生之时就已存在。[③] 在银行业发展的早期，欧美各国普遍适用一般法或特别法规制银行股东权。在国际金融危机前后，欧美国家不断探索有效处置问题银行的方式，加强对银行股东权的规制，日益强调股东在问题银行处置中承担额外的义务与责任。

（一）国外的实践：在危机应对中探索

欧美国家经历了多次金融危机，在问题银行处置中不断探索规制股东权的方式。2007年以来，为应对国际金融危机，欧美国家完善相关立法，促使银行股东积极履行职责。

1. 一般法国家：从一般到特殊

在金融危机以前，很多国家运用一般法规制股东权利。在经历多次金融危机后，一般规制模式显然不能适应问题银行处置的需要。一些国家逐步探索债转股、自救等特别处置方式，结合特别法与一般法强化股东权规制。

（1）瑞典：坏银行处置的探路者。瑞典是坏银行处置模式的先行者。1991年，受房地产泡沫影响，北欧银行（Nordenbanken）等大银行遭遇了危机，瑞典政府以私人股份回购的方式为该银行注入资本。[④] 1992年，约

① See FSB, *Guidelines for Identifying and Dealing with Weak Banks*, July, 2015, p. 11.

② See FSB, *Key Attributes of Effective Resolution Regimes for Financial Institutions*, October, 2011, p. 15.

③ See Walter Bagehot, *Lombard Street, A Description of the Money Market*, E. P. Dutton and Company, 1920, p. 132.

④ See Benton E. Gup, *Bank Failures in the Major Trading Countries of the World*, Quorum Books, 1998, p. 45.

塔银行经股东注资后仍无法维持，由其破产管理人将该银行全部股权转让给了瑞典政府。这两家银行最终都被拆分为“好银行”和“坏银行”进行了处置。同年，为处置和扶持问题银行，瑞典成立了银行支持署（Bank Support Authority），根据银行资本充足率水平实施监管，要求股东承担注资等义务。[①]

（2）德国：欧盟法融入本国法。德国银行业一直保持稳健运行，但全能银行业务模式的发展，使交叉性金融风险蔓延，导致银行业存在较大风险。为应对次贷危机和欧债危机的影响，德国逐步构建和完善问题银行处置机制。2007 年，受次贷危机影响，西德意志银行的套利投机遭受巨额损失。该行部分股东首先提出合并重组计划，后因其他大股东反对而被放弃；股东旋即与监管机构达成风险隔离计划，为该行违约风险处置提供担保，支持剥离“坏资产”重组银行。在此期间，德国政府迅速通过相关立法，成立了坏银行。该行计划得到欧盟批准后，由坏银行处置了不良资产，实现了该行所有权结构和控股股东的变动。[②] 德国在监管和处置机制改革中，将处置机构 FMSA 并入 BaFin，由其实施早期干预，评估处置计划的可行性。BaFin 与德意志银行合作，监管与处置 SIB。德国也设立了重组基金和金融市场稳定基金，在法定情形下对 SIB、银行集团股东实施干预和处置。在 SSM 和 SRM 设立后，德国按照统一要求处置银行集团。[③]

（3）日本：市场化处置改革。由于日本频发阶段性金融危机，其问题银行处置机制一直处于改革和变动中。战后的日本银行业保持长期稳定，在大藏省和日本银行“护卫队”式的监管下，并不存在重要银行失败

① 参见田国立主编：《好银行？坏银行！中国信达资产管理股份有限公司资产管理案例精选》，经济科学出版社 2011 年版，第 18～35 页。

② 参见田国立主编：《好银行？坏银行！中国信达资产管理股份有限公司资产管理案例精选》，经济科学出版社 2011 年版，第 18～35 页。

③ See IMF, *Germany Financial Sector Assessment Program—Bank Resolution and Crisis preparedness, Bank Resolution and Crisis Management Framework—Technical Note*, June 2016, p. 11, 15－16.

的情形。随着“去监管化”政策的实施，日本引入了“财政援助”方法，确保银行处置机制的灵活性和多样性。1971 年，日本设立了存款保险制度，仅通过关闭、保护限额存款等方式处置已失败银行。20 世纪 80 年代以来，日本地产泡沫破裂，导致多家银行破产、倒闭。为处置巨额不良贷款，日本修订了存款保险法，并实施总括式保护。因银行业在日本经济中举足轻重，日本政府一度奉行金融机构不破产的理念，采取“救济兼并”方式处理银行危机，股东几乎不承担任何损失，①这种处置方式虽有短期成效，但也存在容易引发道德风险等弊端。自 1997 年以来，拓殖银行等金融机构倒闭，存款保险机构注资大量资金，时常面临资金不足的困境。日本政府因此修订了存款保险法，颁布了《金融稳定应急措施法令》，明确注入公共资金的期限和条件，对银行控股股东提出增资、放弃债权等要求。1998 年至 2000 年，长信银行倒闭，日本政府内阁颁布法令，对长信银行实施国有化，更换其管理层，实施资产负债表出清；依法运用 25 万亿日元公共资金注入可持续经营的银行。日本政府在实践中采用购买、再融资、重组、特殊财政援助、国有化等处置方式。如日本政府 2003 年接管足利银行，②取消了该行母公司的股东资格，注入公共资金清理账目，最终将其转卖给了私人。2015 年，蓝天银行通过股份回购，偿还了日本政府注入该行的救助资金。③

2. 特别法国家：应对危机的改革

（1）美国：危机引发的演化与革新。美国银行体系发达，也经历过多次银行破产。银行危机促使银行处置体制变革，股东权的规制手段随着危机处置经验的积累不断丰富。美国对问题银行股东权的规制呈现较为

---

① 参见欧阳媛、杨华柏：《日本是如何依法处理破产金融机构、回收不良债权的》，载《法学家》2000 年第 6 期。

② 参见《IMF：足利银行收归国有　利于日本银行业改革》，载新浪财经纵横，https://finance.sina.com.cn/j/20031204/0914546492.shtml。

③ 参见《财经随笔：日本政府的“救市”逻辑》，载环球网 2015 年 7 月 28 日，https://finance.huanqiu.com/article/9CaKrnJNTZf。

明显的阶段性特点。1913年以前，在自由银行和国民银行时代，美国许多州实行法定或约定的股东双重责任，以避免银行倒闭风险。[①] 1863年颁布的《国民银行法》将股东双重责任确立为法定责任。双重责任条款一度发挥了保护债权人和激励银行股东的作用，但因存款保险制度的建立和银行破产的不可避免，该项制度的作用日渐式微，最终被联邦和州立法完全废止。1933年以来，美国货币监理署（Office of the Comptroller of the Currency，OCC）、FDIC等机构探索市场化和行政干预并用的各种手段，使银行股东承担了必要的责任，并采取相应措施救助问题银行。美国不断根据频发的银行业危机调整和完善问题银行处置机制。美国法赋予FDIC等机构PCA权力规制股东[②]，先后在制定法和判例中明确金融控股公司"力量源泉"等规则。[③] 次贷危机凸显了银行股东的道德风险，美国改革银行监管体制，设立了新的有序处置机制，进一步加强股东权的规制。

（2）英国：北岩银行危机引发的改革。英国在银行监管中比较注重市场自律，银行破产曾一度适用普通破产法。[④] 2007年至2009年，在北岩银行处置中，为应对兑付危机，英国银行监管机构共同实施救助，采取了临时国有化措施，由英国政府取代了原银行股东。[⑤] 在处置苏格兰哈利法克斯银行时，英国政府、金融服务管理局批准劳埃德TSB集团收购该银行，财政部向劳埃德FSB集团和哈利法克斯银行注入新资本。英国

---

① 1836年至1913年，美国银行业进入了自由发展时代。随着1863年《国民银行法》的颁布，国民银行与州银行并立。为应对野猫银行等风险，各州银行法明确规定了股东承担加倍赔偿责任的条款，有的州甚至要求股东承担三倍或多倍股份的赔偿责任。

② PCA，prompt corrective action，又可被译为"及时纠正""立即纠正"等，属于一种早期干预措施，是源于美国金融监管机构采取的一种监管措施。根据金融机构资本监管指标判断该机构的风险状况，分别要求机构采取补充资本、限制股东权利等措施。本书中使用的早期纠正制度，实际上是中国版的PCA。

③ 所谓的股东加重责任包括"力量之源""交叉担保""新关闭政策"等规则。

④ 参见宋怡林：《民营化背景下商业银行股东加重责任研究》，辽宁大学2015年博士学位论文，第66页。

⑤ 参见［英］阿德利安·巴克莱：《金融危机：成因、背景与后果》，王年咏译，东北财经大学出版社2013年版，第252～253页。

政府通过配售新股持有了劳埃德 TSB 集团 57% 的普通股。① 苏格兰皇家银行的危机是因其不当的收购策略所引发的,最终由英国政府注入资本解决。② 英国政府针对危机处置中暴露的问题,改革银行监管机构,创设了问题银行的特别处置机制,采取市场与政府相结合的方式规制股东权。

(3)俄罗斯:保持国家干预的惯性。自苏联解体以来,俄罗斯银行业经历了四阶段改革,形成了政府强势干预银行业的路径依赖。第一阶段改革逐步使中央银行与商业银行分离,依照《合作企业法》规制私人资本投资银行的行为。第二和第三阶段改革使民营银行迅速扩张,形成了金融寡头垄断,银行业务与实体经济严重分离,银行业遭受多次严重的金融危机。第四阶段改革才使银行业逐步趋于稳定与复兴。相关部门实施多项银行重组措施,采取了相应的股东权规制措施。2014 年俄罗斯才构建了较为完善的问题银行处置制度。该制度以俄罗斯银行为主导,由存款保险局实施处置措施。存款保险局经俄罗斯银行同意后,可引导并购交易、提供资金援助、出售银行部分或全部资产和负债,可不经股东同意转移权利,也可作为接管人履行职责。③ 俄罗斯银行也可对问题银行实施国有化等处置措施。2017 年 12 月,该国最大私人银行奥克利提银行被实施国有化,俄罗斯银行持有该银行股份超过 99.9%,并增发了 4562 亿卢布的普通股。④

(二)我国的实践:渐进式改革

我国对问题银行股东权的规制始于金融体制改革。当时国内银行普遍存在资本金严重不足、不良贷款占比较大等严重问题,人民银行、财政

---

① 参见[英]阿德利安·巴克莱:《金融危机:成因、背景与后果》,王年咏译,东北财经大学出版社 2013 年版,第 252 ~ 253 页。

② 参见[英]阿德利安·巴克莱:《金融危机:成因、背景与后果》,王年咏译,东北财经大学出版社 2013 年版,第 252 ~ 253 页。

③ See IMF, *Russian Federation Financial Sector Assessment Program Technical Note—Bank Resolution and Crisis Management Framework*, September 2016, p. 13.

④ See The Central Bank of the Russian Federation, *On Acquiring Shares of PJSC Bank Otkritie Financial Corporation*, Bank of Russia (Nov. 17, 2017), http://www.cbr.ru/eng/press/pr/?file=11122017_171017eng2017-12-11t17_09_52.htm#highlight=acquiring%7Cshares%7Cpjsc%7Cbank%7Cotkritie%7Cfinancial%7Ccorporation%7Cshare.

部等权责机关联合采取多项措施,成功地处置了国有银行、中小银行等机构的问题。

1. 国有银行股份制改革

国有银行经历了从专业银行、国有独资银行到股份制银行的改革过程,每一阶段均涉及股权改革。1998 年至 2002 年,四家国有独资银行都存在不良资产过高、净资产过低等问题,财政部发行特别国债向四家银行注资。2004 年至 2005 年,中国银行、建设银行和工商银行转型为股份制银行。其中,中国银行由汇金公司独家发起设立;建设银行由汇金公司、建银投资等 5 家发起人共同设立,并设立了持该行股份的建设银行集团;工商银行则由财政部和汇金公司发起设立。2009 年,农业银行成为由财政部、汇金公司共同持股的股份制银行。① 2004 年至 2010 年,上述四家银行不仅引入了境内外合格投资者,也先后在境内外成功上市,成为公司治理结构完备、股权多元化的大型公众公司。

2. 城市信用合作社股权的清理整顿

1998 年至 2002 年,人民银行发布文件,②采取处置、整顿、收购、重组等方式,③化解了城市信用合作社存在的支付困难等严重风险。表 2 - 5 归纳了对问题城市信用合作社股权采取的清理整顿措施。

表 2 - 5　高风险城市信用合作社股权的清理整顿

处置措施	适用条件	主要做法
自我救助	暂时流动性支付困难	追缴股东欠款及其无偿占用的资产,要求股东追加注资
收购或兼并	出现支付困难,亏损数额不大	清理资产,核销呆账、坏账,查清责任,由其他金融机构按照商业原则,实行收购或兼并,承接全部债权债务

① 参见刘明康主编:《中国银行业改革开放 30 年》,中国金融出版社 2009 年版,第 77、126 ~ 130、159 页。

② 参见《国务院办公厅转发中国人民银行整顿城市信用合作社工作方案的通知》。

③ 参见刘明康主编:《中国银行业改革开放 30 年》,中国金融出版社 2009 年版,第 88 ~ 93 页。

续表

处置措施	适用条件	主要做法
行政关闭或司法破产	严重资不抵债、不能支付到期债务、不能实施收购或兼并	清算组清理资产、核实损失、优先兑付个人储蓄存款，依法追究违法违规经营的有关责任人

3. 问题城市商业银行股权处置

我国的城市商业银行大多由城市信用合作社改造而成，存在股权过于集中、盲目扩大规模、发放关系贷款过多等问题，政府、人民银行、监管机构等联合处置和化解了这些风险。但对个别银行处置不当，也产生了不良影响。

(1)问题城市商业银行处置。在问题城市商业银行处置中，[①]权责机关以行政干预主导，引入市场力量，以行政干预和市场化相结合的方式化解了风险。具体措施详见表2－6。

表2－6　高风险城市商业银行的股权处置

被处置机构	处置时间	处置机构	处置措施	主要做法
威海商业银行	1998年3月至10月	威海市政府	行政主导＋债转股	引入山东高速投资集团成为该行控股股东，并进行债转股
吉林省城市商业银行、城市信用社	2003年	吉林省政府	吸收合并＋新股置换	1. 设立吉林银行，吸收问题机构。 2. 原股东以旧股置换新股。 3. 将其他城市信用社重组为新银行
成都银行	2000年至2007年	成都市增资扩股工作小组	引入战略投资者＋国内企业认购股份	1. 马来西亚丰隆银行认购6.5亿元股份。 2. 渤海产业投资基金管理公司等企业签署认股协议

① 参见刘明康主编：《中国银行业改革开放30年》，中国金融出版社2009年版，第126～130页。

续表

被处置机构	处置时间	处置机构	处置措施	主要做法
万州商业银行	2007 年	重庆市政府	牵头企业重组 + 全面清理股权	1. 重庆国际信托投资有限公司牵头重组该行。 2. 股东出资设立风险资产处置信托计划,以减持、以股抵债方式清理股权

(2)海南发展银行处置中的股权清理。这是由处置问题城市信用社引发的银行危机。[①] 1997 年 12 月,为解决海南省城市信用社系统性风险,海南发展银行经批准,兼并了 28 家有问题的城市信用社。因组建基础薄弱、违法违规经营、兼并后负担加大等问题,该行严重资不抵债,未完成后续处置措施。该行最终被相关部门清算处置。除经营管理问题外,该银行存在的股权问题积弊已久。作为组建银行基础的信托公司资产质量低,以原股东及关联企业为主要贷款、投资对象;在筹建和开业初期,刚到账资本金以股东贷款名义流回到股东处,形成事实上的抽逃出资。在清产核资中还引发了股权纠纷。这些问题相互叠加,使股东权规制困难重重、久拖不决。

4. 其他问题银行的股东权规制

2018 年以来,监管机构深入贯彻中央决策部署,对中小银行风险进行专项整治。人民银行、原银保监会等权责机关合作采取多种股东权规制措施处置银行风险,有效地防控与化解了包商银行、恒丰银行和锦州银行的危机。其一,包商银行接管中的股东权规制。该行因大股东明天集团违法违规持有大量资金,形成了长期难以归还的逾期贷款,导致了严重的信用危机。2019 年 5 月,包商银行被人民银行、原银保监会联合实施接管,在经历了清退问题股权、资产剥离、股权重组等措施后,已于 2021 年完成了破产清算。徽商银行收购承接了该行及其分行的资产负债,由

① 参见刘明康主编:《中国银行业改革开放 30 年》,中国金融出版社 2009 年版,第 96 ~ 99 页。

存款保险公司与多家银行、相关部门及企业联合发起设立蒙商银行。① 其二，恒丰银行风险处置中的股东权规制。2017 年以来，恒丰银行因不良资产暴露了很多风险。2019 年 8 月，在山东省委省政府主导下，恒丰银行主要以政府注资、发行新股等方式重组。其中，山东省政府承诺注资 300 亿元，引入了中央汇金公司作为战略投资者。2019 年 12 月，该行不公开发行 1000 亿股普通股股份的方案获批。中央汇金公司、山东省金融资产管理公司、新加坡大华银行分别认购了相应的股份。② 其三，锦州银行股权重组中的股东权规制。2019 年 5 月，锦州银行因资产质量问题爆发了流动性危机。人民银行、原银保监会与辽宁省政府推动该行改革重组，采取股份认购等方式进行资产重组。2019 年 7 月，工银投行、信达投资、中国长城资产等公司受让该行股份。2020 年 1 月，成方汇达公司、辽宁金融控股公司达成认购协议，认购该行定向增发的股份。③ 在这三个典型的银行处置实践中，我国逐渐形成了依法有序的问题银行处置机制。

（三）国内外规制实践评价

从实践经验看，国内外并不存在一劳永逸、一成不变的规制方式，对问题银行股东权的规制都经历了改革、优化的过程。我国虽在金融体制改革中积累了一些经验，但不能有效地应对潜在金融风险。在金融业高水平开放、深度融合发展的背景下，银行发生危机的潜在可能性加大。我国应当借鉴国外的经验和教训，尽快构建符合国情的问题银行处置制度，完善其中的股东权规制体系。

1. 国外市场化处置优先适用

一国政府、监管机构的规制措施和制度，与该国的经济发展水平、法律制度等相符。发达国家普遍构建了比较完善的制度，采取多元化方式

① 参见《人民银行举行 2020 年第一季度金融统计数据发布会》，载中国政府网，http://www.gov.cn/xinwen/2020-04/11/content_5501355.htm。

② 参见《中国银保监会关于恒丰银行非公开发行普通股股份方案及有关股东资格的批复》。

③ 参见《锦州银行 2019 年亏损 11.25 亿　将进行重大资产重组》，载新浪财经，https://finance.sina.com.cn/stock/relnews/hk/2020-04-01/doc-iimxxsth3013879.shtml。

规制问题银行的股东权；新兴市场国家则以移植、转化等方式构建相关法律制度。在国际金融危机的冲击下，各国都认识到其问题银行处置机制的缺陷与不足。发达国家在弥补其规制体系，新兴市场国家则在寻求制度的整合。各国在实践中形成了以下共识：首先，应当坚持符合国情和时代的规制理念。在欧美国家，规制问题银行股东权遵循尽早处置的理念，严格依照法定权限和范围、法定程序，权责机关的规制行为受到相关机构问责。但问责一般不会影响问题银行处置。如果规制行为对股东权产生不当影响，要为股东提供必要的权利救济，权责机关还应承担相应责任。此外，在对股东权的规制中，欧美国家还运用"建设性模糊"的方式，不过多地透露处置的具体细节，以免股东等主体形成非理性预期，引发处置中的道德风险，影响问题银行的处置效率。其次，优先适用市场化处置方式。国外优先以市场化方式解决银行危机，股东等主体要分担银行损失，积极参与银行自救。只有在穷尽市场化处置手段后，权责机关才能实施适度的行政处置，且不能影响金融市场的未来发展。最后，行政干预相对较少。在大多数发达国家，权责机关更多采取合作规制方式，要求股东承担额外的注资和救助义务，在必要时限制股东的部分或所有权利；较少采取强制手段规制股东。

2. 我国行政处置向有序处置的转型

我国曾多次成功地防范和化解了银行业风险，问题银行股东权的规制实践具有以下特点：其一，规制理念不适应形势发展。由于我国银行业具有战略性地位，对经济社会具有重大影响，我国权责机关偏好以行政手段处置银行危机。各种行政手段虽能优化银行股权结构、改善公司治理，对外部冲击具有较强抵御能力，却形成了政府对银行业的强势控制，耗费大量财政资金，容易导致隐性担保和过度干预，也不利于银行、股东形成自负盈亏、自担风险、优胜劣汰的理念。新时代银行业风险日趋复杂，传统的监管理念和手段已不适应新形势发展。我国的强监管理念尚未得到法律制度的回应，容易使权责机关以监管之名过度介入市场。其二，规制法律制度不完善。我国尚未形成有序、完备的问题银行处置体系，缺少可操作性强的股东权规制制度。《企业破产法》、《银行业监督管理法》、《商业银行法》(2015 年修正)的规定原则性过强,虽明确了问题银行的处置机构,[①]还需在《金融稳定法》的框架下,进一步完善问题银行处置的具体规则。部门规章、规范性文件强化了处置权力,初步构建了早期纠正、特别处置机制等规则,但缺少法理支持与法律明确授权,效力层级较低。权责机关惯用临时性规制措施,探索有序处置方式,具有很强的运动式监管色彩。此外,我国虽引入了加重责任规则,但对民营银行发起人的约束机制过强,赋予权责机关较大的自由裁量权,容易侵害股东合法权益。其三,权责机关起主导作用。从我国的实践来看,监管机构及各级政府在问题银行处置中发挥了重要作用。权责机关以行政手段为主,实施了国债买卖、重组、收购等措施,缺少真正的市场化处置机制,也没有形成对股东的激励与约束机制。我国虽正在探索有序处置问题银行的做法,但尚未明确市场主体优先救助、适度干预的机制。权责机关仍存在对强势干预的路径依赖,极其容易不当干预。在完善市场主体退出制度的大背景下,我国需要尽快建立问题银行股东权的双重规制体系,厘清一般规制与加重责任的具体适用情形。

小　　结

近年来,随着银行业发展呈现多元化、混业化等新趋势,银行大股东也呈现利益诉求多元化的特点。受逐利本性、高额利润、监管漏洞、制度缺陷等多因素驱使,不少银行中产生了诸多股权乱象与股东错位问题。宏观经济社会因素、监管体制和公司治理的"双失灵",使股东容易滥用权利,其违法违规行为难以得到有效规制。在银行业潜在风险加大的时

① 在我国,破产银行、金融控股公司的处置机构都是国家金融监管总局,高风险中小银行的处置机构是存款保险基金管理机构。

代背景下,加重银行股东责任,督促股东积极救助银行或分担损失,有助于完善银行公司治理机制,防控股东滥用权利,防范问题银行恶化。但加重责任入法后,面临着如何协调法律制度和避免自由裁量权过大的问题。我国可以借鉴国外经验,采取一般法与特别法相结合的方式规定加重责任,明确其在股东权规制体系中的定位。

从微观方面看,我国现行法律存在股东权规制体系,由权利规范、义务和责任规范构成,对银行风险防控与处置发挥了积极作用。在完善加重责任制度时,应当明确股东承担加重责任的约定和法定条件,按照规制关系设置制度。从国内外立法与实践看,国外经历了多次银行危机,探索出市场化处置和行政干预并用的处置方式,运用成本收益分析妥善地权衡了公共利益、私人利益,较有成效地规制了股东权,取得了丰富经验和良好成效,但也面临着如何妥善处理“大而不倒”、如何进一步减少股东道德风险等问题。我国虽未经历过类似西方的银行业危机,但在银行业改革中也产生了不良资产问题和风险,权责机关采取多种措施,成功地防范和化解了银行风险。我国尚未建立健全问题银行处置制度,金融安全网仍存在较大漏洞,对股东权的规制形成了对行政干预的路径依赖,不利于股东等主体形成良好的市场意识和正确的行权意识,也不利于我国银行业的可持续发展。

在股东权规制体系中,加重责任与一般规制都旨在维护公共利益,应恪守合法性、合理性、正当程序等原则,意在实现成本最小化、及时救助银行、降低破产风险等目标。对两类规制方式的具体适用,需结合问题银行处置的不同阶段进行分析。

第三章　问题银行救助中的股东权规制

问题银行救助类似于公司重整制度，是银行危机恶化前采取的处置手段。[①] 救助中采取减记、转股、资产剥离、行政干预等手段，使问题银行恢复常态。股东等主体应当优先吸收损失、补充资本。股东在问题银行救助中地位有所变化，权利受到一定限制。权责机关在市场救助和行政干预中介入程度不同，对问题银行救助发挥不同作用。权责机关与股东应遵循银行救助程序，依次在早期纠正、市场救助和行政干预中发挥作用，根据救助情况实施一般股东权规制和适用加重责任。我国的问题银行救助法存在诸多不足，需借鉴国外先进经验，分别完善整个救助制度和各项子制度，督促股东及时纠正、积极救助，对股东权依法实施行政干预。

第一节　股东救助问题银行的法理剖析

问题银行救助中应优先适用市场化救助。国内外相关法律以公共利益为导向，遵循私主体优先救助、股东优先分担损失等原则，但还应适度保护股东的合法利益。各国问题银行救助制度可分为一般法和特别法模式，对股东救助、权责机关介入做出了不同安排，对股东权利进行必要限

① 学界和实务界并未刻意区分问题银行处置、破产、退出等程序。因各个国家和地区的立法不同，往往混用各类处置措施。总结各国家和地区的实践，权责机关对问题银行一般是尽力救助；若救助无望，就使其退出市场。两阶段所采取的措施有不同目的，也有不同特点。本书据此将问题银行处置划分为救助与市场退出两部分，认为问题银行救助目的在于尽力恢复银行正常经营状态。

制。梳理股东救助问题银行的法理与制度,有助于反思与重构我国相关法律制度,探讨优化问题银行救助制度的路径。

一、救助问题银行的目标与原则

针对金融危机中暴露的“大而不倒”问题,国际组织建议完善问题银行救助机制。国际准则和各国法律督促股东等主体积极救助问题银行,使问题银行尽快恢复常态。

(一)主要目标

在问题银行救助阶段,银行危机尚未达到不可救药的地步。相关方通过一系列公私法规制措施,督促股东等主体尽力救助银行,尽可能恢复银行的稳健和安全经营。问题银行救助的主要目标不同于一般企业,更强调公共利益,股东、债权人权益等私人利益要让位于公共利益。尽管国际准则和各国立法对问题银行救助目标存在表述差异,但都更注重实现宏观层面的目标。[①] 其中,IMF 和世界银行(World Bank)强调银行救助的主要目标是维护金融系统稳定,具体表现为支付系统和清算系统的平稳运转、保护公众存款及维持信用中介功能。[②] 救助问题银行不是救助某家银行,而是维护公共利益、防范系统性风险、保障银行关键服务。

(二)基本原则

各国立法以国际组织的指导性原则为参照,普遍遵循最小成本处置、市场力量救助优先、股东优先分担风险和适度保护股东正当利益等原则。[③]

1. 最小成本处置

在问题银行救助中,被救助的银行有恢复常态的希望,股东及其他市场力量因救助银行所获收益较大,优先适用市场化救助使得处置收益接近于 C_s,所耗费的处置成本接近于 V_g。权责机关、市场主体都有动力实

---

① 参见伏军:《危机银行处置:原理、制度与方法》,法律出版社 2018 年版,第 35 ~ 36 页。

② See IMF, World Bank, *An Overview of the Legal, Institutional, and Regulatory Framework for Bank Insolvency*, 2009, p. 16.

③ 参见伏军:《危机银行处置:原理、制度与方法》,法律出版社 2018 年版,第 45 页。

施救助。权责机关要比较救助银行与其破产的成本与收益,权衡股东等私人利益与公共利益,采取对股东权益影响最小、成本最小的救助方式。

2. 市场力量救助优先

市场力量救助优先是银行救助中最普遍的原则之一,该原则要求救助问题银行所需资金应尽量来自市场或股东,优先选择适用股东注资、自救债、购买和承接交易、债转股等方式。[①] 通过适用市场化救助,有助于减少财政资金的浪费,保护纳税人利益;将行政干预减少到最低限度,保持股东的权益不受处置机构的不当干预;尽量避免行政救助的自由擅断,避免公共救助造成的不公平。

3. 股东优先分担风险

FSB 倡导对问题银行的救助要遵循债权人顺位,股东应当首先吸收损失,次级债债权人优先于其他债权人冲销债权;对债权的冲销应符合"没有债权人比清算中更糟"(No Creditor Worse off than in Liquidation)的要求。[②] 欧盟立法、美国"有序处置"等法律制度中也体现了类似要求,增强了对纳税人利益的保护,强调股东和特定债权人的救助义务和责任。当不能通过纠正措施解决银行问题时,就以股东权冲销银行损失,要求股东追加投资弥补损失。既体现了投资者承担风险的原理,降低了股东权的经济价值,也突破了公司法上的有限责任,呈现股东责任加重的特点。此外,股东还应履行积极救助义务,使问题银行尽快恢复常态。

4. 适度保护股东正当利益

问题银行救助虽以维护公共利益和防范系统性风险为优位,但仍应注意保护股东、特定债权人的合法权益。股东参与市场救助时,依照顺位优先分担损失,并不意味着股东需要无休止地追加投资,其额外注资只是增加了额度,使被救助的问题银行恢复到安全与稳健的监管资本最低要求即可。有观点认为,股东承担补充资金的额度可以结合该银行进入风

---

① See BCBS, *Guidelines for Identifying and Dealing with Weak Banks*, July 2015, p. 45.

② See FSB, *Key Attributes of Effective Resolution Regimes for Financial Institutions*, October 15, 2014, Art. 5. 1 and 5. 2, p. 11.

险处置前12个月的平均股价与机构相关性进行量化，[①]并未由此转变为无限责任。当权责机关实施早期纠正、行政干预救助时，应当严格遵循法定程序和权限，采取对股东权益侵害最小的救助措施。倘若救助不仅使问题银行恢复常态，还获取了额外收益，股东有权获得救助收益作为补偿。

二、问题银行救助制度的比较分析

国际金融危机以后，国际组织倡导以早期干预、恢复和处置等作为主要救助措施。欧美国家借鉴国际最佳实践，完善了原有的银行救助制度，对市场救助和行政干预作出不同的制度安排。

（一）立法体例

各国问题银行救助制度以解决“大而不倒”问题为核心，呈现多元化、多层次的特点。以存款保险机构是否为重点，各国相关制度可被分为一般法和特别法模式。

1. 一般法模式

欧盟及其成员方具有多层次的问题银行救助法，以欧盟法与国内法、一般法与特别法相结合。欧盟层面立法主要是《单一处置机制条例》（Single Resolution Mechanism Regulation，SRMR）、《银行恢复和处置指令》（Bank Recovery and Resolution Directive，BRRD），形成了法律、决定与一般规范相结合的体系。其中，BRRD规定了较为详尽的市场救助与行政干预措施、适用程序，市场救助一般采取自救（Bail-in）、债转股、购买与承接交易、过渡银行和资产剥离等手段；[②]公共资金救助包括央行流动性支持、政府担保及政府注资等手段。[③] 各成员方直接适用或以一般法、特别法转化适用欧盟法。其中，德国修订了《银行法》《破产法》，协调国内法与欧盟法的冲突，在《2014年恢复与处置法》中规定了各类银行市场

① 参见常健、王清粤：《系统重要性金融机构有限责任制度的修正：基本理论和制度建构》，载《上海财经大学学报》2023年第1期。

② See BRRD, Art. 37.3.

③ See BRRD, Art. 32.4 (d).

救助措施,行政干预措施主要适用一般法,《2008年金融市场稳定基金法》中规定了临时国有化措施。在英国《2009年银行法》的“特别处置机制”中,购买和承接交易、过渡银行、临时国有化等属于银行稳定措施;行政干预措施被规定在银行管理程序中。权责机关主要监督、引导与支持市场救助,很少采取强制性干预手段。英国法上有国家贷款基金、统一基金、“财务扶持”等公共资金救助方式。[①]

2. 特别法模式

美国以FDIC处置为核心,由FDIC主导问题银行救助。OCC或美联储可任命FDIC为管理人或接管人,必要时参与问题银行救助。其救助制度具有分散、多元的特点,权责机关制定监管条例和规则,细化具体措施适用程序。按照FDIA、《金融机构改革、复兴与实施法》(Financial Institutions Reform, Recovery, and Enforcement Act, FIRREA)等法律,FDIC优先采取市场救助措施,更多采用购买和承接交易的措施,也适时采用过渡银行、资产剥离等措施。《多德·弗兰克法案》优化了问题银行救助制度,FDIC可根据该法案向银行提供担保或注资;美联储可依照修订的《联邦储备法》向银行提供流动性支持。

(二)主要机制

按照FSB的KAs与识别问题银行的相关指引和各国法律规则,问题银行救助机制可分为早期纠正、市场救助和行政干预等机制。

1. 早期纠正机制

监管机构根据资本监管指标,对不符合指标的问题银行提出纠正要求,督促银行高级经理人、股东等主体尽快消除风险隐患,确保银行的安全与稳健经营,避免进入正式处置程序。监管机构根据银行资本状况实施逐渐强化的纠正措施,一般很少介入公司治理结构,对股东权限制较少。

2. 市场救助机制

当监管机构的早期纠正无法解决银行问题时,银行、股东等主体应采

---

① See Banking Act 2009 of the United Kingdom, Section 228, 229.

取市场化手段处理银行风险。其中,银行要接受权责机关的评估、审查与监督,根据监管要求启动恢复计划,并根据银行经营和风险状况进行动态调整。自我救助机制采取减记、转股或注资方式吸收损失,股东、债权人依次分担银行损失,为问题银行注入额外资本,提升银行资本充足率水平。在外部救助机制中,权责机关虽介入问题银行的公司治理,但仅以购买和承接交易、资产剥离等市场化方式处置。市场救助中,权责机关鼓励银行自我救助,只负责对自救条款、重组协议等进行必要的审查与监督,引导和监督行业救助,防范救助中的不正当竞争、垄断等违法违规行为。可见,权责机关一般不干涉银行自我救助,仅在外部救助中发挥必要的强制作用。

3. 行政干预机制

市场救助失败后或银行面临较严重问题时,权责机关将逐步深入干预救助银行,[①]以控制管理、全面控制和公共救助等方式处置问题银行。[②]在控制管理中,权责机关担任或任命控制人、临时管理人,对问题银行进行不同程度的管理。全面控制主要包括接管和国有化。权责机关实施接管时,控制了问题银行的资产和管理;政府实施国有化时,成为问题银行的参股股东、控股股东或唯一股东。公共救助包括央行向问题银行提供紧急贷款等流动性支持,也包括财政部发行国债、担保、注资等。权责机关的行政干预随着银行风险的增大逐步强化,接管和国有化对问题银行公司治理影响甚深,公共救助以银行自救、股东救助为必要条件。

(三)权力分配

为减少公权力的不当干预,使私法规制真正发挥作用,应当厘清不同权责机关在银行救助中的职权范围和作用。

1. 不同阶段的权力分配

救助的前置程序以资本监管为主。随着银行危机的深化,仅进行资

① 权责机关有权单独或同时适用市场救助或行政干预救助的手段。See BCBS, *Key Attributes of Effective Resolution Regimes for Financial Institution*, 2014, p. 9, Art. 3. 8.

② 控制管理包括受控制的管理、临时管理。按照艾娃·胡普凯斯博士的观点,控制管理与控制资产是问题银行救助中的不同方法。控制资产主要是接管。在控制管理中,临时管理的规制程度要强于受控制的管理。笔者以全面控制概括接管和国有化,两类措施的共性是权责机关都控制了问题银行的经营管理和资产。

本监管作用越来越小，监管机构需要逐步实施市场救助和行政干预，其他权责机关也逐步介入问题银行的救助，在不同阶段发挥不同作用。在早期纠正阶段，监管机构依照审慎监管职责，根据银行自有资本状况等指标规制股东行为，要求银行、股东采取相应的纠正措施，消除银行的风险隐患。这种规制效力源于监管权，监管机构依法定程序和法定权限行使自由裁量权，对银行资本状况进行定性和定量分析，可决定是否对问题银行进行处置，决定是否直接撤销该银行或实施破产清算。在市场救助阶段，银行公司治理机制在自我救助中发挥主要作用，权责机关一般不介入。外部救助机制以市场化方式运作，权责机关主导或参与救助，干预购买和承接交易、资产剥离等过程，发挥促成交易、监控交易风险等作用。权责机关应以促成救助交易为导向，不宜过多地实施强制措施。当实施行政干预时，监管机构、处置机构、财政部门等权责机关都将逐步介入救助。其中监管机构在控制管理、全面控制措施中起主导作用，有权任命临时管理人、接管人，监督银行的管理或资产。财政部门将主导国有化、公共资金援助等措施，但不宜过多地干预银行的正常经营。央行将以最后贷款人身份提供流动性支持。在对 SIB 的行政干预中，由监管机构、央行、处置机构等权责机关组成危机管理小组（Crisis Management Group，CMG），负责跨境处置、沟通协调等事宜，各机关应按照各自职责协同救助银行。[①]

2. 权责机关的权力分配

问题银行的救助以使银行恢复常态为目的，各权责机关的权力分配以尽力救助、适度干预为导向，因立法体例不同呈现出不同特点。在单一监管体制中，监管机构应根据法定权限和程序行使监管权和处置权。在多元监管体制下，宏观监管机构、微观监管机构、处置机构依照相关法律，按照各自职能行使相应的权力。监管机构以审慎监管为核心，以防控系统性风险为导向，对恢复机制、处置机制也享有必要的审查和监督权力，对问题银行实施持续监管、早期纠正。存款保险机构等处置机构以救助

① See BCBS, *Key Attributes of Effective Resolution Regimes for Financial Institution*, 2014, p. 14.

问题银行为核心，享有评估可处置性、救济银行等权力。在银行救助中，被授权机构有资产管理公司、坏账银行或过渡银行等，它们都是监管机构或处置机构的代理人，应在授权范围内行使相关权力。监管机构和处置机构都享有对委托授权事项实施情况的监督权力。

（四）运作流程

《问题银行识别与处理的指引》（以下简称《指引》）提出，按照问题银行演变趋势，实施早期纠正、内部救助和处置、破产、退出等措施。[①] 在问题银行救助中，各运作机制分为以下阶段，见图 3－1。[②]

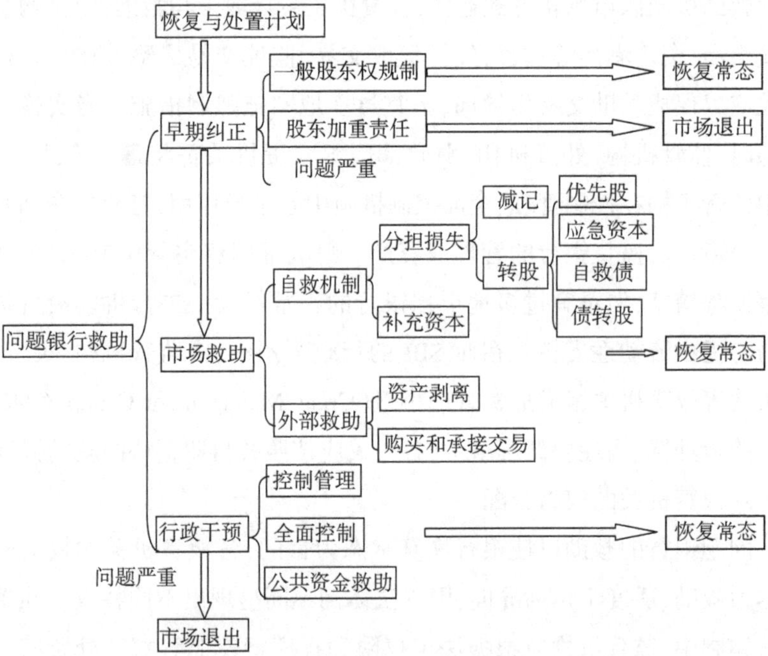

图 3－1　问题银行救助流程

① See FSB, *Guidelines for Identifying and Dealing with Weak Banks*, July, 2015, p. 1, Art. 1.

② 值得注意的是，这几个机制并非完全是前后相继的关系，而应根据问题银行的严重性适用不同的机制，单独或结合使用不同机制救助银行。

1. 准备阶段:制定"生前遗嘱"

SIB在正常经营阶段,按照监管机构要求提交RRP;民营银行需要在设立或经营阶段提交该计划。[①] 股东等主体通过提前准备和计划,确保银行采取具体可行的恢复与处置措施,承担较多的救助和处置责任,减少系统性风险的影响,维护关键金融服务功能与金融稳定。监管机构评估和审查RRP,督促银行定期更新相关计划,以便银行防范和应对风险和危机。

2. 前置程序:实施早期纠正

在银行出现风险苗头或存在潜在问题时,监管机构根据银行资本状况,要求银行采取相应措施及时遏制经营困难,使银行的资本和流动性恢复常态。监管机构享有必要的自由裁量权,有权要求银行替换高级经理人,限制股东的人事任命权等治理权;[②]也可要求股东协助补充银行资本,承担较多的额外义务。

3. 市场救助:促使恢复常态

根据银行监管指标和风险状况,首先银行恢复计划将会被触发,高级经理人应采取相关措施。银行应及时报告采取恢复措施的情况,权责机关可实施必要的援助。根据银行风险或危机程度,可单独运用或并用应急资本、自救债、资产并购等方式进行救助。

4. 行政干预:最后救济手段

市场救济失灵后,权责机关将干预问题银行救助。根据银行危机的严重程度,监管机构进行成本收益分析,尽可能使用最小成本救助银行。若银行危机尚未达到特别严重的程度,权责机关在实施控制管理、全面控制后,也可采取购买和承接交易、过渡银行等方式,转移问题银行的良好资产,将劣质资产出售给市场。若银行危机特别严重,破产倒闭将产生系统性影响,则需要央行提供流动性支持,财政部提供财政资金援助或对问

---

① 《中国银监会关于民营银行监管的指导意见》"五、(四)"。

② See Kern Alexander, *Bank Resolution Regimes: Balancing Prudential Regulation and Shareholder Rights*, The Journal of Corporate Law Studies, Vol. 9(1):197, p. 197 – 227 (2009).

题银行国有化。

三、问题银行救助中的股东

当问题银行处于救助阶段时,银行公司治理机制仍发挥较大作用。股东虽受到不同规制,却仍享有较多权利,在其中发挥一定作用。

(一)股东的法律地位

在问题银行救助阶段,银行股东权受到一定程度的限制。尽管银行股东较一般公司股东受到更多的规制,但法律仍以保护股东权为导向。

1. 股东地位:以救助与正常经营时比较

在银行正常经营期间,股东依法享有和行使财产权和治理权,行使治理权最终是为了获取财产收益,两类权利是手段和目的的关系。[①] 股东必须在银行的公司治理机制中行使各项权利,其投资、持股、转让股份等活动被严格监管,其谋利动机受到银行安全与稳健经营目标的制约。当银行进入救助阶段时,应对股东权施以必要规制。在市场救助中,股东的财产权和治理权逐渐分离。股东先丧失诸多财产权,并逐步丧失表决权、决策权等权利。不同措施对股东权规制的强度不同,但股东仍享有知情权,其合法、必要的权益不受侵害。规制股东权的主要目的是保障存款人利益和债权人利益,防范大股东利用优势地位损害其他相关者的权益。

2. 股东权规制:权利受到一定限制

银行救助中实施股东权规制,以防范股东过度冒险和督促股东救助银行为目的,使股东的财产权、治理权和诉讼权受一定程度的限制。

(1)股东的财产权受一定限制。股东请求分配投资收益的权利受限制,甚至不得请求分配投资收益。[②] 特定股东的权益转让会受到一定限

---

① 参见郑志斌、张婷:《公司重整制度中的股东权益问题》,北京大学出版社 2012 年版,第 31 页。

② 《企业破产法》第 77 条第 1 款:在重整期间,债务人的出资人不得请求投资收益分配。我国银行的破产重整目前仍适用一般法模式,《商业银行法》等法律法规未作出特别规定的事项,应当适用《企业破产法》。问题银行处置程序与一般企业的重整有一定相似性,应当适用该条款规定,但对股东请求分配投资收益权利的限制程度应视处置措施而定。

制,控股股东可能会被强制转让股权。[①]

(2)股东的治理权受一定限制。在早期纠正阶段,银行资本状况较好时,股东治理权受限制不多;当银行资本不足或资本严重不足时,股东的表决权、薪酬决定权等权利都会受到限制。在银行救助过程中,股东的表决权、提名权、提案权、处分权等治理权受到限制。[②] 在市场救助和行政干预阶段,股东的治理权受到不同程度的限制,甚至被撤销或全面中止。

(3)股东的诉讼权受一定限制。银行救助制度并未限制股东的诉讼权,股东维权诉讼并不因问题银行的救助受到影响。股东可针对股东权规制行为起诉权责机关。但股东起诉受 RRP、救助协议的约束,其中的资本维持承诺、救助条款、触发事件已表明股东意志,表明股东自愿被限制权利或承担加重责任,不应以权利受侵害为由滥用救济权。

3. 股东在问题银行救助中的权利

当问题银行处于救助阶段时,股东具有自利和利他的动机,担忧其投资收益受损情况,关注问题银行救助对其权利的影响。国际准则和各国救助制度要求,股东首先应分担损失、承担注资义务,但股东仍享有一些权利。

(1)参与权。银行救助对股东利益有重大影响,股东一般会参与银行救助,在一些事务中享有发言权。按照国际最佳实践,SIB 的控股股东或主要股东以书面方式承诺救助,参与制定 RRP。我国《企业破产法》仅规定了出资人代表参与债权人会议,讨论重整计划草案,[③]银行救助措施对股东权益影响甚大,控股股东或主要股东理应参与相关事务。我国民

---

① 根据《商业银行股权管理暂行办法》第 48 条,银行监管部门可根据《银行业监督管理法》第 37 条责令控股股东转让股权。

② 《商业银行股权管理暂行办法》第 48 条第 11 项规定,股东等主体不配合银行监管部门开展风险处置的,银行监管部门可根据《银行业监督管理法》第 37 条限制股东参与银行经营管理的权利。

③ 《企业破产法》第 85 条第 1 款:债务人的出资人代表可以列席讨论重整计划草案的债权人会议。

营银行的发起人应依照监管要求参与银行救助。[①]

(2)知情权。国际准则中的透明度原则要求权责机关披露相关信息,[②]社会公众、股东、高级经理人等主体有权知悉相关措施。我国法律规定股东可作为重整程序参与人,享有对重整程序的知情权。我国《金融稳定法(草案)》已明确了权责机关的信息披露义务。随着我国不断完善问题银行处置制度,我国将进一步规范银行救助信息披露机制。[③] 股东可通过查询文件、现场咨询、会议质询等方式知悉和了解银行救助情况。上市银行按照《证券法》(2019 年修订)及相关要求披露重整信息,其股东可以了解公开披露的信息。

(3)表决权。监管机构、处置机构有权限制股东的表决权,但并不完全剥夺其表决权。在实施市场化救助时,股东的财产权被稀释,所附着的表决权随之弱化,[④]或者受到 RRP 等约定的限制,只对个别事项享有表决权。我国法律规定了股东行使特定表决权的条件。股东只能参与出资人组的事项,仅对重整计划草案中涉及出资人权益调整的事项进行表决。[⑤]

(4)监督权。股东作为银行救助中最主要的利害关系人,有权关注救助措施对其合法权益的影响,也有权监督权责机关的规制行为,确保规制行为的合法性、合理性和程序正当性。我国法律将股东视为"重整计划的利害关系人"之一。股东有权查阅管理人报告,申请法院裁定终止执行重整计划。[⑥] 股东可监督银行管理人及银行执行重整计划的情况。若银

① 参见《关于民营银行监管的指导意见》"五(二)、(四)"。

② See BCBS, *Guidelines for Identifying and Dealing with Weak Banks*, July 2015, p. 7.

③ 按照《金融稳定法(草案)》第 9 条规定,披露主体主要是金融管理部门和各地政府,披露信息公开金融风险防范、化解和处置有关信息。这些信息当然包括问题银行救助信息。

④ See European Banking Authority, *Final Guidelines on the Treatment of Shareholders in Bail-in or the Write-down and Conversion of Capital Instruments*, April 2017, p. 7.

⑤ 《企业破产法》第 85 条第 2 款:重整计划草案涉及出资人权益调整事项的,应当设出资人组,对该事项进行表决。

⑥ 《企业破产法》第 91 条第 2 款:管理人向人民法院提交的监督报告,重整计划的利害关系人有权查阅。该法第 93 条第 1 款:债务人不能执行或者不执行重整计划的,人民法院经管理人或者利害关系人请求,应当裁定终止重整计划的执行,并宣告债务人破产。

行不执行或不能执行重整计划，股东也有权申请终止执行，使银行进入破产清算程序。

(二)股东救助问题银行的条件

股东参与问题银行救助可以依据约定条件或法定条件，具体救助方式取决于法律制度、协助方式等因素。

1. 股东约定的救助条件

约定并非完全是股东的意思自治，该约定经监管机构审核、修订，体现了一定的权责机关意志。在实践中，发起人、主要股东等一般在发起人协议、RRP或公司章程中进行约定，明确股东参与银行救助的条件、程序和措施。监管机构或处置机构将会审核相关内容，对大股东权利进行相应调整。如华瑞银行发起人在协议中承诺，配合该行制定和实施RRP，配合监管机构开展风险处置，支持银行处置的各项措施。同时，还承诺以自有资金承担因该行经营失败产生的剩余风险赔付责任。[①] 国外权责机关也要求大股东进行书面承诺。如富国银行、摩根士丹利等金融集团需按美联储、FDIC要求，定期提交RRP，承诺救助附属银行的方式、额度等内容。

2. 股东救助的法定条件

(1)国外法定条件的明确与模糊。美国《金融服务现代化法》《多德·弗兰克法案》明确，当参保银行资本不足时，适用“资本维持承诺”[②]“力量源泉”等制定法规则。FIRREA规定，参保银行资本不足、使FDIC遭受损失时，适用“交叉担保”规则。[③] FDICIA根据骆驼评级体系，对资本不足、严重不足或根本不足的银行适用PCA或资本回复等规则。美国在制定法中规定适用条件，在判例法和监管规则中阐释条件适用的要素

---

① 参见颜剑：《首家民营银行发起人协议：三年内监管不达标不分红　有义务持续注资》，载上海证券报官方网站2014年11月13日，http://news.cnstock.com/news,bwkx-201411-3242205.htm。

② 12 U.S.C. 1467a(e).

③ 参见姜立文：《美国金融控股公司加重责任制度研究与启示》，载《环球法律评论》2006年第6期。

和程序。在欧盟,BRRD 规定了金融集团成员机构陷入流动性危机时,其初始股东、母公司或控股公司参与救助的条件。[①] 俄罗斯《信贷机构破产法》规定,信贷机构濒临破产时,股东应救助银行。[②] 可见,股东救助银行的法定条件因各国立法而异,明确了具体适用情形,又预留了权责机关自由裁量的空间,保持了法定条件的明确性和适度弹性。

(2)我国法定条件的原则性。我国提出了关于股东救助银行、资本补充工具的监管要求。其中,规章和规范性文件要求股东配合处置银行风险、[③]SIB 优先使用股东资金救助,[④]政策文件要求强化国有重点银行股东自我救助责任。[⑤] 目前相关要求效力位阶较低,可操作性不强,对股东缺少约束力和指引性,尚需转化为更加明确、具体的制度。

四、优化股东救助问题银行制度

我国制定了接管、RRP、风险处置等救助制度,以规章和规范性文件居多,存在法律规范不协调、效力层次较低等问题,总体上滞后于国际最佳实践。我国仍需完善股东救助问题银行的激励与约束机制。

(一)现状:股东救助机制不完善

长期以来,我国并不存在对问题银行实施救助的理念和制度。随着银行股份制改革和银行监管改革的推进,我国逐步完善银行市场救助、行政干预等机制。现行制度对股东救助问题银行的督促作用不强。

1. 恢复与处置计划(RRP)

2021 年出台的《银行保险机构恢复和处置计划实施暂行办法》,对所有银行提出制定 RRP 的要求。《商业银行法(修改建议稿)》却只要求

---

① See BRRD, Art. 19.5(a) (b), Art. 19.6, Art. 19.7, and Art. 21.

② 参见俄罗斯《信贷机构破产法》第 7 条、第 8 条。

③ 《商业银行股权管理暂行办法》第 24 条中的"风险处置"应当包括股东救助银行的情形。

④ 《关于完善系统重要性金融机构监管的指导意见》提出,在运用处置资金时,应优先使用自有资金或以市场化渠道筹集资金,应优先使用股东注资救助等方式。

⑤ 《关于完善国有金融资本管理的指导意见》要求,强化国有银行股东自我救助责任是健全国有金融资本基础管理制度的重点之一。

SIB 制定 RRP。[①] 相关规范性文件对不同银行和股东提出了相应要求。金融控股公司需提交整个集团的 RRP,[②]SIB 需提交并定期更新 RRP。[③] 民营银行的发起人要提交合法可行的 RRP,相关指导意见还要求强化股东责任。[④] 中央政策文件分别要求国有重点金融机构、[⑤]其他金融机构及其控股企业进行自我救助。[⑥] 针对各类银行均规定了 RRP 模板、具体流程、审定程序、更新周期等事项,对 SIB 的要求更加严格。

2. 银行风险处置机制

第一,银行风险处置的架构。权责机关采纳了国际组织的政策建议,以规范性文件完善对 SIFIs 的监管,提出由 CMG 负责评估 SIB 的可处置性、处置计划,明确处置原则及跨境处置合作等事宜。[⑦] 第二,救助与干预的权力分配。《中国人民银行法》明确,人民银行具有防范和化解系统性风险、维护金融稳定的权力与职责,可向金融机构发放支持流动性的特种贷款。[⑧]《银行业监督管理法》赋予监管机构对银行的监管和接管、破产等权力。《存款保险条例》赋予存款保险机构处置风险的权力。第三,风险预警、防范和化解机制。《银行业监督管理法》规定监管机构应建立银行业风险预警机制,《商业银行法》(2015 年修正)笼统地要求银行加强风险管理。针对 SIFIs、国有金融机构、其他金融机构及其控股企业,相关规范性文件分别提出了防控和化解风险的要求。第四,公共救助制度。《中国人民银行紧急贷款管理暂行办法》规定,人民银行对发生支付危机的银行提供紧急贷款,可对银行提出增加资金、自我救助、增资扩股、提供

① 2020 年 10 月 16 日,人民银行发布了起草的《中华人民共和国商业银行修改建议稿》,其第 104 条规定了系统重要性银行制定 RRP 的要求。

② 参见《金融控股公司监督管理试行办法》第 49 条。

③ 参见《关于完善系统重要性金融机构监管的指导意见》。

④ 参见《关于民营银行监管的指导意见》"五(四)"。

⑤ 参见《中共中央、国务院关于完善国有金融资本管理的指导意见》"十九"。

⑥ 《人民银行关于加强非金融企业投资金融机构监管的指导意见》。

⑦ 参见《关于完善系统重要性金融机构监管的指导意见》。

⑧ 参见《中国人民银行法》第 2 条。人民银行于 2020 年 11 月 16 日发布了《中国人民银行法(修订草案建议稿)》,其第 55 条第(5)项明确规定金融稳定贷款作为系统性金融风险处置措施之一。

担保等条件。[①] 全国人大常委会也曾批准财政部发行特别国债为国有银行注资。[②]

3. 银行接管制度

1998 年,我国正式建立了银行接管制度。当时我国仍实行"大一统"银行监管体制,由人民银行负责实施商业银行、城乡信用合作社的接管。接管的条件是金融机构已发生严重支付危机,其经营管理人员不履行处置责任,也缺少适格人员。[③] 2004 年,"一行三会"监管体制确立,改由原银监会负责银行监管。2018 年起,由原银保监会(现为国家金融监督管理总局)监管。依照《银行业监督管理法》的规定,监管机构在银行可能或已发生信用危机时实施接管。[④]《商业银行法》(2015 年修正)规定了接管的实施条件、实施和终止的程序,接管可在期限届满、并购、破产等情形下终止。[⑤] 包商银行的接管为我国完善问题银行接管制度积累了经验。

(二)完善:股东救助问题银行机制

股东应当优先救助问题银行,股东与其他相关者之间存在利益冲突与共同利益。良好的银行救助制度应当存异而求同,协调各相关者之间的关系,尽快促使问题银行恢复常态,这是构建股东救助问题银行各项机制时所要考虑的。

1. 选择适合国情的救助法模式

我国银行救助制度缺失,具体细节问题未能得到澄清,既为强势行政干预预留了很大空间,也容易形成政府隐性担保,助长股东等主体道德风险。在问题银行救助制度构建中,我国仍需面对协调政策化与法制化的

① 参见《中国人民银行紧急贷款管理暂行办法》第 3 条、第 5 条。

② 参见《全国人民代表大会常务委员会关于批准国务院提出的由财政部发行特别国债补充国有独资商业银行资本金的决议》。该决议强调了财政部发行特别国债补充国有银行资本的重要性,并对国有银行资本管理提出了原则性要求。值得注意的是,这次发行的特别国债并非银行救助措施。

③ 参见蔡军龙:《商业银行恢复和处置机制研究》,法律出版社 2016 年版,第 221~222 页。

④ 参见《银行业监督管理法》第 38 条。

⑤ 参见《商业银行法》第 64 条至第 68 条。《商业银行法(修改建议稿)》第 92 条至第 97 条明确了接管的条件与程序、接管组的职责等事项,完善了问题银行接管制度。

重大挑战。我国需要借鉴国际最佳实践，避免行政主导的“路径依赖”，减少用政策文件过度干预银行救助；整合、清理相关救助制度中的各项规定，删除规章和规范性文件中表述含糊的条文，结合股东异质性、股权多元化的特点设置差异化规则，形成完备的、可操作性强的银行救助法。银行救助法还应协调市场救助与行政干预之间的关系，以明确的法定权限和法定程序约束权责机关，厘清和分配监管机构、处置机构、央行、存款保险机构的处置权力，确保银行救助及股东权规制的合法性、合理性与合程序性。建立跨部门合作处置机制，保障公权力的适度介入，避免对股东权的不当规制。

2. 完善问题银行的有序救助体系

有序救助体系需厘清市场救助和行政干预的适用程序，优先采取股东救助等市场救助方式，严格限定公共救助的程序和条件。我国可借鉴欧美法规定银行救助的可处置性评估程序，明确权责机关应选取对市场、社会公众影响较小的救助措施，避免权责机关无条件、无节制地动用公共资金救助银行。我国的银行救助法可以采取一般法与特别法相结合的立法模式。在《商业银行风险处置条例》中规定一般适用程序，形成从早期纠正到行政干预的完备流程；在配套制度中明确 RRP、市场救助和行政干预等措施的启动条件，明确各项救助措施的适用范围、条件和程序，促使股东、高级经理人和债权人积极履行职责和义务。此外，还需针对不同银行的特点，制定个性化的救助制度。全球系统重要性银行（Global Systemically Important Bank，G-SIB）、国内系统重要性银行（Domestic Systemically Important Bank，D-SIB）应当按 RRP 约定的方式和程序，优先适用自我救助和市场救助方式，以银行、大股东首先实施自我救助为约束条件。股份制银行、中小银行的大股东应按“生前遗嘱”实施自我救助，对其可适用行政合同实施公共救助。

3. 厘清股东救助的权利、义务与责任

使问题银行恢复常态符合股东的利益诉求，但救助也会促使股东孤注一掷、谋取私利。大股东等相关者的利己行为会激化利益冲突，影响问题银行救助的效率。良好的制度应当激励股东积极救助，肯定股东的合法权益和利益诉求；完备的制度也应当约束股东的救助行为，合理分配股东的权利、义务与责任。应以恢复银行常态为导向，通过私法规制和公法规制，妥善调整股东与不同主体间的利益冲突，实现股东与相关者之间的利益平衡。在问题银行救助的具体安排中，要根据不同流程规定股东应承担的具体义务与责任。在市场救助中，股东的财产权受救助方式影响，以减记、转股、股权稀释等方式限制股东财产权。在实施行政干预时，股东的财产权受到相关措施的限制和调整。在自我救助中，股东享有一定的治理权；但因权责机关的逐步介入，股东在外部救助、国有化等救助方式中丧失了部分治理权，甚至完全丧失所有权利。与此同时，大股东还需按照权责机关的要求，适时承担注资或救助等加重责任。

第二节　对问题银行股东的早期纠正

早期纠正属于问题银行处置的前置程序，具有预防银行风险、防止风险扩大的功能。[①] 监管机构根据监管资本状况，采取限制股东权利、要求股东补足资本等措施使银行恢复常态。监管机构对股东权的规制呈现梯次性、渐进性，将分别影响股东的财产权和治理权，大股东需适时承担以补充资本为主的加重责任。我国的监管机构和存款保险机构都具有早期纠正权力，但仍需厘清两类纠正制度的关系，以完善的制度督促股东及时纠正。

一、问题银行的早期纠正

早期纠正是以资本补充率为核心的一类监管措施，旨在督促银行及

---

① 问题银行处置制度有广义和狭义之别，广义观点将早期纠正也纳入银行处置制度。在国际准则和各国立法中，BCBS、欧盟均采取狭义观点，认为早期纠正仍属于监管措施，银行在早期纠正阶段尚未进入处置程序。

股东及时补充资本，使银行在正式处置前尽快恢复常态。BCBS 建议，实施纠正措施应当满足符合监管目标、立即实施、高级经理人承诺、措施相称、标本兼治等原则。[①] 国内外监管机构都根据银行监管资本状况限制股东等主体的权利。

（一）基本概念解析

1. 早期纠正的法律属性

学术界和实务界对早期纠正的性质存有争议，有的将其纳入银行处置制度，但大多数将其视为银行监管措施。巴塞尔协议将监管机构的纠正权力纳入银行监管第二支柱。FSB、欧盟等国际组织相关指引均采取狭义观点。BCBS 将及时干预视为有效银行监管的核心原则之一，强调监管机构要具备一定的监管权力和纠正权力，在银行监管资本不符合标准时及时采取干预措施。[②] 本书认为，早期纠正与银行资本监管密切相关，监管机构根据监管指标识别问题银行，采取相应的纠正措施。由于纠正措施涉及银行自我救助等措施，不宜将其完全排除在救助程序外，可将其视为救助的前置程序。

2. 早期纠正与银行救助的关系

早期纠正与救助程序具有较强关联性，存在承前启后的关系，[③]也会采取股东权限制措施，但二者存在明显的区别。首先，实施主体不同。早期纠正可由监管机构或具有监管权的处置机构实施，如英国审慎监管局、德国联邦金融管理局等。银行救助涉及监管机构、央行及财政部门等不同的权责机关。其次，法律性质不同。早期纠正仍是审慎监管措施，充其量是问题银行处置的前置程序；救助程序则属于问题银行处置制度。最后，规制对象不尽相同。早期纠正和救助规制的对象虽都是问题银行及其股东，但前者适用于资本状况初现问题的银行，后者适用于纠正不见起效的银行，亦即持续陷入困境的银行。

---

① See BCBS, *Guidelines for Identifying and Dealing with Weak Banks*, 2015, p. 6 – 7.

② See BCBS, *Core Principles for Effective Banking Supervision*, 2006, p. 5.

③ 参见伏军：《危机银行处置：原理、制度与方法》，法律出版社 2018 年版，第 136 页。

(二)适用条件

各国标准的明确程度不同,规定了股东权早期纠正的认定标准与适用条件。

1. 早期纠正的明确标准

有的立法明确规定了适用特定纠正措施的具体情形,如欧盟 BRRD 明确规定了早期干预措施,荷兰《信贷机构监管法》明确了纠正权力、具体措施等内容,①还有的国家采取量化的适用标准。这种体例明确划定了监管机构自由裁量权的边界,却存在难以囊括具体适用情形的劣势。

在具体适用情形的判断上,有的国家确定了监管指标的法定阈值,②一旦监管指标达到相应阈值,就会触发纠正行动,限制相应的股东权利。如在美国法中,FDIC 根据骆驼评级体系的"五级资本"监管框架,对"资本不足"、"资本明显不足"和"资本严重不足"的问题银行,依照资本状况实施越来越严的纠正措施,③结合银行总资本风险资产比率、核心资本风险资产比率和资本杠杆率等指标综合判断。④ 日本主要依据银行自有资本的资本充足率判断。欧盟法中虽未明确法定阈值,但规定以杠杆率增加、不良贷款增多或集中度风险敞口等指标,作为判断银行财务状况恶化、触发早期纠正的具体指标。⑤ 德国法则明确规定"特别状态"标准,结合量化指标与裁量指标进行判断,所依据情形包括自有资本不足、流动性

---

① 荷兰《信贷机构监管法》第 28(1)条规定了实施纠正权力的法定情形和裁量情形。法定情形是银行不遵守有关银行偿付能力、流动性或经营管理等制度或监管措施,裁量情形是监管机构发现并判断银行存在演变的迹象,即其偿债能力或流动性处于或可能处于危急之中。See Tobias M. C. Asser, *Legal Aspects of Regulatory Treatment of Banks in Distress*, IMF, 2001, p. 73.

② 监管指标的法定阈值主要根据资本充足率判断的。其中:银行资本良好银行的资本充足率分别大于或等于 10%、6% 和 5%,资本充足的资本充足率分别大于或等于 8%、4% 和 4%,资本不足银行的资本充足率大于或等于 6%、3% 和 3%,资本显著不足银行的资本充足率为小于 6%、3% 和 3%,资本严重不足银行的资本充足率为大于或等于 2%。

③ 参见郑晖:《及时纠正措施:基于比较视角的研究》,载《国际金融研究》2008 年第 3 期。

④ See 12 U. S. C. § 1831p - 1, 12 C. F. R. 30.

⑤ See BRRD, Article 27. 1.

不足、组织机构不符合法定要求、银行处于危机状态。[①]

2. 早期纠正的宽泛标准

采取宽泛标准的立法例一般把普遍理由作为判定标准，如银行公司治理问题、财务问题及公共利益等。比利时银行法规定了很宽泛的理由，如果银行经营管理违反银行法律、监管法规和规范就应适用纠正措施。[②]有的国家法律赋予监管机构很大的自由裁量权，如加拿大《银行法》规定，银行及其相关者正在从事或将要从事"不安全或不稳健"行为时，[③]监管机构就可适用纠正行动。这种体例简便易行、适用灵活，更适于及时、有效救助，却存在权力界定模糊等缺陷。

二、纠正措施与股东加重责任

监管机构在实施早期纠正时，依法对银行股东权采取相应规制措施。BCBS 建议采取加强银行监督、限制支付股息、要求准备和实施资本回复计划、增加额外资本等措施。[④] 监管机构对股东的早期纠正不仅包括限制权利，也包括以补充资本为主的加重责任。

（一）股东纠正措施的比较分析

早期纠正措施对股东财产权、治理权均有限制，涉及监督、决策等股东职责与权利的诸多方面。[⑤] 按照国际准则和国内外立法，监管机构享有权力，对股东裁量适用不同的纠正措施。

---

① 参见伏军：《危机银行处置：原理、制度与方法》，法律出版社 2018 年版，第 140 页。

② 在比利时法律中，银行经营管理违法情形包括三类。一是银行的管理措施或财务头寸可能影响其承诺的履行。二是不能为其偿债能力、流动性或营利性提供充分担保。三是管理机构、公司行政程序和会计程序或内控制度存在严重缺陷。可将这些规定概括为信用风险、运营风险、管理或内控风险，都属于需要监管机构结合具体情势自由裁量的情形。See Tobias M. C. Asser, *Legal Aspects of Regulatory Treatment of Banks in Distress*, IMF, 2001, p. 73.

③ See Tobias M. C. Asser, *Legal Aspects of Regulatory Treatment of Banks in Distress*, IMF, 2001, p. 74.

④ See BCBS, *The New Basel Capital Accord*, April 2003, p. 144.

⑤ See BCBS, *Guidelines for Identifying and Dealing with Weak Banks*, July 2015, p. 30 – 31.

1. 自由裁量之比较

BCBS 倡导监管机构在早期纠正中的自由裁量权,[①]监管机构不仅可中止股东表决权等权利,也能限制或禁止向股东分配股息或红利,限制或禁止股东退出,影响股东参与决策权等权利;股东或新投资者要补充资本,稀释原有股权,使股权结构发生变化,进而影响银行的公司治理。

监管机构的自由裁量权对股东权益影响较大,应当明确股东权规制的适用条件。在国内外制度与实践中,监管机构行使自由裁量权的方式各异,存在选择性适用、弹性适用和约束性适用等体例。其中,欧盟法授权成员方根据国情选择启动条件,确立了对 SIBs 早期纠正的硬条件、软条件和二者结合等触发条件。[②] 监管机构可依照《资本要求指令》,选择以软条件为依据启动纠正程序。监管机构可以选择硬条件,以资本充足率、流动性等偿付能力指标为据,一旦触发相关指标的临界值,就启动纠正程序。监管机构还可选择二者结合的方式,以自主评估与定量的触发条件判断是否启动纠正程序。美国 FDIC 等监管机构根据银行资本状况,区分情形适用强制性矫正措施和裁量性矫正措施。英国《2009 年银行法》赋予审慎监管局早期干预权力,但该权力受英格兰银行、金融政策委员会和财政部的监督。[③] 美国法授权 FDIC 实施早期干预具有适度弹性,为我国、日本、韩国等国家和地区所借鉴。

2. 具体纠正措施之比较

监管机构的自由裁量权因立法体例不同而不同,所采取的早期纠正措施对股东权的规制程度不同。

(1)选择性裁量中的纠正措施。BRRD 等欧盟立法规定,成员方监管机构被赋予选择性权力,有权根据银行财务状况,要求召开股东会表决恢

① See BCBS, *Guidelines for Identifying and Dealing with Weak Banks*, July 2015, p. 6.

② See BRRD, Art. 27.

③ 参见郭金良:《系统重要性金融机构危机市场化处置法律制度研究》,辽宁大学 2014 年博士学位论文,第 92 ~ 96 页。

复计划、撤换不合格管理层或高级经理人、调整经营战略等，①将会影响和限制股东的参与权、表决权、任命权等治理权。德国《2014 年银行法》则区分具体情形，限制股东资产收益权、治理权等，甚至限制或终止股东的所有权利。②

（2）量化裁量中的纠正措施。表 3－1 至表 3－3 总结了美国、日本和我国早期纠正的适用条件与规制措施。其中，美国法赋予 FDIC 一定自由裁量权，保持了监管机构的权威性和弹性，给各类股东明确的指引和正向激励。FDIC 在实践中多采取通知、协议等方式，要求银行控股公司及其他附属银行提供担保等。这种量化判断标准、弹性裁量的做法为多国法律借鉴，有助于遏制股东的道德风险，促使股东监督和参与银行经营管理。

表 3－1　美国 PCA 中的股东权规制措施

资本类型[1]	纠正措施、股东权规制措施			
	强制性矫正措施	规制行为	裁量性矫正措施	规制行为
资本良好	禁止银行从事有“资本不足”之虞的资本分配	大股东资产收益权受影响	银行或业务不安全、不稳健，可降格至“资本充足”	若被降格，大股东需要履行补充资本承诺；其决策权受影响
资本充足	—	—	银行或业务不安全、不稳健，可适用“资本不足”的强制性矫正措施	大股东承诺补充资本；其重大决策权受影响
资本不足	提交资本补充计划、资产规模增长限制、收购兼并限制	发起人、控股股东等主体应当作出补充资本承诺；重大决策权受影响	必要时，采取“资本明显不足”的强制性矫正措施	若采取相关措施，大股东股权会被稀释，决策权受影响

① See BRRD, Art. 27. 1 (a), (b), (d) and (f).

② 参见伏军：《危机银行处置：原理、制度与方法》，法律出版社 2018 年版，第 140 页。

续表

资本类型	纠正措施、股东权规制措施			
	强制性矫正措施	规制行为	裁量性矫正措施	规制行为
资本明显不足	提交资本补充计划，未能提交，将被出售股权或被其控股公司收购；限制其与附属机构之间的交易；限制银行资产增长或减少资产等	股东权被稀释，大股东关联交易受影响，大股东决策权受影响	必要时，采取"资本严重不足"的强制性矫正措施	若采取接管等处置措施，则大股东重大决策权、表决权、股东权均受限制或影响
资本严重不足	严格限制经营活动、停止对次级债券还本付息、接管或接收银行	大股东丧失重大决策权；丧失表决权；丧失部分或全部股东权	—	—

〔1〕See 12 U. S. C. 1831o (c).

日本法虽借鉴了美国的资本分级制度，根据资本状况实施刚性的规制措施，①却缺少美国资本监管中的适度弹性。按照日本法的规定，银行成为第三区分行时，自有资本为0，将会触发监管机构的接管或重组等程序。这种以绝对值为触发点的做法过于严格，容易滋生监管容忍，使监管机构面对银行资本恶化却拖延行动，反而不符合设置纠正制度的初衷。

表3-2　日本早期纠正中的股东权规制措施

银行类型	自有资本状况	监管措施	规制行为
第一区分行	资本不足	提出实施计划，增加自有资本；计划被认可后1年内完成目标	大股东需要履行注资义务

① 日本有关早期纠正措施的规定分布零散，主要见于《早期纠正实施案》《金融机构早期健全化紧急措施法》《早期警戒制度》等。

续表

银行类型	自有资本状况	监管措施	规制行为
第二区分行	资本显著不足	合理的增加自有资本的实施计划,禁止或压缩分配股份红利;为期1年	大股东做出承诺或提交资本补充计划,大股东的股份收益权被禁止或受限制
第二区分行之二	资本特别显著不足	充实自有资本或合并	大股东承担注资义务或者其股东权被稀释
第三区分行	无	停止全部或大部分业务	大股东丧失对银行控制权,对重大业务的决策权

我国的纠正措施借鉴了美国法,《资本充足率管理办法》(已失效)中的资本状况分类较简单,触发点设置较少,监管和规制措施缺少适度弹性。《商业银行资本管理办法》改进了这些问题,设置了四类资本分类,①明确了各类触发点,并将监管和规制措施划分为预警类措施、干预类措施,保持了一定的灵活性,但接管、重组、收购等措施的正当性依据不足。

表3-3　我国早期纠正中的股东权规制措施

资本类型	资本充足率管理办法(旧办法)		银行类型	商业银行资本管理办法	
	监管措施	规制行为		监管措施	规制行为
资本充足	完善风险管理制度、提高风险控制能力、加强对资本充足率的分析与预测、制订资本维持计划	影响股东对风险管理的决策权,控股股东制订资本维持计划	第一类银行	加强对资本充足率的分析及监测、制订资本充足率管理计划、提高风险控制能力(预警措施)[1]	影响股东对风险管理的决策权,控股股东制订资本维持计划

① 2024年1月1日生效的《商业银行资本管理办法》落实了差异化监管的理念。其中第174条至第180条是对第一类银行至第四类银行采取的监管措施,分别对股东的财产权、治理权产生不同影响;第180条尤其针对杠杆率低于最低标准的银行提出了更重的监管措施,对股东权利影响甚大。这些监管措施对股东权的规制效应需要结合相关法律、规章与规范性文件去判断。

续表

<table>
<tr><th rowspan="2">资本类型</th><th colspan="2">资本充足率管理办法(旧办法)</th><th rowspan="2">银行类型</th><th colspan="2">商业银行资本管理办法</th></tr>
<tr><th>监管措施</th><th>规制行为</th><th>监管措施</th><th>规制行为</th></tr>
<tr><td>资本不足</td><td>监管意见书、资本补充计划、限制资产增长及固定资产、降低风险资产规模、限制分红、限制业务扩张</td><td>影响股东重大决策权、资产收益权、资本补充计划</td><td>第二类银行</td><td>对第一类银行的监管措施,以及审慎性会谈、监管意见书、资本补充计划、增加专项检查、风险缓释[2]</td><td>影响股东对风险管理的决策权,大股东补充资本</td></tr>
<tr><td rowspan="2">资本严重不足</td><td rowspan="2">调整高级经理人、接管或重组、撤销,以及对资本不足银行的纠正措施</td><td rowspan="2">影响股东重大决策权、任命权、表决权、资产收益权;若银行被接管或重组,股权被稀释或被收购,甚至股东承担损失,股东权终止</td><td>第三类银行</td><td>对第一、二类银行的监管措施,以及控制风险资产、限制重要资本性支出、限制分红及激励、限制股权投资或资本回购[3]</td><td>大股东重大决策权、资产收益权、薪酬决定权均受限制</td></tr>
<tr><td>第四类银行</td><td>对第一、二、三类银行的监管措施,以及大幅降低风险资产、责令停办高风险业务、限制或禁止业务扩张、强制资本转换、调整高级经理人、接管、重组或撤销[4]</td><td>大股东重大决策权、股东财产权受影响;若采取接管等处置措施,则大股东重大决策权、表决权、股东财产权均受限制或影响</td></tr>
</table>

[1]《商业银行资本管理办法》第174条。

[2]《商业银行资本管理办法》第176条规定,第175条规定的监管措施可并用或选择适用。

[3]《商业银行资本管理办法》第177条规定,第175条、第176条规定的监管措施可并用或选择适用。

[4]《商业银行资本管理办法》第179条规定,第175条、第176条和第177条规定的监管措施可并用或选择适用。

(二)以补充资本为主的加重责任

很多学者认为早期纠正属于股东加重责任。[①] 但对监管机构的早期纠正要求不宜做此笼统界定。在早期纠正中,自然人股东以补充资本、限制财产权的方式承担加重责任,金融控股公司则以维持资本义务为主。[②]

1. 自然人股东的加重责任

(1)股东补充资本义务。如表3-1至表3-3所示,自然人股东补充资本适用于银行资本不足或明显不足的情形,银行经补充资本后可恢复常态。当银行监管资本指标出现异常时,发起人等股东应按照监管要求和自己的承诺补充银行资本。在银行出现安全和稳健性问题时,大股东应当按监管机构要求补充银行资本;在符合发起人协议、银行章程等的规定时,发起人股东或大股东应当兑现补充银行资本的承诺。

(2)限制股东财产权。在表3-1至表3-3中,当银行资本显著不足时,股东还应主动分担银行的损失,使银行资本恢复常态。当银行资本严重不足时,监管机构可实施接管或重组等措施。此时监管机构将会限制股东资产收益权等财产权,或引入其他银行收购股权,由此获得的资金将补充银行资本。如果银行资本继续恶化下去,监管机构应决定实施接管或重组。

2. 金融控股公司的加重责任

金融控股公司以纵向联合或横向联合方式承担加重责任。[③] 在采取纵向联合方式时,金融控股公司作为其附属银行的"力量源泉",要对直

---

① 学者们普遍认为美国的及时纠正制度属于一种股东加重责任。仅从股东权规制的内容看,纠正行为包括限制股东分红、维持资本承诺、提交资本补充计划等,具有突破股东出资额的共性,具有加重股东责任的特点。从资本监管角度看,这些观点无疑是正确的。但股东权包括财产权、治理权,不同纠正措施也会限制或调整股东的治理权,这就很难以股东加重责任概括。本书据此采取"两分法",区分一般股东权规制措施与股东加重责任,将与资本监管有关的纠正措施概括为加重责任,而将涉及其他权利的纠正措施概括为一般规制措施。

② 《金融控股公司监督管理试行办法》第27条第1款规定了金融控股公司的资本补充机制。

③ 参见隋伟、刘俊:《我国建立金融控股公司加重责任制度探讨》,载《南开学报(哲学社会科学版)》2008年第6期。

接或间接控股的任何一家附属银行提供财务援助,[①]承诺维持附属银行的资本,或为附属银行补充资本。最主要的是为附属银行在规定期间内补充法定资本提供限额担保,保证该问题银行能恢复资本,[②]担保额度不得超过问题银行总资产的5%,还需遵守关联交易监管等限制条件。[③] 在In re FMB Bancshares, Inc.案中,农民与商人银行于2009年遭受损失,处于资本不足的境地。亚特兰大联储银行与其控股公司FMB Bancshares、附属公司FMB Trust签订协议,承诺后者增加该行资本,不分配该行利润。2012年,FDIC又要求该行提交资本回复计划,FMB Bancshares在资本维持协议中承诺提供担保。[④] 在采取横向联合方式时,金融控股公司的加重责任不直接、不明显,而以交叉担保等方式承担附属银行经营失败的风险。如南太平洋银行资本不足,FDIC要求该行提交资本回复计划,该行控股公司、其他附属银行承诺为该计划提供无条件的、不可撤销的限额担保。[⑤] 在美国很多类似判例中,都要求控股公司及其他附属银行、金融机构承担限额担保。

三、健全督促股东及时纠正制度

我国现存两种早期纠正制度,但存款保险机构的纠正权力尚需进一步明确和细化,与监管机构的早期纠正制度形成协调、互补关系。优化早期纠正制度,可以督促股东及时纠正,促使问题银行尽快回复常态,减少股东不当行为对银行及市场的负面影响。

---

① See 12 U. S. C. 1831 o -1.

② See 12 U. S. C. 1831 o (e) (2) (C) (ii).

③ 参见姜立文:《美国金融控股公司加重责任制度研究与启示》,载《环球法律评论》2006年第6期。

④ See *In re FMB Bancshares, Inc.*, 517 B. R. 361 (2014). 在该案中,亚特兰大联储银行与FMB控股公司(亦即FMB银行股份公司)签订了联储协议,承诺不分红、承担该附属银行总资产5%的担保。

⑤ See *Wolkowitz v. FDIC* (*In re Imperial Credit Industries, Inc.*), 527 F. 3d 959 (9th Cir. 2008).

(一)两种纠正制度并存

我国确立了监管机构和存款保险机构的早期纠正制度,[①]二者有权对股东实施纠正措施。但现行制度未厘清监管机构与存款保险机构在早期纠正中的关系,还需进一步明确存款保险机构的纠正权力。

1. 早期纠正制度的立法层次

(1)监管机构的早期纠正制度。监管机构依照《银行业监督管理法》,以银行监管资本状况为判断基础,根据《商业银行资本管理办法》实施早期干预措施,呈现结构化干预的特点。[②] 在转化适用巴塞尔协议Ⅲ的要求后,依据资本充足率、核心资本充足率及核心一级资本充足率判断银行状况。具体监管措施从预警拓展到强制资本处理,直至接管或重组等。监管机构的干预制度属于效力较低的部门规章,其纠正权力是审慎监管的必要延伸和补充,目的是及时发现银行资本问题,促使银行合规经营。这些纠正措施还存在弹性不足等问题。

(2)存款保险机构的早期纠正制度。《存款保险条例》明确了存款保险机构的早期纠正权力,旨在实现存款保险制度"风险最小化"的目标,并未规定适用范围、程序、措施等具体内容,缺少具体的、具有可操作性的明确指引。存款保险机构可根据银行资本状况实施风险预警、[③]补充资本、控制资产增长、提高费率等规制措施。[④] 存款保险机构的纠正措施根据监管资本指标,以存款保险评级为据评价和判断风险。其纠正

---

① 《商业银行资本管理办法》第173条至第179条规定,按照资本监管指标划分四类银行实施监管措施,类似于美国的"及时纠正"。《存款保险条例》第7条第6项规定,"早期纠正"属于存款保险基金管理机构的职责之一。

② 参见《银行业监督管理法》第37条。《银行业监督管理法(修订草案征求意见稿)》第60条明确了银行监管部门早期干预的实施条件。

③ 《存款保险条例》第15条规定,存款保险基金管理机构对投保银行提出风险警示的条件是:发现该行存在资本不足等影响存款安全及存款保险基金安全的情形。

④ 《存款保险条例》第16条规定,这些措施适用于投保银行资本充足率大幅下降,严重危及存款安全及存款保险基金安全的情形。有权采取规制措施的权责机关包括人民银行、存款保险基金管理机构和监管机构。规制措施有要求补充资本、控制资产增长、控制重大交易授信、降低杠杆率等。存款保险基金管理机构可对未按期改正的投保银行提高存款保险费率。

制度是效力层次较高的法规,侧重于事前发现与预防风险。两机构的纠正权力应当是互补和协调的关系,但现行银行处置法律尚未明确这种关系。

2. 针对股东的纠正措施

在早期纠正中,监管机构、存款保险机构具有较为宽泛的权力,直接或间接地限制股东权。① 其中,直接限制体现为对股东财产收益权的限制,限制或禁止向股东分配红利及其他收入等措施。间接限制主要是对股东治理权的限制,通过更换高级经理人限制股东的任命权,通过限制高级经理人薪酬限制股东的薪酬决定权。间接限制要求银行加强公司治理、风险管理和业务管理,影响股东的重大决策权、表决权等权利。我国早期纠正制度也对股东权实施直接和间接限制,但存在以下问题尚未明确。其一,部分监管措施缺少明确的法律依据。监管机构具有法定职责,可采取向银行及股东发出监管意见书、增加检查频次、强制资本处理等措施,法律并未明确早期纠正阶段实施接管、重组和撤销等措施的权力,实质上监管机构以规章扩大了其监管权力。其二,缺少相应制度明确界定程序性事项。"风险处置"条款规定较为笼统,赋予了存款保险机构一定的自由裁量权,没有明确早期纠正的实施程序、适用范围和条件等内容;相关法律制度未明确界定"外部因素""必要措施"的内涵。

(二)健全股东及时纠正机制

我国应当从理念、立法和规制措施等方面重构早期纠正制度,促使股东积极履行银行公司治理职责,及时纠正银行早期暴露的各类问题。

1. 消弭纠正制度的潜在冲突

我国应借鉴国际最佳实践,形成及时纠正、依法纠正的早期纠正制度。首先,将早期纠正明确定位为处置前置程序。明确监管机构与存

---

① 监管机构实施股东权规制的依据是《商业银行资本管理办法》第 173 条至第 179 条,限制分红、补充资本等涉及对股东权的直接规制,其他措施涉及间接规制。存款保险基金管理机构要求银行补充资本则涉及股东权的直接规制。

款保险机构的关系，厘清二者的纠正权力边界。监管机构侧重于银行合规监管，行使纠正权力促使银行合规经营；存款保险机构以投保银行为规制对象，其纠正权力侧重于风险监管，兼具风险处置功能。银行的早期纠正阶段以存款保险机构纠正为主，监管机构纠正为辅；对问题银行的处置仍以监管机构为主，存款保险机构为辅。鉴于存款保险机构在金融安全网中的特殊地位，应赋予存款保险机构全面的纠正权力。消除现有制度中权力行使的模糊地带，形成监管机构与存款保险机构协调互补的纠正制度。其次，完善监管机构与存款保险机构的预警机制、信息共享机制，破除不同权责机关之间的监管割据，增强两机构在早期纠正中的协调性。最后，借鉴美国 FDIC 的 PCA 制度，参照银行监管部门规章制定、整合或优化规则，将量化标准与监管裁量标准相结合，增强存款保险机构行使纠正权力的可操作性，形成结构化的、程序完备的纠正规则，改变“重实体、轻程序”的路径依赖，确保存款保险机构依法、有序实施纠正措施。

2. 优化股东行为纠正措施

我国还应优化早期纠正中的股东权规制措施，解决早期纠正与股东权保护在理念和制度上的冲突。首先，修订《银行业监督管理法》《存款保险条例》中的相关条文，明确股东权规制的法律依据，使纠正阶段中的接管、撤销等措施具备法律上的正当性。其次，解决与公司法等法律、规章的衔接与协调问题，在公司法等法律制度中设置例外条文，消除公司法规则与监管规则之间的冲突。再次，明确界定“风险处置”的内涵，在《金融稳定法》框架下，结合银行业的特点，修订与整合《存款保险条例》《商业银行资本管理办法》等法规、规章中的规则，明确风险预警与早期纠正中股东权规制的适用条件和程序，解决与《商业银行股权管理暂行办法》的衔接适用问题。最后，赋予权责机关必要的自由裁量权，保持股东权规制的适度弹性，也要明确其实施范围和法定程序，避免具体适用中的任意性和模糊性。

第三节 股东参与的问题银行市场救助

BCBS以优先运用市场力量救助银行为原则,欧美国家普遍偏好市场救助。市场救助以吸收损失、补充资本为主,优先适用转股、减记等自我救助手段,在必要时采取资产转让或剥离等外部救助方式。在实施市场救助时,股东优先吸收损失,股东权利受到不同程度的影响,必要时还将承担以注资为主的加重责任。我国应健全促使股东积极救助银行的制度。

一、问题银行的市场救助

权责机关在市场救助中发挥信息中介、审查和监管作用,一般不宜过多干涉银行及相关主体的救助行动。按照参与主体、救助方式的不同,可将市场救助分为自我救助机制和外部救助机制。

(一)自我救助机制

自我救助机制本质上是一种损失吸收机制。[①] 在触发相应事件时,股东、特定债权人将其所持资本工具转化为股本吸收损失。

1. 自我救助机制的运作方式

针对不同类型的银行,国际准则及有关国家法律规定了不同的自我救助措施,大体上有以下方式。

(1)资本补充机制。银行监管资本的核心功能是吸收损失,以内源性融资和外源性融资补充资本。内源性融资有留存收益等方式,外源性融资则包括股权或债权融资工具。针对"大而不倒"问题,BCBS要求CET1、AT1和Tier 2项目下的合格资本工具都应触发不同条件,完全吸

---

① 为避免术语上的混淆,笔者将所有以股权和特定债权补充银行资本的措施都归纳为自我救助机制。其中的自救债即学界常说的Bail-in,有的文献以Bail-in Debt指称。在《基本要素》第3.5条中Bail-in是从广义上使用的,包括减记工具和转股工具。See BCBS, *Key Attributes of Effective Resolution Regimes for Financial Institution*, 2014, p. 9.

收银行的损失。[①] CET1 补充渠道有引入战略投资者、股东增资或留存收益、配股或定向增发等,AT1 补充渠道包括优先股和永续债,主要是将相应的资本工具按照触发条件转化为股份。Tier 2 补充渠道主要是将不属于 AT1 的债券工具转化为相应的股本资金。总之,银行主要运用优先股转为普通股、应急可转债、债转股、自救债等方式补充资本。近年来,中小银行主要采取优先股、永续债、地方政府专项债等方式补充资本。

(2)损失吸收能力。总损失吸收能力(Total Loss-Absorbing Capacity, TLAC)主要是对 G-SIB 的要求,实质是综合运用了各类资本工具,以减记或转股方式吸收 G-SIB 损失,FSB《总损失吸收能力条款》要求,各类经济体的 TLAC 工具规模应达到风险加权资产的一定水平。[②] TLAC 要求在银行面临危机时,二级资本在符合触发条件时转化为一级资本。[③]

2. 自我救助机制的运作原理

在银行的自我救助机制中,可以用普通股、非普通股等监管资本吸收损失;也包括股东权或无担保债权被减记或转股,实现该银行或其继承机构资产重组。[④]

---

① "The Basel Committee today issued minimum requirements to ensure that all classes of capital instruments fully absorb losses at the point of non-viability before taxpayers are exposed to loss. "其中,监管资本包括核心一级资本、其他一级资本和二级资本,触发点是银行无生存能力之时,前提条件是在纳税人遭受损失之前。See BCBS, *Final Elements of the Reforms to Raise the Quality of Regulatory Capital Issued by the Basel Committee*, BIS (Jan. 13, 2011), https://www.bis.org/press/p110113.htm.

② 按照《总损失吸收能力条款》,非新兴市场经济体的 TLAC 工具规模须于 2019 年达到 RWA 的 16% 和杠杆率分母的 6%,并从 2022 年将其分别提高至 18% 和 6.75%。新兴市场经济体应在 2025 年和 2028 年分别达标。See FSB, *Principles on Loss-absorbing and Recapitalisation Capacity of G-SIBs in Resolution Total Loss-absorbing Capacity (TLAC) Term Sheet*, 2015, p. 21.

③ 大部分国家和地区参照国际准则对其 G-SIBs 提出了相应要求,加拿大、日本、瑞士对 D-SIBs 提出损失吸收能力(Loss Absorbing Capacity, LAC)要求,欧元区银行业联盟、英国、中国香港特区对处置中的所有银行提出 LAC 要求。我国的《全球系统重要性银行总损失吸收能力管理办法》已于 2021 年 12 月 1 日生效。See FSB, *Thematic Review on Bank Resolution Planning Peer Review Report*, 2019, p. 52 – 54.

④ See Lucy Chennells & Venetia Wingfield, *Bank Failure and Bail-in: an Introduction*, Bank of England Quarterly Bulletin, Vol. 55 (3): 228, p. 228 (2015).

减记是当触发事件发生时，除普通股以外其他一级资本和二级资本按约定进行全额减记或部分减记，使银行核心一级资本恢复到触发点以上。[①] 减记发生以后，银行将发行新的普通股，补偿被减记工具持有人。[②]作为政府注资的替代型机制，自我救助机制促使股东与特定债权人吸收损失，补充问题银行资本，减少纳税人损失，对规避股东、特定债权人的道德风险有一定作用。

转股是将达到触发事件的特定股权或债权用于核销损失。其中，优先股转换是将具有某些优先权的股份转化为普通股。应急资本兼具债权和股权性质，[③]债转股仅具有债权性质，都是在银行正常经营时发行的资本工具，一旦符合约定条件就转化为股份，用于核销银行损失；自救债仅适用于解决银行危机，可被分为法定式自救债和合同式自救债。[④] 用于自救的资本工具最少应当达到风险权重资产（Risk Weighted Assets，RWA）的 7% ~10%，该比例一般足以使银行的一级资本恢复到最低水平。[⑤] 银行应当在最短时间内实施减记或转股，以确保不对金融市场基础设施造成破坏，确保各类投资者应享有与其所投资的资本工具级别相对应的地位。[⑥]

3. 自我救助机制的适用条件

SIB、中小银行、民营银行具有不同的自我救助机制。SIB 依法制定 RRP，按照不同压力情景设置定性和定量的触发条件。当银行资本指标达到某类触发条件的阈值时，可适用减记、转股等救助机制，股东也将分

---

① BCBS、国内外相关法律和监管文件设置了类似的标准。

② 参见尹亭：《巴塞尔委员会自救债国际标准：问题和启示》，载《金融发展研究》2013 年第 8 期。

③ Chris D'Souza and Toni Gravelle, *Contingent Capital and Bail-In Debt: Tools for Bank Resolution*, Financial System Review, 12, p. 51 – 56 (2010).

④ 参见颜苏：《自救债的法律问题述评》，载《商业经济研究》2015 年第 9 期。

⑤ See Thomas F. Huertas, *The Case for Bail-ins*, University of Pennsylvania, Wharton School, Weiss Center, Working Papers, 2012, p. 5.

⑥ See Tomas Ambrass, *Bank Resolution Regime. Balancing Private and Public Interests. A Comparative Analysis*(ph. D. diss., Mykolas Romeris University, University of Basel, 2015), p. 216.

担损失、承担额外的注资义务。中小银行可制定 RRP,也可按照危机管理的要求设置不同的自我救助机制。民营银行发起人在协议中约定实施自救的情形,符合约定情形时采取债转股、追加投资等方式救助银行。

在资本补充触发事件的设置上,各国都借鉴了国际准则的要求,呈现一定程度的趋同。按照 BCBS 的倡议,①在欧盟和我国相关法律制度中,权益类一级资本须设定无法生存触发事件,负债类一级资本须同时设定无法生存和持续经营触发事件。② 前者是指在权责机关认定不进行减记、转股或公共注资救助时,问题银行将无法生存。二级资本工具须设定生存触发事件,即商业银行核心一级资本充足率降至 5.125% 或以下水平。各银行可根据市场情况和投资者意愿自主设定更高的触发值。③ 国外银行一般将触发值设为 5.125%,也有银行设置了较高的触发值。如 2010 年荷兰拉博银行发行应急资本工具时,将触发值设为核心一级资本充足率降至 7%。④

(二)外部救助机制

所谓外部救助机制,是指问题银行无法自我救助时,权责机关引入第三方进行资产或业务重组,涉及银行业务、资产和负债、所有权等的转让。

1. 外部救助的适用条件

外部救助机制主要以转移资产负债、转让业务的方式获取收益,对问题银行的资产进行重组。当自我救助机制无法解决银行困境,将对关键金融服务延续性、社会公共利益或金融稳定产生系统性影响时,就应当适

① See BCBS, *Final Elements of the Reforms to Raise the Quality of Regulatory Capital Issued by the Basel Committee*, BIS (Jan. 13, 2011), https://www.bis.org/press/p110113.htm.

② 参见中国原银保监会《关于印发〈关于商业银行资本工具创新的指导意见(修订)〉的通知》(银保监发〔2019〕42 号)。

③ 参见中国原银保监会《关于印发〈关于商业银行资本工具创新的指导意见(修订)〉的通知》(银保监发〔2019〕42 号)。

④ See John C. Coffee, Jr., *Bail-ins Versus Bail-outs: Using Contingent Capital to Mitigate Systemic Risk*, The Center for Law and Economic Studies, Columbia University School of Law, Working Paper No. 380, 2010, p. 45.

用外部救助机制。

2. 外部救助方式

(1)购买和承接交易。这种处置方式以转让部分或全部业务、资产和负债等获得资金,交易对象包括问题银行的业务或股份。[①] 由于这种方式具有节约公共资源的优势,常被美国FDIC用于处置问题银行。按照美国法和欧盟法,在购买和承继问题银行的资产或债务后,应当清算该问题银行及其剩余资产。

(2)资产剥离。权责机关以维持银行关键功能和可持续经营为目的,也常使用分离优良资产或问题资产的方式进行处置。资产剥离一般分为"好银行—坏银行"(Good Bank-Bad Bank)和过渡银行(Bridge Bank)两种模式。[②] 两种模式对问题银行资产的处置思路不同。其中,"好银行—坏银行"模式是将问题资产出售给独立资产管理机构,保留优质资产继续经营。[③] 而过渡银行则是由权责机关设置一家新的过渡机构,继续经营原问题银行的关键功能和优质资产,[④]在过渡期限届满后,转卖给其他适格的银行。原问题银行剩余部分也将被清算。"坏银行"和过渡银行由权责机关设立,采取市场化方式运作,遵循成本最小化方式,以处置资产获取的收益吸收损失。

二、市场救助中的股东权限制

在问题银行的市场救助中,权责机关主要负责监督、审查和批准各类救助措施。按照救助措施的不同,股东的治理权受到不同程度的限制,股东财产权将被部分或全部用于核销损失。

---

① See BCBS, *Guidelines for Identifying and Dealing with Weak Banks*, July 2015, p. 47.

② 参见伏军:《危机银行处置:原理、制度与方法》,法律出版社2018年版,第45页。

③ See FSB, *Key Attributes of Effective Resolution Regimes for Financial Institutions*, Art. 3. 2 (ⅷ), p. 7.

④ See FSB, *Key Attributes of Effective Resolution Regimes for Financial Institutions*, Art. 3. 2 (ⅷ), p. 7.

（一）自我救助机制中的股东权变动

在问题银行实施自我救助后，优先股股东转变为普通股股东，或者其他债权人变为股东。银行股权结构发生变化，原股东财产权被稀释，治理权受到不同程度的限制。

1. 优先股转换中的股权变动

优先股并非专用于银行救助的资本工具。美国政府 2008 年动用了 2500 亿美元购买了 9 家银行的优先股，使其成为使用最频繁、最有效的纾困工具。[①] 在符合约定的发行优先股触发事件时，优先股股东将转变为普通股股东，普通股股东的权利也会受到相应调整。

（1）优先股发行环节。优先股可在平时或纾困之际发行。在纾困时期发行优先股时，上市银行应当召开股东会审议和表决相关事宜，股东对发行事项都有知情权、参与权和表决权。与会股东将讨论拟发行优先股的种类、数量、发行方式、对象及参与分配利润方式、回购条款等事项。[②] 还应明确规定优先股损失吸收机制，[③]其触发条件将会影响各类股东的权利，应当由股东会审议和表决。中小银行也应召开股东会审议和表决相关事项，其各类股东享有相应权利。[④] 在发行环节，各类股东对发行和转换优先股时的权利调整达成一致，最终会修改章程、签订发行合约。

（2）优先股转换环节。优先股在触发约定或法定条件时发生性质转换。约定条件一般是银行风险处置情形，如持续经营或清算等触发事件；法定条件由权责机关根据监管指标确定，都与银行资本状况密切相关。[⑤]

---

① 参见樊纲、丁楹：《优先股在金融危机中的应用及其启示》，载《北京航空航天大学学报（社会科学版）》2015 年第 3 期。

② 《优先股试点管理办法》第 37 条以列举与兜底相结合的方式规定了发行优先股需要股东会表决的事项，相关决议通过的条件是出席会议的普通股股东、优先股股东（不包括表决权恢复者）人数≥2/3。

③ 参见《关于商业银行发行优先股补充一级资本的指导意见（修订）》第 8 条第 1 款。

④ 根据原银保监会、证监会文件的规定，中小银行发行优先股应当遵守《优先股试点管理办法》《非上市公众公司监督管理办法》等监管文件的要求，符合规定的发行条件和程序。

⑤ 参见李润生、史飚：《论国有商业银行资本制度的创新——以优先股的引入为视角》，载《学术论坛》2016 年第 2 期。

当优先股转换为普通股、吸收损失后，优先股股东将转变身份和权利。首先，优先股股东不享有转换权，只能根据触发事件使其股份发生转换；其还将放弃部分或全部优先权，不完全享有或不再享有利润分配和剩余财产分配上的优先顺位。[①] 其次，优先股股东有权参与银行救助，但其相关权利将受到限制。当他恢复表决权或以普通股股东的身份参与救助时，其财产权和治理权将会受到不同程度的影响。如果转股后也未能吸收损失，银行将会进入重组、接管等程序，优先股股东与其他股东一样，最终丧失其地位和权利。当他仍以优先股股东参与银行救助时，应列席出资人组的其他类别分组分别表决，享有救助措施的知情权、参与权和表决权，并有权就与其利益调整相关的事项发表意见。最后，优先股股东的退出权受到诸多限制。一般情形下，优先股股东可采取赎回或回购等退出方式。当银行实施自我救助时，权责机关或银行享有赎回权，权责机关也禁止股份回购，优先股股东无法赎回股份或请求回购股份。股东不得在银行救助的危难之际行使异议股东回购请求权。

2. 自救债(Bail-in)中的股东权变动

自救债包括契约型自救债和强制型自救债，本质上都属于债转股的资本补充机制，但二者对股东权的限制机理不同。

(1)契约型自救债。契约型自救债有一般债转股和应急资本两种，由银行股东、债权人约定发行条件和触发事件。其发行仍需股东会表决，股东在满足触发事件时自愿核销股东权。其中，债转股可被分为强制冲销和债转股两个环节。当债权转化为股权后，相当于问题银行发行新股，对股东权有不同程度的限制。在强制冲销环节中，原股东丧失了股份所有权，股份被用于冲销问题银行的资产损失。债转股方案并非股东会表决事项，符合相应触发事件时即可发生效果。股东仅享有知情权，丧失了表决权。

---

① 根据优先股转换为普通股的数量和方式的不同，优先股股东的地位将发生不同的变化。如果只是转换一部分股份，则优先股股东地位不变，对其余未转换部分仍享有优先权。如果全部转换，则优先股股东转变为普通股股东。

应急资本一般适用于SIB，具有债权和股权相结合的特点，对引导股东行为和调整股东权具有独特作用。第一，可以预防股东滥用权利。银行发行应急资本时，仍需股东会表决，大股东仍享有一定表决权。股东约定了触发事件和结果，形成稀释股权的预期，有利于规范股东行使权利，遏制股东冒险和投机的心理和行为。第二，可以稀释原股东财产权。应急资本在符合触发事件时转化为股份。应急资本持有人成为新股东，原股东权利被稀释，大股东的影响力和话语权遭到弱化，股东将会承担权益减少的不利后果。第三，可以促使股东改善公司治理。应急资本的转化不仅促使银行股权结构发生变化，也对原股东形成了资本充足压力、监管压力和市场压力。[①] 同时，发行的应急资本转化为股份，也会引入债权人参与银行公司治理制衡原股东，积极督促银行经营管理。银行控制权也将逐渐转移到债权人手中，不再为大股东所独占。银行发行应急资本及应急资本转股等属于股东会决策的重大事项之一，股东要遵循股东权规范参与相关决策。

(2)强制型自救债。强制型自救债的运作机理与契约型自救债基本相同，也通过转股方式规制股东权。第一，发行环节的股东权规制。自救债主要适用于SIB，以法定事项为触发事件。当符合相关条件时，股东必须被强制核销股东权。在发行强制型自救债时，权责机关能否制定合理的主观条件和客观条件，对自救债是否成功实施具有重要影响。客观条件可能会诱使股东产生道德风险，促使其在自救债启动条件成就前转让股东权。[②] 在国际最佳实践中，权责机关以保护存款人利益、维持银行关键功能等公共利益为导向，对强制型自救债采取主观条件上的自由裁量。第二，损失核销时的股东权变异。在自救债的启动条件触发后，将进入损失核销环节。银行或权责机关首先对银行损失估值，确定股东和债权人承担损失的比例及转化为股权的债券额度。其次将会按照债权人顺位、

① 参见张继红：《系统重要性金融机构或有资本问题研究》，载《国际商务研究》2016年第3期。

② 参见周仲飞：《金融机构强制性自救债的法律问题》，载《现代法学》2015年第2期。

平等对待及权益保障等原则核销股权和债权,股东应首先承担损失。由于股东权被核销后,股东的权益将会遭受永久性损害。因此,核销股东权应使股东在核销后的待遇不会比破产清算后更糟(No Shareholder and Creditor Worse off)。[①] 第三,债转股环节的股东权变异。核销损失后,债权将转化为股权,债权人转变为股东。此时类似银行发行新股,可能面临着债权人并非适格股东、股东未来权利如何维护等法律适用上的困境。有学者主张可设立信托使新股东享有分红权。当债权成为新发行股份后,原股东的股份被全部核销,也无法享有新股的优先购买权。对于原股东和债权人未来权利的保护,可采取发行权证的方式,保障其获得银行恢复后的上行收益。[②] 发行债权人信托应当适用我国监管规章的规定,债权人持有的信托产品占银行股份不得超过5%,禁止主要股东控制该产品。[③]

(二)外部救助中的股东权限制

在实施外部救助措施时,市场力量介入问题银行的业务、经营和管理,股东的法律地位将发生变化,其权利结构也将被调整。

1. 购买和承接交易中的股东权变动

当开展购买和承接交易时,问题银行不一定处于被关闭状态。如果问题银行尚未被接管,这种交易仍需通过股东会审议和表决,原股东仍享有表决权。如果该银行已被接管,则股东会不再是其决策机关,原股东也将丧失表决权。在出售或转让问题银行的资产或负债时,收购方并未获得问题银行本身,一般不影响原股东的股份所有权。[④] 但购买股份的主体将获取部分股东权,成为问题银行的新股东,原股东权被自愿或强制稀释。

---

① 参见周仲飞:《金融机构强制性自救债的法律问题》,载《现代法学》2015 年第 2 期。

② 参见周仲飞:《金融机构强制性自救债的法律问题》,载《现代法学》2015 年第 2 期。

③ 参见《商业银行股权管理暂行办法》第 25 条。

④ 参见周仲飞:《银行法研究》,上海财经大学出版社 2010 年版,第 359 页。

2. 资产剥离中的股东权分离

运用资产剥离处置问题银行时,所采取的两种模式并不完全转移股东财产权,对股东其他权利的规制也不同。在“好银行—坏银行”模式中,股东留在“好银行”的财产权不受影响,其资产收益权、治理权也取决于其这部分股份所占比例。“坏银行”将处分涉及股东的不良贷款。如瑞典处置北欧银行危机时,就将股东的不良贷款等不良资产转让给“坏银行”。[①] 在过渡银行模式中,股东留在原银行的股份将被清算。股东丧失了处分权和治理权,仅享有剩余财产分配权,要按照劣后顺位参与分配。股东对股份转移无表决权,股份转移也无须征得股东同意。

三、以注资为主的股东加重责任

在问题银行救助中,股东注资义务与减记或转股有明显区别。普通股、留存收益等已被核销损失,股东的股份损失是永久性的,并未超出股东出资额,属于股东有限责任范围。减记或转股是将一级资本、二级资本核销损失、补充银行资本,转股后新发行股份增加银行的一级资本,只是稀释股东财产权,股东并未承担额外的责任。注资义务则是股东在普通股、留存收益等核销后追加的额外资本金,超出了股东有限责任的“量”,属于一种加重责任。股东注资义务因股东类型、控制权方式的不同呈现出不同内容。自然人股东、法人股东因其性质不同,承担不同类型的加重责任;国有股东的注资行为具有特殊性,虽具有追加额外资本的表象,但不宜被认定为加重责任。

(一)自然人股东的注资义务

承担注资义务的自然人股东有发起人、控股股东和主要股东。发起人注资根据发起人协议或公司章程确定,按照权责机关要求注入相应资金;后两类股东为银行注资一般是监管规则的强制性要求;其他持股比例

---

① See Stefan Ingves & Göran Lind, *Is the Swedish Model for Dealing with a Banking Crisis still Valid?*, in Stefan Ingves, et. eds., Lessons Learned from Previous Banking Crises: Sweden, Japan, Spain, and Mexico, Group of Thirty, 2009, p. 16 – 18.

较大或实际影响力较大的股东也应承担注资义务。有的国家法律并不限定注资股东的类型,如俄罗斯法要求所有股东都应承担注资义务。[①]

FSB《关键要素》建议,处置机制和安排应“避免不必要的价值破坏”(avoid unnecessary destruction of value),并寻求处置成本最小化。[②] 在问题银行的市场救助中,权责机关、股东需要分析注资的成本与收益。当问题银行的运营价值大于其清算价值时,股东可预期获得注资收益,倾向于履行注资义务。否则股东注资也是杯水车薪,不仅无法救助银行,自身也将会遭受更大损失,应启动问题银行的破产清算程序。此时问题银行的公司治理机制仍存在,股东应当按照公司章程中的议事程序注资。一般由董事会或高级经理人以书面形式通知股东,由股东会拟定、审议并表决股东注资方案,表决通过后执行该方案。在国际最佳实践中,可由股东通过增持股份或增加银行注册资本的方式直接注资;[③]也可采取改变股利、增加资本等方式,将利润转增资本金,或将红利转化为再投资。[④]

(二)法人股东的注资义务

法人股东主要是金融控股公司或银行集团。在美国,金融控股公司与其附属银行存在控制或控股关系,都应按 FDIC 要求承担注资义务。[⑤]欧盟成员方的金融集团成员机构及其控股公司均依法承担集团财务支持义务。[⑥] 法人股东应按照本集团的公司章程和议事程序向其附属银行注资。附属银行向其法人股东提出财务援助申请,集团公司召开股东会决

① 参见宋怡林:《民营化背景下商业银行股东加重责任研究》,辽宁大学 2015 年博士学位论文,第 114 页。

② See FSB, *Key Attributes of Effective Resolution Regimes for Financial Institutions*, 15 October 2014, p. 3.

③ 俄罗斯《信贷机构破产法》明确要求股东增加问题银行的注册资本。

④ 参见李霁友:《商业银行资本金制度》,科学出版社 2004 年版,第 56 页。

⑤ 参见刘东平:《金融控股公司法律制度研究——以金融效率与金融安全为视角》,西南政法大学 2006 年博士学位论文,第 97 ~ 98 页。

⑥ See BRRD, Art. 19. 1.

议向该银行注资,或要求其他附属银行为该银行注资。

金融控股公司或银行集团以两种方式履行注资义务。一是向问题银行直接注资。美国"力量源泉"规则要求金融控股公司或银行集团在附属银行陷入财务困境时提供额外的财务援助或救助。该规则经历了从监管政策到法律规则的转变,在适用中产生了许多纠纷,学界和实务界对其法律效力存在争议。如在M金融公司(MCorp.)案中,美联储要求控股公司M金融公司向几家面临倒闭的附属银行注资。当该公司进入破产程序时,美联储要求其履行"力量源泉"义务,向其附属银行转移资产。上诉法院裁定美联储要求该公司注资或转移资产无法定授权。联邦最高法院以缺乏司法管辖权为由撤销上诉法院判决,双方最终和解结案。[①] 随着FIRREA和《多德·弗兰克法案》的颁布施行,"力量源泉"规则被确定为法律制度,其约束力和制裁手段得到了进一步强化。法院在FMB银行股份公司案中的分析表明,控股公司FMB银行股份公司应当遵守"力量源泉"规则,使陷入困境的附属银行资本水平符合最低监管要求。[②] 二是执行恢复计划。金融控股公司或银行集团执行恢复计划(Recovery Plan或Restoration Plan),使资本不足的银行尽快恢复资本水平。FDICIA要求资本不足的银行和储贷机构在一定期间内恢复资本水平,其控股公司应提供保证实施恢复计划的担保,对附属银行或储贷机构的担保不能超过资本不足机构总资产的5%。不遵守该规定的金融控股公司将受到严格的经营监管限制。[③]

(三)国有股东的注资行为辨析

1. 中外政府注资行为的性质

在国外,银行普遍为私人所有,政府注资一般是一种公共救助行为。政府在国有化情形下,转化为问题银行的股东,往往采取购买优先股或普

① See *MCorp. Financial, Inc. v. Board of Governors*, 900 F. 2d 852 (1991).

② See *In re FMB Bancshares, Inc.*, 517 B. R. 361 (2014).

③ See Eric J. Gouvin, *Shareholder Enforced Discipline: How Much is Too Much?*, 16 Ann, Rev. Banking L. 311 (1997).

通股的方式为银行注资。在我国,由于国有银行的普遍存在,政府注资行为呈现更复杂的特性。应明确区分政府作为国有银行股东和公共救助者的注资行为。政府作为国有银行股东注资,理应承担加重责任,但由于政府在国有银行中角色的双重性而不宜承担加重责任。政府作为出资人履行资本管理职责。政府作为公共救助者注资,则属于问题银行救助措施,实质是政府履行公共救助职责。

2. 政府注资义务的主要内容

国务院和各级地方政府授权财政部门履行国有银行出资人的职责,对国有金融资本实施集中统一管理。对国有银行资本的补充和动态调整属于资本管理职责之一。[①] 目前,财政部持有部分国有大型银行的股份,部分地方财政部门持有地方商业银行的股份。[②] 此外,财政部控股的中央汇金公司以股权投资为主要职能,也持有国有大型银行的股份。[③] 财政部门、中央汇金公司目前尚未以银行股东身份注资。从理论上讲,财政部门、中央汇金公司作为银行股东,也应承担向问题银行注资的义务。若财政部门承担注资义务,则难以区分管理职责与股东义务,不宜将向问题银行注资的义务认定为加重责任。

在未来的改革中,我国政府可采取直接或间接方式控股、参股银行业。在直接控股模式中,财政部门可借鉴国外经验,持有少量的"黄金股份",使其拥有特别事项否决权、大比例持股控制权和反收购权。[④] 既可减少因权力惯性产生的对银行经营的不当干预,也可强化财政部门处置

---

① 参见《关于完善国有金融资本管理的指导意见》。

② 银行2023年第一季度A股报告数据显示,截至2023年3月31日,财政部分别持有工商银行31.14%、农业银行35.29%、交通银行17.75%的A股股份。

③ 汇金公司是国有独资公司。公开信息显示,截至2022年12月31日,中央汇金公司在几家大型商业银行中持有A股股份的比例分别为:工商银行34.71%、农业银行40.03%、中国银行64.02%、建设银行57.11%、光大银行63.16%。参见中央汇金投资有限责任公司:《控参股机构》,载中央汇金投资有限责任公司网,http://www.huijin-inv.cn/huijin-inv/Investments/Overview.shtml。

④ 参见汪青松:《股份公司股东权利配置的多元模式研究》,中国政法大学出版社2015年版,第177~178页。

市场失灵的功能，以所持的象征性“黄金股份”保持准监管职能，[①]促使国有银行资本实现“战略性、安全性、效益性”的统一。在此模式下，财政部门不用承担注资义务。在间接控股模式中，财政部门可以通过政府投融资平台间接控股、参股银行业，由平台公司作为银行股东，在符合条件时承担注资义务。财政部门还可采取“黄金股份”与平台控股、参控并行模式，实现国有银行资本管理的“双保险”。

四、完善促使股东积极救助的制度

我国现行制度在立法层次、启动标准和实施流程等方面存在诸多不足，应完善激励与约束机制，促使股东积极救助问题银行。

（一）现状：股东救助机制不完善

我国的问题银行市场救助制度缺少对政府与市场的明晰定位，其中限制股东权的规则原则性过强，零星的加重责任规则约束力较弱，不利于股东积极救助问题银行。

1. 股东救助银行规则不健全

我国的问题银行市场救助机制缺少法律规范，效力层级较低。其一，有关规定分布零散不成体系。《公司法》（2023 年修订）、《证券法》（2019 年修订）、《民法典》仅规定了基本规则，《银行业监督管理法》、《商业银行法》（2015 年修正）中的规定可操作性不强，缺乏针对问题银行的特殊规则。仅有规范性文件规定了减记、债转股、优先股等资本补充机制，对自救债等措施尚处于理论探讨中。《金融稳定法（草案）》虽已明确了这些处置措施的原则性规定，但仍需配套制度细化相关规则。[②] 其二，相关措施只见于部门规章和规范性文件。对股东加重责任制度及其他股东权规制措施，只有《商业银行股权管理暂行办法》等部门规章的基本规则。对优先股、债转股等措施，只有部门规章和规范性文件的规定。这些规则的

① See Saule T. Omarova, *Bank Governance and Systemic Stability: The Golden Share Approach*, Ala. L. Rev., Vol. 68:1048, p. 1048 – 1049(2017).

② 参见《金融稳定法（草案）》第 31 条、第 33 条。

效力层级较低,与相关法律法规缺少衔接和协调。其三,购买和承接交易、资产剥离等做法尚未转化为法律文件,对具体操作程序、适用条件和范围缺少明确指引。

2. 权责机关的主导与干预较多

我国曾由各级地方政府主导成立处置工作组,对股东权进行清产核资,引导国有企业或股东增资扩股,成功处置了有问题的城乡信用合作社、地方商业银行。股东等主体在问题银行救助中处于辅助地位。权责机关主导的市场救助有助于快速稳定金融市场,加速处置相关问题,减小问题银行的负面影响;也容易侵害股东、特定债权人等主体的合法权益,挫伤其救助问题银行的积极性和主动性。政府过度干预银行救助,还可能诱发股东等主体的道德风险和逆向选择。① 我国在问题银行市场救助中仍存在行政干预的强大惯性,虽是稳定市场信心和经济秩序之举,但相关法律规则极不发达,股东等市场主体和权责机关缺少可适用规则。

(二)完善:增强股东救助积极性

救助的目的在于使问题银行尽快恢复常态,需要以市场化处置优先,完善激励机制和约束机制,督促股东积极参与市场救助。

1. 健全股东救助银行的激励机制

股东救助银行的积极性不足,主要在于权责机关过度干预和不当干预,需要明确股东权规制程序与权力运行规则。第一,以市场救助优先的理念引导健全问题银行救助制度建构,促使股东在不同措施中优先分担损失,补充银行资本,积极履行救助义务。第二,理顺权力运行规则,减少对股东权的不当干预。在市场救助中,股东应承担救助银行的主要义务和责任,权责机关发挥好市场沟通和协调作用,可以控制和监督股东等主体的救助行为,但不应过度干预市场交易。权责机关实施外部救助时,应

① 参见巫文勇:《金融机构市场退出中的国家救助法律制度研究》,中国政法大学出版社 2012 年版,第 251 页。

当遵循成本收益分析法，避免采取过度侵害股东合法权益的方式。第三，将“没有债权人比清算中更糟”确立为法定的问题银行救助规则，确保股东权所受规制不超过救助所需的限度。如被救助银行恢复常态，购买和承接交易、资产剥离等获得超出救助预期的收益，股东享有按照劣后顺位获取补偿的权利，也享有不当处置的损害赔偿请求权。

2. 完善股东救助银行的约束机制

我国还需确立股东救助银行的约束机制，使股东积极履行优先分担损失、补充银行资本等义务。其一，区分不同类型的股东及其行为特点，明确权责机关的“风险处置”权力。我国需整合有关减记、转股、优先股等措施的规范性文件，明确问题银行救助中各类救助措施的适用方式，将相关具体规则明确纳入救助中“风险处置”措施。同时，还需根据不同类型的股东及其行为特点，规定一般股东权规制及股东加重责任的适用条件与程序。自然人股东可按照 RRP 等协议方式注入额外资本；金融控股公司应按监管强制要求，直接注资或执行资本恢复计划；国有股东的注资不属于加重责任，是由其资本管理职责衍生的义务。其二，针对各项救助措施引发的公司治理结构变动，完善股东行为的市场约束机制。在《公司法》中规定股东有限责任的例外情形，明确股东在问题银行救助中承担的加重责任；整合现有规章与规范性文件，完善各类银行股东的注资义务、权利限制等条文。整合债转股、应急资本、自救债等措施中限制股东权的规则，修订《商业银行法》《公司法》《证券法》中的相关条文，消弭公司法一般规则与特别规则之间的冲突。制定公司章程、救助协议等示范性文本，使股东自愿选择承担救助义务的条款，注重发挥市场纪律、自律组织对股东的约束作用。其三，明确股东在不同风险状态下的救助措施。在《金融稳定法》的框架下，我国可以整合和改造《防范和处置金融机构支付风险暂行办法》中的规则，[①]制定普适性强的“商业银行风险处置条例”。以银行风险演化过程为依据，明确区分银行的不同风险状况，规定

① 该规章虽已废止，但其中的银行风险处置措施较为科学、合理，值得我国制定新法律法规时借鉴。

股东在防范和化解银行风险不同阶段采取的救助措施。在银行出现风险苗头时，银行应通过股东会做出决定，调整资产负债结构，要求股东补充资本。当银行出现暂时性风险时，股东与债权人可协商适用减记、转股等相关措施，减损股东的相关权益。当银行风险进一步恶化时，应由股东增加额外资本，清收股东的关联贷款或其他负债，也可开展股权投资。银行出现严重风险时，股东应召开股东会更换董事及高级经理人。对股东等主体救助完全失灵的银行，适时采取清产核资、冲销股权等措施，必要时使问题银行进入市场退出程序。

第四节　对问题银行股东权的行政干预

当市场救助无济于事时，权责机关将介入问题银行的救助，以行政干预手段促使银行恢复可持续经营。在诸多行政干预手段中，控制管理对股东权影响较小，全面控制、公共救助对股东权干预程度较深，股东也将承担以救助为主的加重责任，采取减免债务、提供担保等手段恢复银行资本。我国应从理念、制度和措施等层面，完善依法干预问题银行中股东权的法律制度。

一、对问题银行的行政干预

行政干预是权责机关介入问题银行处置，涉及不同权责机关处置权力的分配，行政干预随着银行风险的增大而逐渐强化。我国相关法律应当明确界定权责机关行政干预的范围、具体权力和适用对象。

(一)行政干预的三个层次

行政干预可被分为控制管理、全面控制和公共救助等方式。[①] 随着

---

① See Eva Hüpkes, *The Legal Aspects of Bank Insolvency*: *A Comparative Analysis of Western Europe*, *the United States and Canada*, Kluwer Law International, 2000, p. 54.

银行问题的恶化，行政干预的强制性不断增强，公权力逐步深度介入问题银行的经营管理，应当严格遵守法定权限范围和程序，符合形式正义和实质正义的要求。

1. 控制管理

控制管理是指权责机关临时取代问题银行的管理层，包括受控制的管理、临时管理等方式。[①] 权责机关在实施受控制的管理时，管理人可以检查和批准银行几乎所有决策主体所做的决策。[②] 与其他行政干预措施不同，控制人是被动地参与问题银行管理活动的。即使控制人具有批准或否决问题银行特定决策的权力，也不能取代其管理层和股东的地位。[③] 在临时管理中，权责机关任命的临时管理人将临时取代银行管理层的地位，原管理层的权利被中止。临时管理对问题银行的控制具有一定期限，仍以恢复问题银行偿付能力为目的。

2. 全面控制

权责机关实施全面控制后，将有权力控制问题银行的资产，相当于间接地控制了银行经营管理的权利。国内外主要运用接管和国有化等方式对银行进行全面控制。其中，接管是权责机关全面控制问题银行的经营和内部管理。在对问题银行的接管中，权责机关享有启动接管程序，决定接管对象、组织和期限等权力。在接管期间，权责机关取代了股东会，成为化解银行问题的决策机构。国有化将使问题银行所有人暂时变为国有股东，权责机关将全面控制问题银行的财务和公司治理。

3. 公共救助

公共救助是问题银行退出市场前最后的救济手段，是政府运用财政、

---

① 受控制的管理与临时管理（Provisional Administration）不同，前者更像是一种行政整顿，后者则较为深入地介入问题银行的经营管理。

② 参见刘俊：《各国问题金融机构处理的比较法研究》，华东政法大学2007年博士学位论文，第138页。

③ See Eva Hüpkes, *The Legal Aspects of Bank Insolvency: A Comparative Analysis of Western Europe, the United States and Canada*, Kluwer Law International, 2000, p. 54 – 55.

税收手段对问题银行提供的救助。按照作用方式不同,公共救助可被分为提供流动性支持和增加资本。其一,流动性支持主要包括紧急贷款和政府担保。紧急贷款并不救助其他任何主体,是央行或处置机构为防范问题银行倒闭而提供的贷款。其中,央行履行最后贷款人职责,向问题银行发放流动性贷款。政府担保是指财政部或处置机构对偿还银行特定债务所作的保证,目的是应对银行系统性的流动性短缺问题。政府一般会对银行的各类债务或央行的流动性支持提供担保,也会对存款人、银行的本外币债权人提供担保。其二,增加资本主要有降低税负和政府注资等方式。在救助银行危机时期,税务部门也会采取税制改革的结构性政策,减免银行企业所得税或交易税,减轻问题银行税负,间接增加其可用资金。如国家税务总局曾于2001年将银行营业税税率由8%调降至5%,并缩短了贷款应收利息期限,减轻了国有银行税负和经营困难。[①] 与降低税负间接地增加银行资金不同,政府注资通常是财政部或其代理部门向问题银行注入资本,主要有发行特别国债、购买债券、购买股份或直接注资等方式。[②]

(二)不同干预手段的适用条件

当股东等主体穷尽自我救助手段,仍无法解决银行危机时,权责机关就应介入问题银行的救助。控制管理、全面控制及公共救助三者的适用条件不同。

1. 控制管理

受控制的管理、临时管理适用于确有救助希望的问题银行,即陷入困境的银行或经营失败的银行。一些欧美国家法律中存在类似制度,一般都规定了其适用情形、程序和期限。[③] 临时管理适用于银行违反审慎监

---

① 参见俞冬来:《政府救助国有商业银行研究》,西南财经大学2009年博士学位论文,第81页。

② 此处的购买债券和股份是运用财政资金买卖,购买和承接交易则由第三方出资买卖。

③ 如荷兰银行法上的专门措施,比利时法上的例外措施,美国的“及时纠正”措施等,尽管名称不一,却存在类似方式。值得注意的是,“受控制的管理”就是美国的“纠正措施”,主要适用于“资本严重不足”和“资本不足”银行。参见[瑞士]艾娃·胡普凯斯:《比较视野中的银行破产法律制度》,季立刚译,法律出版社2006年版,第58~60页。

管的情形或紧急情况,法国、意大利、加拿大等国银行法规定了其适用情形和程序,[①]德国、英国等国法律并未规定该措施。我国的银行托管制度类似于控制管理。

2. 全面控制

接管和国有化适用于问题银行关闭之前,[②]属于规制强度较大的银行救助措施,应当遵循严格的条件和程序。接管将全面控制问题银行的资产和管理,而国有化则将使政府变为问题银行的股东。各国接管的适用一般分为列举式和概括式,美国法以列举加兜底的方式规定具体适用情形,新加坡等国法律概括规定适用条件。问题银行的国有化主要由政府依据相关法律并结合银行危机紧迫性判断。英国《2009 年银行法》规定暂时国有化是银行稳定措施之一,以财政部作出股份转移决定的方式实施。[③] 实践中,英国财政部对苏格兰皇家银行等三家银行注资,提出了贷款服务、高级经理人薪酬限制、股息政策等要求。[④] 德国于 2009 年制定了银行国有化特别法案,规定政府有权对陷入危机的银行实施国有化,作为对问题银行的最后救济手段。[⑤]

3. 公共救助

公共救助有助于问题银行恢复,是欧美国家常用的银行救助措施。但也存在助长股东、特定债权人道德风险,扭曲市场竞争等弊端。发达国家法律一般规定了严格的适用条件。欧盟法和美国法对公共救助的实施和限定条件有不同规定。其中,欧盟成员方依据《罗马条约》及相关

---

① 参见[瑞士]艾娃·胡普凯斯:《比较视野中的银行破产法律制度》,季立刚译,法律出版社 2006 年版,第 61 ~ 64 页。

② 全面控制是笔者对这项行政干预措施的不精确概括,即权责机关控制了问题银行的资产和经营管理。

③ See Banking Act 2009 of the United Kingdom, Section 13.

④ 2009 年,英国财政部动用上千亿英镑资金为这三家银行注入资本,设置了一些改善金融服务和公司治理方面的要求。

⑤ 《德国议会下院通过强制银行国有化法案》,载新浪财经,http://finance. sina. com. cn/roll/20090402/06522766758. shtml。

指引，[①]从国家援助与欧盟竞争法的兼容性角度判断是否构成救助措施，主要规制救助措施对欧盟竞争的不当影响。美国 FDIA 要求，银行救助需满足最低成本、私人担保、稀释股权等条件。[②] 两种立法都规定了股东的额外义务、限制分红及稀释股份等条件。

二、行政干预中的股东权限制

权责机关在行政干预中不仅将影响股东的法律地位，也将对其财产权和治理权进行重大调整。

(一)控制管理：限制股东治理权

控制银行管理要约束银行管理层和股东的决策行为，采取相应措施优化问题银行的公司治理，促使问题银行尽快恢复到常态，将限制或调整股东的部分权利。

1. 受控制的管理：影响股东的表决权

控制人将检查、批准或否决股东参与的决策，限制股东的表决权。但控制人并未全面取代管理层和股东的地位，其权力以防控系统性风险为导向，只在股东等主体决策存在风险时行使否决权。此时的股东会仍然是问题银行的权力机关，但其决策能力受到一定的控制；股东的法律地位和权利并未受到太大影响。

2. 临时管理：限制股东表决权

临时管理人介入问题银行的公司治理，临时取代了管理层的地位，原管理层权利被中止。股东保留了银行股份所有权，也能参与股东会。但股东会的决议将由临时管理人批准，股东的决策权和表决权受到限制。一些国家法律赋予临时管理人较大权力，不仅能中止股东的权利，也能强

---

① 《罗马条约》第 92 条至第 94 条规定，欧盟委员会对各成员方的公共资金救助实施审查，从是否存在国家援助及其与欧盟竞争法的兼容性进行判断。对国家援助一般适用“市场经济私人投资者检验”，对竞争法兼容性的评估则适用《关于国家救助和重组经营困难公司的指引》。

② See 12 U. S. C. 1823(c)(8).

制股东为一定行为。在美国法上,临时管理人可以承继股东所有的权利。[①] 法国法中的临时管理人可以命令股东以特定价格处置其部分或所有股份、决定股东设置表决权信托。[②] 在许多国家,临时管理人不能破坏和改变银行公司治理框架,也不能代替股东行使相关权利。如果临时管理措施得不到股东的明确同意,可能不会使问题银行尽快恢复。这就需要采取类似法国法的做法,或由权责机关对该银行实施接管。[③]

受控制的管理和临时管理都属于柔性较强的干预措施,通过限制银行管理层和股东的部分权利,使其采取相应措施。但很多问题银行是由于大股东的"缺位""越位"产生的,他们利用持股比例或影响力把持了银行的经营管理。控制管理并不能达到预期效果,反而会因股东权利的影响阻滞其正常发挥作用。[④] 欧洲法院 Panagis Pafitis 案判决表明,[⑤]临时管理人承继银行所有权利后,增加问题银行资本金仍应取得原股东的同意。

（二）全面控制：深入干预股东权

随着问题银行状况的恶化,市场救助机制无法使银行恢复。权责机关必须介入银行公司治理,全面干预股东权。

1. 接管：深入限制股东权

接管人深度介入问题银行的公司治理,可以排他性地行使该银行的所有权利。[⑥] 接管人行使股东会的审议权和决策权,可以中止股东权、行

---

① See 12 U. S. C. 1821 (d)(2)(A).

② 在法国,被处置股份的价格由法院确定,而股东表决权信托的受托人、期限等事项也均由法院确定。See Tobias M. C. Asser, *Legal Aspects of Regulatory Treatment of Banks in Distress*, IMF, 2001, p. 128.

③ See Tobias M. C. Asser, *Legal Aspects of Regulatory Treatment of Banks in Distress*, IMF, 2001, p. 129.

④ 参见刘俊:《各国问题金融机构处理的比较法研究》,华东政法大学 2007 年博士学位论文,第 140 页。

⑤ See *Panagis Pafitis and other v. Trapeza Kentriltis Ellados AE and others* (C – 441/93), OJ 1996 C180/3.

⑥ See Tobias M. C. Asser, *Legal Aspects of Regulatory Treatment of Banks in Distress*, IMF, 2001, p. 138.

使银行经理层的管理权。股东在接管中虽享有参与权、知情权,但其表决权将受到限制。接管人对问题银行资产的管理也会影响股东财产权。对被接管的问题银行,接管人一般会采取购买和承接交易、资产剥离等措施。部分或全部股份可能会被转让给第三方,但股东对被转让的股份无表决权;若被剥离的问题资产中涉及股东利益,也将会影响股东的相关权利。如在包商银行被接管期间,接管组完成了清产核资、改革重组等工作。相关权责机关发起设立了蒙商银行,在受让了包商银行所持甘肃银行的8.45亿股份后,蒙商银行成为甘肃银行的新股东。[①] 由于接管人可以任意处置股东权,即便股东对处置措施存在异议,也无法行使回购请求权。美国法、法国法赋予接管人与临时管理人类似的权力,使其可任意处置股东的任何权利。[②] 但如果接管权力被滥用,对股东权造成了不当侵害,股东也享有救济权。

实施接管将会产生两种后果,对股东权也存在不同的影响:如果接管成功,问题银行恢复常态,接管人将会取消对股东权的限制;处置问题银行获取的额外收益可在特定条件下补偿股东损失。如果接管失败,问题银行将会进入关闭撤销或破产程序,股东权将会受到更强的规制。

2. 国有化:对股东权的强势干预

当市场救助措施无法消除问题银行所面临的威胁时,政府将直接出资购买、临时持有银行股东权,[③]这是全面控制中最具强度的措施,可被分为部分国有化和全面国有化。在实施部分国有化时,政府成为参股股东或控股股东,在股东会决策中享有话语权或支配地位。股份被政府收购的股东将会丧失股东身份;其余股东所持股份比例也将发生变动,股东

---

① 参见中国人民银行:《金融稳定报告2021》,第81～82页;《中国银保监会甘肃监管局关于同意甘肃银行股份有限公司变更包商银行股权的批复》(甘银保监行许〔2021〕451号)。

② 美国FDIA属于概括授权,FDIC可以担任临时管理人或接管人,对股东权的处置权力属于该法规定的一般权力。法国相关法律是明确授权的典型,处置机构享有临时管理或接管的权力,该法明确规定了权力范围和程序。

③ 参见伏军:《危机银行处置:原理、制度与方法》,法律出版社2018年版,第168～169页。

权利被稀释。为避免政府直接干预银行经营,欧美国家更倾向于持有优先股等措施。如果问题银行被全面国有化,权责机关将成为该银行的独资股东,全面控制银行的经营管理和资产。如俄罗斯银行持有奥克利提银行99.9%的股份,基本成为该银行的独资股东。此时原股东丧失股份所有权,不再具有股东地位。在国外,问题银行国有化是临时措施,当银行恢复可持续经营时,政府将适时退出国有化,银行将被转让给适格投资者。原股东是否作为新投资者入股银行,则将根据适格条件和市场情况而定。

政府在实施国有化时,除设置条件防控股东等主体的道德风险外,还应慎重地评估该措施对股东权的影响,必要时还应赔偿股东损失。在北岩银行的国有化中,英国财政部根据2008年的临时立法发布了转移令,将北岩银行的所有股份转移到财政部指定人手中,独立评估人将原股东的赔偿额度设置为0,理由在于北岩银行已处于管理程序,不能持续经营。英格兰银行或财政部已撤出对存款接受者的所有财务援助,后来也没有采取援助措施。[①] 这就涉及国有化及赔偿是否符合比例性的问题。欧洲人权法院认为,英国政府实施国有化作为最后救济手段,旨在保护国内金融业免受北岩银行清算的影响,政府在监管、处置问题银行中并不存在过失,除非国有化明显缺乏合理基础。政府不赔偿原股东也是为了遏制其道德风险。最终该法院认定国有化并未侵害北岩银行股东的财产权。[②]

(三)公共救助:调整股东权

公共救助存在一定的负外部性,这是导致问题银行股东、管理层道德风险的主要因素之一。权责机关应当遵守严格的适用条件和程序,不得滥用公共救助的权力。比较国内外的法律和案例,公共救助会直接或间接地调整问题银行的股东权。

---

① Jacques Sluysmans, et, al., *The Rule of Law: Protection of Property*, in Matthias Haentjens, Bob Wessels eds., Research Handbook on Crisis Management in the Banking Sector, Edward Elgar Publishing, 2015, p. 387.

② See *Dennis Grainger v. United Kingdom*, 10 July 2012, appl. No. 34940/10.

1. 流动性支持:调整股东权益

(1)紧急贷款:以股东救助为条件。央行对向问题银行提供紧急贷款附加了严格条件,其前置条件是该问题银行已制订了救助计划,实施了相应的自救行为。这要求股东积极采取行动,与特定债权人分担银行损失,股东也不存在拖欠股款等违法违规行为。银行的救助计划和安排中还有股东增资扩股、化解风险等承诺。此外,紧急贷款的实施条件还应当具有一定的"建设性模糊",使股东和管理层不存在侥幸心态,谨慎地监督、参与问题银行的经营管理。

(2)政府担保:避免股东道德风险。国外法律已明确规定政府不对股东权及股东提供担保。[①] 因此,政府担保一般不会涉及股东权的调整,不会影响问题银行的公司治理,也降低了引发股东道德风险的概率。

(3)税收减免:影响股东收益权。银行与股东的人格相互独立,二者承担着不同的纳税义务。在问题银行救助中,税收减免以调整税款征收范围、降低营业税率等方式,降低了问题银行的税负,间接地增加了其可用资金;并不会因之减免股东的纳税义务。在会计财务上,如不考虑其他因素的变动,问题银行税负减少,将会增加银行税后净利润、盈余公积金和未分配利润,[②]使股东间接地受益。为约束股东罔顾银行问题而一味谋取私利的自利行为,银行与股东可以以公司章程、入股协议或发起人协议等方式,明确约定在此类情形下实施审慎分红或不按持股比例分红等措施,[③]通过私法自治约束股东的收益分配权。

2. 增加资本:财产权与治理权的变更

政府购买股份或直接注资,问题银行的股东权受到不同程度的调整,

---

① 欧盟 BRRD 明确禁止各成员方为股权提供担保。美国 2008 年颁布实施的历次担保计划中也没有明确提到为股东或股权提供担保。

② 参见李霁友:《商业银行资本金制度》,科学出版社 2004 年版,第 54 页。

③ 《公司法》(2023 年修订)第 210 条第 4 款第二分句规定,股份有限公司章程中可规定不按持股比例分红。实践中,华瑞银行股东在发起人协议中做出了审慎分红的约定。参见颜剑:《首家民营银行发起人协议:三年内监管不达标不分红　有义务持续注资》,载上海证券报官方网站 2014 年 11 月 13 日,http://news.cnstock.com/news,bwkx-201411-3242205.htm。

有的注资方式将会直接影响股东权。[①]

(1)购买银行股份的情形。与临时国有化类似,购买银行股份一般由财政部进行,这会引起银行的股权结构变动,对问题银行的公司治理产生影响。在购买不附表决权的优先股时,财政部成为优先股股东,享有优先分配利润等收益的权利;原优先股股东需按持股比例与财政部共同分配收益,原普通股股东则劣后于财政部和原优先股股东享有收益分配权,其表决权不受影响。在购买普通股时,财政部成为普通股股东,享有表决权和收益分配权。是否掌握银行控制权,取决于财政部所持股份比例,其也将按持股比例分配其所得收益。在这两种情形下,都不排除财政部以其影响力成为银行实际控制人的可能性。

(2)直接注资的情形。政府向问题银行直接注入资本金,客观上对股东权有稀释作用,会对银行公司治理有直接影响,股东会的审议和决策也会受到影响。在特定情形下,财政部及其他机构也会以发行特别国债等方式注资。如我国曾对国有银行发行了2700亿元特别国债,还曾以外汇储备为国有银行注资,有效地补充了银行资本。[②]

三、以救助为主的股东加重责任

当权责机关实施行政干预时,自然人股东、法人股东将承担以救助为主的加重责任,采取放弃部分权利、强制处分其股份等方式,使问题银行尽快摆脱困境。政府股东虽采取了较多救助行为,却因其特殊性很难将这些情形归为加重责任。

(一)一般股东的救助义务

1. 自然人股东的救助义务

自然人股东的救助虽以增加银行资本为目的,救助方式与注资、减

---

① See Yves Mauchle, *Bail-In and Total Loss Absorbing Capacity (TLAC) Legal and Economic Perspectives on Bank Resolution with Functional Comparisons of Swiss and EU Law*, Wolters Kluwer, 2017, p. 31.

② 参见俞冬来:《政府救助国有商业银行研究》,西南财经大学2009年博士学位论文,第79~80页。

记、转股等不同，一般采取放弃红利分配、强制处分股份等方式。股东放弃按持股比例分配红利或不参与红利分配，可以增加问题银行的资金。美国法上存在股东派缴额外股款的制度，仅适用于国民银行协会等存款机构。监管机构可要求股东补足银行资本，股东缴纳额仅限于银行股份票面价值，这就类似于美国银行法上的双重责任。若股东拒绝缴纳额外股款，则董事会可出售这部分股份引入新股东。①

2. 法人股东的救助义务

法人股东可采取三种方式救助问题银行：一是免除部分或全部债务。控股公司可减少或放弃对问题银行的债权，或者要求其他附属银行放弃债权。问题银行减轻了债务负担，相当于增加了可用资金。美国法将这类救助方式确立为强制性要求，而法国法则对其不作强制要求，由法兰西银行行长邀请银行股东减免债务。② 二是提供资本担保或交叉担保。金融控股公司对附属问题银行提供资本担保，或者要求其他附属银行提供担保，在被担保问题银行倒闭的情形下，将由金融控股公司承担损失，或由其他附属银行分摊该银行损失。这种方式类似于资本维持承诺，不同之处在于担保是承诺分担损失。三是提供集团财务支持。欧盟成员方的金融集团财务支持需同时满足多个条件，如财务状况可能性、维护集团整体财务稳定、接受支持方支付合理对价、充分信息披露、不危害支持方流动性和偿还能力、符合欧盟《资本要求指令》等。③

（二）政府股东救助行为辨析

国内外政府虽都对问题银行实施救助，却表现出不同的法律性质。国外政府的救助是履行公共管理职责，政府股东仅存在于临时国有化的情形，不承担加重责任。我国政府虽是国有银行出资人，但实施救助时存在法律身份冲突。无论其以何种身份救助，都不属于加重责任，也不宜承

---

① See 12 U. S. C. A. § 55.

② See Eva Hüpkes, *The Legal Aspects of Bank Insolvency: A Comparative Analysis of Western Europe, the United States and Canada*, Kluwer Law International, 2000, p. 86.

③ See BRRD, Art. 21.

担加重责任。

1. 国外政府救助行为的特性

在西方国家,政府一般只对问题银行实施公共救助。政府救助是由政府监管职责衍生的救助义务,银行临时国有化时的国有股东也不承担股东救助义务。为避免政府救助引发的道德风险,欧美国家普遍确立了较为严格的政府救助制度。公共救助理论上可被分为白芝浩型(Bagehot)和公共救助型(Bailout)两种,[①] Bagehot 型救助依照最后贷款人制度确定的法定权限和程序实施,由央行为问题银行提供流动性支持。Bailout 型救助由财政部依照特定法律制度实施注资救助。美国在 2008 年《多德・弗兰克法案》和 2010 年《紧急经济稳定法案》中规定了财政部门注资行为,确立了“保护纳税人权益”“成本可回收”“最后手段”等规则。欧盟《建立欧洲共同体条约》和 BRRD 规定了财政注资的权限和程序。

2. 我国政府救助行为的性质与内容

我国普遍存在国有控股银行和国有企业、政府部门参股的银行,使政府救助问题复杂化。频频动用公共救助容易引发银行道德风险,形成股东等主体对公共救助的过度依赖。国家股东需要准确判断不同身份下承担的义务和责任。在国有银行救助中,政府存在出资人、管理人和救助者三重法律身份。政府作为出资人承担的救助义务,是基于国有银行股东身份产生的约定义务。但政府不能直接救助,可委托政府融资平台、国有企业或财政部门救助。政府作为银行的管理人,承担着维护宏观金融安全的职责,动用财政资金救助银行是积极履行政府法定责任的体现。在此情形下,政府可要求财政部门作为国有银行资本管理人履行管理职责。政府作为救助者,应受到严格的法定程序和权限限制,只能在可能或已经产生系统性风险等特定情形下动用财政资金救助,这已属于公共救助的

---

① See G. Ross, *Curbing Bailout-Bank Crises and Democratic Accountability in Comparative Perspective*, Ann Arbor: The University of Michigan Press, 2009, p. 26.

范畴。综上所述,可以通过委托、行政命令或公共救助的方式解决政府股东法律身份的冲突。这些救助行为都不属于加重责任。

四、干预股东权制度的现状与重构

我国需要参照国际最佳实践、借鉴发达国家经验重构干预股东权制度,强调权责机关依法干预股东权,确保股东的合法权益不受影响。

(一)现状:理念与制度滞后

我国问题银行行政干预制度较为滞后,突出表现为立法理念滞后、主要制度缺失等方面。

1. 立法理念滞后

在欧美相关法律制度中,行政干预只能在股东等穷尽市场救助手段后实施,一般都明确规定了其具体措施、程序、权限、适用对象等主要内容。权责机关恪守法定权限和法定程序,以成本最小化和防范股东道德风险为导向,注重干预措施的实施效果及其负面影响。相比之下,我国问题银行救助制度的立法理念处于转型过程中,没有明确市场救助和行政干预的关系,往往边探索边制定应对政策,制度构建缺少明确性、前瞻性和协调性。权责机关不仅被授予过于宽泛的自由裁量权,为强势行政干预预留了很多空间,且法定权限和程序的规定通常较为简略,也忽略了干预措施对股东等利益相关者的影响。这些立法理念更不符合问题银行处置成本最小化的要求。

2. 主要制度缺失

第一,缺少效力层次较高的制度。目前,我国仅有《银行业监督管理法》规定了银行接管制度,人民银行的部门规章规定了紧急贷款制度,有关政策文件对国有银行资本管理作出了规定。除了接管制度的法律效力较高外,其余制度均存在于部门规章和规范性文件,对银行、股东等主体约束力相对较弱。第二,缺少一些重要制度。我国银行监管实践中以执法检查、联合惩戒等方式,对银行及其股东等主体实施规制。但我国缺少公共救助方面的法律制度,特别是在运用财政资金救助银行的原则、程序和条件等方面都存在空白。第三,缺少对权力的合理分配。我国虽然规定了人民银行的紧急贷款制度,但并未明确最后贷款人(Lender of Last Resort,LOLR)的权力范围和程序。此外,我国现行法律制度对公共救助中的权力分配不合理,并未明确规定人民银行、财政部所实施的公共救助的关系和适用条件,也未规定财政部的注资、特别国债、税收减免等措施。第四,缺少对干预程序的规定。《商业银行法》(2015 年修正)、《银行业监督管理法》规定了接管的启动、实施和终止程序,对接管中的具体措施规定较为简略。《商业银行法(修改意见稿)》已完善了接管程序的规定。在我国问题银行公共救助实践中,虽然对紧急贷款、特别国债等措施规定了实施步骤,但大都是针对具体事项的决定和规范性文件,[①]具有很强的政策性和时效性,没有形成有序干预的程序。

(二)重构:再造依法干预制度

我国急需重构问题银行的行政干预制度,科学、合理地分配权力,设置股东权规制措施,明确股东加重责任的适用条件和范围,使其适应新时代银行监管体制。

1. 革新干预股东权的立法理念

第一,依法行使自由裁量权。权责机关享有干预股东权的自由裁量权,应符合正当程序、合法性、合理性等基本原则;干预股东权旨在维护金融稳定等公共利益,促使问题银行恢复常态;干预股东权属于侵益性行政行为,对问题银行的资产控制、全面控制都需符合成本最小化、对股东合法权益的侵害最小化的原则。行政干预制度既要防范股东的道德风险和权力寻租,也不应为过度干预市场预留空间。第二,循序渐进地干预股东权。权责机关应当依照银行问题的严重程度,循序渐进地实施相应的干预措施。按照有序处置的要求,控制管理、全面控制是对问题银行进行市场救助的辅助手段,公共救助是对问题银行最后的救济手段,都应于股东

① 1998 年,我国财政部发行特别国债补充国有独资银行资本时,由全国人大常委会审议、批准了国务院提出的相关议案。随后,财政部颁布相关规范性文件规定了具体操作事项。但我国并未针对财政部发行国债、注资等措施制定专门程序。

等主体的市场救助失灵时适用。第三,协调不同权责机关关系。我国应进一步厘清各权责机关的权力边界。其中,监管机构主导实施控制管理和全面控制;人民银行履行最后贷款人职责,为问题银行提供流动性支持;财政部提供注资、国有化等公共救助。鉴于银行在经济社会中的系统性影响,我国还应赋予各级政府在银行救助中的维稳职能,避免问题银行救助产生负外部性。政府、监管机构等权责机关应形成协同救助问题银行的合力,避免各权责机关间的权力竞争和互相推诿。

2. 完善干预股东权的法律制度

我国需要杜绝粗放式立法,应当尽快制定法律法规,增强对股东等主体的约束力和指引作用。我国可以借鉴国外典型立法,在相关法律制度中明确规定干预股东权的具体情形,完善托管等干预措施;进一步明确人民银行的最后贷款人职能和财政部门的公共救助权力,严格限定人民银行紧急贷款、财政部公共资金救助的适用条件和实施程序,避免公共救助引发股东的道德风险和不当预期。相关法律制度还需避免政府多重法律身份的冲突,厘清公共救助职能与出资人注资义务的区别。同时,在《商业银行风险处置条例》中规定行政干预程序,明确控制管理、全面控制与公共救助的启动、实施、终止等条件,严格限定各项制度中股东权规制措施的适用,确保股东权规制符合法定程序。

3. 完善干预股东权的具体措施

我国应进一步完善股东权行政干预的具体措施。首先,明确行政干预的法律授权。可兼采美国法的概括授权和法国法的具体授权方式,在《银行业监督管理法》、《商业银行法》(2015 年修正)等法律中明确授予行政机关干预权力。对限制股东治理权等一般性规制采取概括授权方式;明确规定救助等加重责任的适用条件,弥补概括式授权的缺陷。其次,在《商业银行风险处置条例》中明确规定相应的干预措施,对行政干预引发的股东权、控制权及公司治理结构的变动,应当在《公司法》《证券法》《商业银行法》等法律中明确规定。最后,还需赋予股东救济权,方便其对违法的规制行为提出行政复议或行政诉讼。股东等主体与相关机构还可对权责机关实施必要的监督,加强对违法行政干预的问责,确保行政干预中权责机关规范行使权力。

小　结

问题银行救助是使银行恢复常态的危机处置制度。当银行可能发生或已发生资本不足等问题时,权责机关和股东等主体运用市场机制和行政力量使问题银行恢复常态。通过各方的积极救助,问题银行一般能够恢复常态,继续提供关键金融服务,维护金融稳定,并将对市场信心的损害和对相关主体的侵害最小化。

监管机构应加强对银行的日常监管,及时发现银行问题,积极采取早期纠正措施,促使股东等主体尽快采取行动,防止风险隐患演变为趋势性问题。当银行面临的资本短缺、无法清偿债务等问题较为严重时,权责机关应尽快启动处置程序,要求股东、特定债权人采取自救措施,通过内部自救和外部救助,运用优先股、债转股、自救债、资产剥离等多种方式实施救助。当穷尽市场救助手段时,行政机关应发挥积极作用,对问题银行采取临时管理、接管、国有化等措施,通过控制银行管理和资产,使问题银行尽快恢复常态。为防范救助措施引发的道德风险和权力寻租,公共救助应当成为对问题银行最后的救济手段。在银行救助过程中,股东的财产权、治理权受到不同程度的调整和限制,自然人股东、法人股东需承担以注资、救助为主的差别化的加重责任;国有股东因特殊身份不宜承担加重责任。我国需要结合国内外立法和实践,梳理股东权规制和股东加重责任适用的规律。

我国虽初步构建了早期纠正、市场救助和行政干预等救助制度,但还存在理念相对滞后、制度建设滞后、行政干预较多等问题。我国应当借鉴国际准则、国际最佳实践,明确问题银行救助中股东加重责任的适用条件,完善股东权规制措施与配套措施。

第四章　问题银行市场退出中的股东权规制

若穷尽一切救济手段后,问题银行仍无法恢复,使无法救助的银行退出市场,可避免问题继续恶化,减少问题银行存续带来的负外部性。在实施问题银行市场退出过程中,股东权将受到较强规制,冲销财产权、分担银行损失,甚至丧失股东资格与权利。监管机构、法院等权责机关享有较大的处置权力。按照有序处置原则,应尽可能实行市场化退出,仅在必要时实施撤销或清算退出。我国需以银行市场退出机制建设为契机,针对现行各项制度中存在的问题,构建自愿与强制相结合的并购制度,合理安排撤销中的股东权处置,针对股东制定特殊清算规则。

第一节　股东参与问题银行市场退出的法理

市场退出使无法生存的银行不再存续。在实施问题银行市场退出时,权责机关对股东的权利实施较强规制,股东几乎逐渐丧失了一切权利,最终也将丧失股东资格。我国要构建市场化退出制度,需要借鉴国内外制度与实践经验,明确问题银行市场退出的目标与原则、制度框架。

一、问题银行市场退出的目标与原则

问题银行的市场退出影响甚大,以保持银行稳定、减少系统性影响、保护存款人权益为主要目的,最终淘汰问题严重的问题银行。

（一）主要目标

让无法生存的银行退出市场，旨在实现银行业的优胜劣汰，适应现代市场经济发展，保持银行业的高效、安全和可持续发展。

1. 实现银行业的优胜劣汰

在市场经济体制中，市场主体间存在适者生存、优胜劣汰的竞争关系，其生存和退出也是实现市场自我净化、自我优化的重要途径。问题银行的存在会影响资金配置效率，影响市场经济正常运行，甚至造成社会公众的财产损失。让这类银行及时退出市场，有利于维护社会公众财产利益，提高银行业的整体效率，促进银行业的稳健和可持续发展。当银行规模较小、社会影响不大时，应优先适用并购重组的市场化退出方式，通过市场机制实现银行业的发展。只有在防控系统性风险、维护金融稳定等公共利益引导下，权责机关才能适用强制退出手段，弥补市场调节机制的缺陷。通过“无形之手”和“有形之手”的灵活运用，实现失去偿付能力银行的有序退出，有利于整个银行业的安全与稳健。

2. 维护宏观和微观金融安全

“单个金融机构的安全与稳健乃是国家金融安全的微观基础。”[①]银行对经济社会有重大影响，一家银行的市场退出容易导致银行业市场的动荡，引发经济社会秩序的混乱，引发公众对市场的恐慌，造成信用体系的崩溃。为维护金融业稳定，权责机关需要规制银行的市场退出。有序、有效的市场退出制度，既可维护银行及相关者的利益，也可防止单个银行退出市场引发的经济社会秩序混乱和金融业动荡。不仅降低单个银行退出市场引发的潜在风险，也避免了银行退出对整个市场和社会带来的负面效应。通过维护单个银行的安全，实现维护宏观金融安全的目标。

3. 实现实质公平和正义

银行的市场退出会损害存款人、股东及相关者的利益，也会引发破坏经济社会秩序等不利后果。如果任由问题银行、股东等主体自行退出，将

---

① 刘俊：《各国问题金融机构处理的比较法研究》，上海人民出版社 2008 年版，第 22 页。

诱发大股东等主体内外串通，借助优势地位和信息不对称，以市场退出的方式腾挪银行资产，侵害中小股东、存款人等相关者利益。权责机关以对股东与相关者的利益调整为核心，充分发挥私法规制与公法规制的不同作用，使股东承担较多的义务与责任，有效地规制股东在银行市场退出中的行为。权责机关通过利益调整弱化银行退出市场的负面影响，维护更重要、更广泛的社会利益，实现实质公平和正义。①

（二）基本原则

为弱化对公共利益的负面影响，权责机关应当采取及时处置、最小成本处置的方式，审慎对待银行退出市场。

1. 及时处置原则

国内外经验表明，银行风险的传染性较强，极易受到信息等外界因素影响。如果一家问题银行得不到及时处置，容易向多家银行传染风险。如果一家救助彻底无望的问题银行继续存在，不仅会影响银行业的公平竞争，也将影响银行业的安全和稳健运行，严重削弱银行业市场主体的信心，甚至引发金融市场动荡和金融危机。因此，对于处置无望的问题银行应当及时实施退出措施。

2. 最小成本原则

实施银行市场退出会耗费较多资金，其处置收益—可能接近或低于最小处置成本 C_s。权责机关需权衡银行退出的时机、处置费用及社会影响，其中很多因素无法量化，处置收益不可能比救助银行的大，但银行退出市场已不可避免，应尽可能地降低处置成本。因此，各方应当优先采取市场化退出手段，使丧失持续经营条件的银行自愿退出市场。股东、特定债权人等各相关方形成合意，以并购重组的方式退出市场，可以减少公共资金的不必要浪费。即便采取行政强制手段处置问题银行，也应采取成本最小的手段解决后续问题。

---

① 参见张雪强：《银行业金融机构市场退出法律制度研究》，西南政法大学2011年博士学位论文，第174～175页。

3. 审慎实施原则

银行具有系统重要性,对社会经济和个人生活都有重要影响。问题银行的退出不仅会影响社会公众的心理,也会影响银行业、监管机构的形象、声誉与可持续发展。因此,相关方应审慎实施银行市场退出措施。只要问题银行仍有希望恢复可持续经营,就应当尽可能采取市场化手段进行救助;唯有银行存在违法违规行为或问题特别严重,任何救济对银行恢复都无济于事时,才能实施市场退出措施。在实施市场退出措施时,权责机关也应当严格遵守法定程序,保持与市场和社会公众的良好沟通,及时公布相关情况,以免信息不对称影响市场信心,减少银行退出市场造成的系统性影响。

二、问题银行市场退出制度的比较分析

综观国际准则和各国立法,在市场退出中对问题银行主要采取并购重组、破产清算和撤销关闭等措施。在不同法律体系中,这些措施对股东权适用不同类型的法律规制。

(一)基本制度

受政治体制、银行业市场结构、银行监管体制等因素影响,[①]各国家和地区银行市场退出法律制度的简繁程度不同。[②] 不同立法模式对并购重组、破产清算和撤销关闭等措施都有相应规定。

1. 立法体例

按照银行市场退出是否适用特别规则,大体上可将不同法律区分为混合法和特别法模式。国际金融危机以来,不同立法的一般规则与特别规则相互渗透。

(1)混合法模式。2008 年以前,大多数欧洲国家问题银行的市场退出适用公司法、破产法等一般商事法。经历过金融危机后,一般法明显不

① 参见张雪强:《银行业金融机构市场退出法律制度研究》,法律出版社 2014 年版,第 278 ~ 283 页。

② 参见李金泽:《银行业法国际比较》,中国金融出版社 2008 年版,第 286 页。

能妥善处理银行破产等问题。各国制定了问题银行市场退出的特别法，大都形成了一般法和特别法并用的模式。如英国问题银行的并购、破产清算主要由《2009 年银行法》调整，也适用《1986 年破产法》等法律。又如德国的银行重组虽适用《2011 年银行重组法》，但有关事项也适用《民法典》《商法典》及普通公司法。

(2)特别法模式。采取该体例的国家和地区，针对银行市场退出的特殊性制定了专门法律。美国银行的撤销关闭、破产清算等适用 FDIA、FDICIA 及《多德 · 弗兰克法案》，其他市场退出措施适用权责机关的相关法律、条例和规则。俄罗斯制定了银行重组、破产的特别立法，银行市场退出适用《银行重组法》《银行破产法》《信贷机构重整法》等法律。

2. 主要机制

按照权责机关介入程度不同，问题银行的市场退出分为并购重组、撤销关闭和破产清算等机制。对于具有潜在商誉价值、系统性风险较小的问题银行，一般可适用并购重组，运用私法规制使稳健银行与问题银行并购，可将对金融市场造成的影响最小化，也避免了高额的公共救助成本。当问题银行存在违法违规情形时，应由权责机关实施强制干预，以撤销关闭方式退出市场。当银行救助成本过高，问题银行彻底无法恢复时，其继续存续将会产生更大的负外部性，应实施破产清算，使之彻底退出市场，一般用于彻底解决银行危机。问题银行市场退出的各项机制是选择适用的关系，并非前后相继、并行不悖的关系。因银行退出对金融市场的负外部性较强，使问题银行稳妥地退出市场显得尤为必要。一项退出措施的选择不可逆转，否则将徒增更多的处置成本。厘清各项措施的适用条件、实施程序显得至关重要。

(二)权力分配

权责机关较深度地介入了问题银行的市场退出。在不同退出方式中，权责机关之间的权力分配不同，以对问题较严重的银行实施有序退出为目的。在并购重组中，权责机关包括监管机构、反垄断执法机构和法院，其权力源于各机关的法定职责。其中，监管机构主要促成稳健银行与问题银行的并购，对并购交易进行审慎监管。反垄断执法机构对并购交易进行反垄断审查。法院不仅要审查监管机构和反垄断执法机构，也要在必要情形下审查并购交易，裁判并购交易纠纷案件。撤销关闭主要是监管机构实施的退出措施，与其准入监管职责相对应。监管机构以银行法或银行监管法为据，遵照法定权限和程序行使撤销权，对问题银行是否适用撤销关闭具有自由裁量权。破产清算的权力分配因银行破产类型不同而不同，但都回避不了监管机构的参与。在监管破产模式下，监管机构依照审慎监管职责，启动破产程序，法院确认破产处置措施。在司法破产模式下，法院具有破产程序主导权，监管机构具有破产申请权，法院参考监管机构的意见裁判。各权责机关之间不仅要有明确的职责分工，避免监管和处置中的不必要重复；也要建立信息共享机制，消除监管和处置中的信息不对称。

（三）运作流程

如图 4－1 所示，按照有序退出的原则，问题银行应遵照以下流程退出市场。

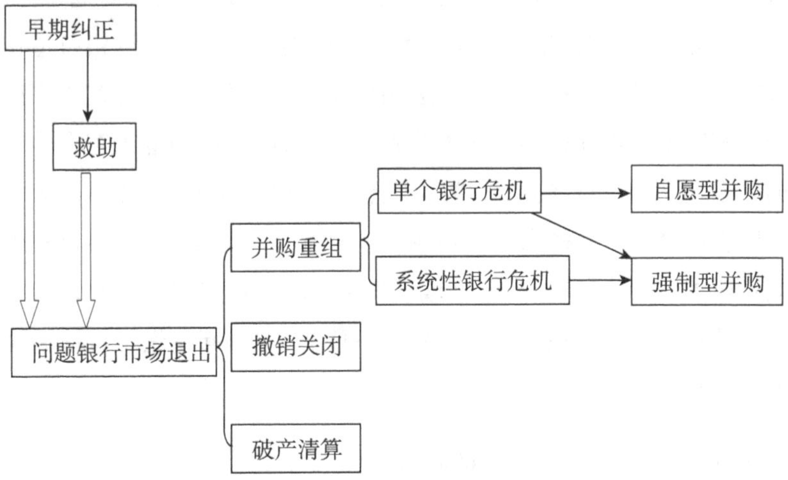

图 4－1　问题银行市场退出流程

1. 启动程序

当问题银行救助无望、存续风险较大、存在系统性影响时，就应启动相应的市场退出措施，实施各项措施的启动条件不尽相同。其中，并购重组应区分单个银行危机和系统性银行危机，依据银行风险状况、并购交易收益，判断实施并购交易的必要性和可行性。对系统性银行危机还应结合银行危机的特点、严重程度，判断权责机关介入市场退出的程度。在问题银行具有系统性影响时，应由权责机关主导实施并购重组。当问题银行债权债务清楚、系统性影响不大时，可由合并方、问题银行自行并购。当问题银行存在违法违规情形时，权责机关可结合法律法规，分析该银行是否依法适用撤销关闭。因问题银行的破产清算关系重大，权责机关可综合运用偿付能力、流动性等指标，必要时运用监管指标判断银行是否要破产清算。

2. 实施和衔接程序

权责机关应遵循市场化处置和行政处置的程序，实施相应的问题银行市场退出措施。无论处置单一银行还是系统性银行危机，并购都属于市场化退出方式，只是权责机关干预程度不同。权责机关需要判断并购的必要性、可行性，评估并购后的收益及可能形成的市场垄断危害；同时审查合并方是否稳健，是否会受到问题银行的影响。对问题银行适用撤销关闭、破产清算时，权责机关需运用成本收益分析法，考虑实施不同措施的不利因素与负面影响。审慎监管、银行救助与市场退出存在前后相继的关系，应当按银行的系统性影响、银行危机紧迫性、潜在风险等因素判断监管或处置程序的衔接与适用。监管机构在早期纠正中，可根据审慎监管职责，对问题较为严重的问题银行实施重组、撤销或破产清算等措施。其他权责机关可在穷尽一切救助手段后，根据问题银行状况采取市场退出措施。

三、问题银行市场退出中的股东

问题银行进入市场退出程序，股东的法律地位将发生根本性变化，股东几乎丧失了所有权利，还要承担较多的义务和责任；股东在撤销关闭和破产清算中还应承担相应的加重责任。

（一）股东的法律地位：承担更多义务

银行救助与市场退出都属于问题银行处置程序的组成部分。银行救助是使银行恢复可持续性，其目的在于使银行存续。市场退出则是淘汰问题严重的问题银行，避免问题银行退出市场产生的连锁反应。问题银行的救助与市场退出的目的不同，股东在两阶段中的法律地位不同。在银行救助中，股东仍享有较多权利，对问题银行的部分处置事务仍有表决权。当银行处于退出阶段时，权责机关完全掌握了银行的控制权，银行实体注定要归于消亡。股东除了承担更多的义务和责任外，几乎丧失了一切权利。[①] 此时股东不能以有限责任回避相应的义务和责任。

（二）股东权规制：权利受全面限制

在问题银行市场退出中，股东仍存在冒险行为和机会主义行为，应注重防范和规制股东为谋求私利而孤注一掷的行为。在该程序中，公共利益超越了一切私人利益，但必须保护股东、债权人、存款人等相关者的合法权益。股东权在问题银行的市场退出中将受到全面限制，主要目的是保障存款人利益和债权人利益，防范大股东利用优势地位损害相关者权益。股东权一般会受到以下限制：一是股东财产权受到全面限制。在并购重组中，问题银行与合并行实现机构重组，股东权被稀释或被转让。在撤销关闭或破产清算中，股东几乎会丧失全部财产权。二是股东治理权受到全面限制。股东在银行市场退出中不配合风险处置的，监管机构将限制其表决权、提案权、处分权等治理权。[②] 三是股东救济权受较大影响。在市场退出程序中，股东仍享有有限的救济权。股东可依照《公司法》（2023 年修订），对问题银行内部侵权行为提起直接诉讼或派生诉讼；

---

① 参见郑志斌：《公司重整制度下股东权变异研究》，吉林大学 2011 年博士学位论文，第 33 ~ 34 页。

② 《商业银行股权管理暂行办法》第 48 条第 11 项规定，股东等主体不配合银行监管部门开展风险处置的，银行监管部门可根据《银行业监督管理法》第 37 条限制股东治理权。

股东还可依照行政救济法,对违法规制行为提起行政复议或行政诉讼。但股东不能滥用救济权,阻碍强制性退出措施的实施。四是剩余财产分配权受到较多限制。在实施市场退出措施后,问题银行最终被强制清算、注销,股东虽享有剩余财产分配权,但劣后于其他主体受偿。倘若问题银行清算后不存在剩余财产,股东自然无分配权,还须分担剩余风险。

(三)股东的参与方式

股东参与问题银行市场退出,通常是权责机关的强制要求。我国监管机构制定的规章强制股东参与市场退出程序,股东必须配合银行风险处置。RRP、发起人协议、入股协议或公司章程的规定虽属约定情形,但并不能排除法律中的强制适用规范。这些文件都需要监管机构进行审核,根据监管要求定期更新。SIB 的主要股东等按约定参与问题银行的市场退出,也要配合权责机关的风险处置。民营银行发起人应积极参与市场退出阶段的风险处置。

四、构建股东参与银行市场退出制度

当问题银行退出市场时,权责机关仍需并用公私法规制方式进行利益调整,注重市场化退出与强制退出的适用次序。无论采取何种退出措施,股东权都将受到更多的限制,股东也将承担更多的义务与责任。我国需以市场主体退出制度改革为契机,完善整体制度设计、优化处置权力分配、明确股东参与方式,形成市场化退出与强制退出相结合的制度体系。

(一)现状:缺少针对性较强的制度

我国现行制度较为零散,问题银行可适用并购重组、撤销关闭和破产清算等退出方式,现行法律缺少限制股东权、增加股东义务与责任的制度。

1. 问题银行市场退出制度现状

我国已形成了一般法与特别法相结合的立法体例,主要有以下法律制度:其一,并购重组制度。问题银行并购重组参照《银行业监督管理法》、《公司法》(2023 年修订)等规定,适用于已发生或可能发生“信用危机”的情形。其二，银行撤销关闭制度。《银行业监督管理法》规定监管机构有权撤销违法违规银行，要求被撤销银行的董事、高级经理人等责任人履行职责，在撤销清算期间实施限制出境措施或申请司法机关禁止股东等主体行使权利；[①]《商业银行法》（2015 年修正）简要规定了银行因吊销经营许可证被撤销后的撤销清算程序。[②]《金融机构撤销条例》规定了人民银行有权撤销违法违规的金融机构，但该法规已滞后于现实发展，无法适应监管职能进行调整。其三，银行破产清算制度。在我国，银行破产清算适用一般破产法模式，相关规范主要有法律、法规、规章及司法解释。其中，《商业银行法》（2015 年修正）及相关部门规章只规定了清算、破产受偿顺位等特定问题；没有作出特别规定的，均应适用《企业破产法》的规定。最高人民法院有关破产案件的司法解释也应适用于问题银行破产清算案件。在我国几家信用合作机构的破产处置中，实际上是以监管机构处置为主，最高人民法院只履行了审判指导与监督职责。

2. 问题银行市场退出制度评析

（1）立法理念缺少体系性和前瞻性。我国有关问题银行市场退出的法律制度尚处于新旧体系转型中，兼具转轨经济和新兴市场经济立法的特点。一方面，由于银行退出市场对社会影响较大，为保障社会经济秩序的稳定，行政机关曾长期主导银行市场退出的实践。由于我国监管领域中存在行政主导的路径依赖，相关立法仍遗留“宜粗不宜细”的特点，为权责机关行使自由裁量权预留了较大空间。随着银行业的迅猛发展，我国先后制定了有关银行市场退出的规章或规范性文件，却不注重新旧制度之间的协调性，使一些法律规范中存在很多不合时宜的规定。另一方面，相关法律制度缺少前瞻性，预留的空间不足以回应现实发展的需要，使权责机关制定规章、规则缺少充分的法律授权，导致现行银行市场退出制度存在正当性不足的问题。后续制定的各项制度措施虽对原有制度有

① 参见《银行业监督管理法》第 39 条、第 40 条。

② 参见《商业银行法》第 70 条。

所修补,但很难形成完整、协调的规则体系。

(2)具体规则缺少明确性和可操作性。相关法律制度对银行的撤销、清算、破产等退出事项仅作出了原则性规定,实践中还需参照适用《企业破产法》及相关司法解释,缺少真正符合银行市场退出特点的具体指引。相关制度的具体条文仍以行政法规和部门规章为主,有的内容甚至与上位法存在不一致之处。[①] 并购重组、撤销关闭、破产清算等措施缺少明确的行为指引、程序性规定,缺少对股东权利、义务与责任的合理调整,导致法律适用存在不确定性。

(3)权力分配缺少合理性和协调性。银行等金融机构的市场退出以监管机构为主导,监管机构要以多种形式进行干预,[②]应严格遵守法定权限和程序行使自由裁量权。因问题银行的市场退出涉及众多权责机关,需要合理分配不同权责机关的权力,明确监管机构与处置机构的法定职责。与国际最佳实践相比,我国相关制度主要存在以下问题:一是新旧制度之间不协调。《银行业监督管理法》和《金融机构撤销条例》不协调,监管机构和人民银行都有权撤销问题银行,条例规定了较为详尽的撤销程序,对股东利益调整较为合理,却存在适用范围受限制的问题。二是权力分配不合理。《银行业监督管理法》规定,在银行"违法经营""损害公众利益"等情形下,监管机构有权撤销该银行,[③]未明确规定监管机构组织清算组。《商业银行法》(2015 年修正)规定,监管机构在银行"因吊销经营许可证被撤销"时组织清算组。[④] 这两个条文虽然赋予监管机构判断权力,却未规定"监管性破产"的适用条件和判断标准,使监管机构权力的法律授权不足。《企业破产法》规定银行破产程序适用国务院的规定,[⑤]虽为

---

① 参见张雪强:《银行业金融机构市场退出法律制度研究》,法律出版社 2014 年版,第 300 ~ 301 页。

② 参见阎维杰:《金融机构市场退出研究》,中国金融出版社 2006 年版,第 78 页。

③ 参见《银行业监督管理法》第 39 条。

④ 参见《商业银行法》第 70 条。

⑤ 《企业破产法》第 134 条第 2 款:金融机构实施破产的,国务院可以依据本法和其他有关法律的规定制定实施办法。

未来制定条例预留了一定空间，却并未妥善分配法院和监管机构在银行破产清算案件中的权力。

（二）完善：以市场主体退出制度改革为导向

我国应以市场主体退出制度改革为契机，[①]推动《金融稳定法》的出台，[②]整合当前各种制度，形成完善的问题银行市场退出制度，合理协调股东利益与相关者利益，减少问题银行市场退出的负面影响。

1. 完善市场退出的整体框架

我国需要完善便捷、有序和有效的问题银行市场退出制度。现行问题银行市场退出制度存在内容庞杂、新旧规则并立等弊端，需要清理、整合现行制度中内容模糊、表述不清的条文，消除各项制度中的矛盾之处，形成体系完备、内容明确、可操作性强的制度。完备的制度还应解决权责机关、问题银行、股东及相关者之间的信息不对称问题，完善权责机关间的沟通协调机制，减少银行市场退出中执法和处置的成本。进一步健全并购重组、撤销关闭和破产清算等机制，设立救助与市场退出的程序衔接机制等配套机制，使不同问题银行依照其所处状态、按照次序退出市场。我国应当根据问题银行的状况、银行的系统性影响，设置不同的市场退出机制，采取多元化、可选择的退出模式。

2. 优化处置权力分配的规则

完善的市场退出制度涉及股东利益与相关者利益的协调，有助于金融资源的有效配置，因此合理分配权责机关的处置权力显得尤为重要。我国需要厘清各权责机关的职责与分工，明确界定不同权责机关在问题银行市场退出中的作用，增强行政、监管与司法的协调性。为避免耗费过多的监管资源和资金，我国须制定问题银行市场退出中的可处置性评估程序，使权责机关履行必要的审查与监督职责，比较市场化退出和强制退

① 《关于印发〈加快完善市场主体退出制度改革方案〉的通知》提出，在建立健全金融机构市场化退出机制时要明确接管、重组、撤销、破产处置程序和机制。

② 《金融稳定法（草案）》第24条简要规定了金融机构的撤销、破产等市场退出措施，还需在修订《商业银行法》《银行业监督管理法》及配套制度时再明确相关具体规则。

出的成本与收益,选择适用成本最小、负面影响最小的退出措施,实现维护公共利益、保障关键金融服务的目的。市场退出涉及对相关者利益的重大调整,对股东的利益影响最大。我国应明确界定权责机关在市场退出中的权限范围、法定程序,约束权责机关的自由裁量权,依法有序地调整股东等主体的权益,避免过度侵害其合法权益,尽可能减少强制干预的不当影响,避免公共资源的浪费。

3. 构建股东参与市场退出的规则

股东参与规则是问题银行市场退出制度的重要组成部分。在问题银行市场退出的过程中,股东处于被动地位,只有配合处置市场退出风险的义务。我国应按照不同银行类型、股东的法律地位,采取自愿退出和强制退出相结合的方式,制定相应的股东参与制度。因SIB"大而不倒"的特性,不宜赋予股东与银行自主选择权,可由权责机关审慎实施并购重组等退出措施,只有在危机紧迫、公共利益严重受损等情形下适用破产清算。对债权债务关系相对简单、系统性影响较小的银行或民营银行,赋予股东自愿退出的选择权,优先适用并购重组方式退出;只有在这类银行涉及违法经营时,才能适用撤销关闭或破产清算。对风险较大的大型银行、中小银行,可由权责机关审慎地实施撤销关闭、破产清算等强制退出制度。明确了各类问题银行市场退出中的股东参与方式,还需确定股东配合银行市场退出中风险处置的义务与责任,明确对股东权的限制程度、股东受合理保护的具体权益。

第二节　问题银行并购重组中的股东权并购

并购重组是问题银行常用的市场化退出方式,原问题银行在并购后归于消灭。股东权并购是重要的并购交易之一,实施并购时涉及股东权的重大调整和变动。我国既未区分问题银行并购与一般并购,也未区分问题银行并购的类型,需要建立自愿与强制并存的股东权并购制度。

一、问题银行的并购重组

通过并购实现银行的机构重组,有利于问题银行平稳地退出市场,促进银行的规模化发展,保持银行业的高度竞争力。[①] 并购是国内外银行业常用的市场退出措施。

(一)理论分析

1. 并购重组的本质

并购在形式上使银行的人格消灭,实质上发生股权、资产、业务等方面的变动,[②]是实现问题银行机构重组的方式之一。问题银行的并购包括兼并、合并、收购等方式。兼并、合并是将问题银行的资产、负债转移到稳健银行或新设银行,[③]收购则是稳健银行以收购股权的方式控制问题银行的经营决策。问题银行的并购通常以购买股权或资产获得该行控制权,[④]虽与购买承接交易、资产剥离等措施一样能够转移资产或负债,都具有防止风险传染或扩散的功效,但并购与救助的目的不同,救助是为问题银行减负,并购则是淘汰问题银行。

问题银行的并购发挥重要的利益调整作用,实现股东、债权人等多方的共赢。[⑤] 首先,并购可有效地解决债务清偿问题,避免对股东等主体的更大侵害。问题银行被并购重组后,稳健银行或新设银行承担了原有债务,最大限度地保全了原银行的资产、客户等资源。股东、债权人的损失被冲销后,还可通过存续银行或新设银行的继续经营实现资产的保值增值。并购符合成本最小化的处置原则,优化与整合金融资源配置。其次,并购可防范问题银行恶化和传染的风险。重组后的银行获得更多流动性支持,可防止原银行风险的恶化和传染,避免对市场信心造成负面影响。

---

① 参见郑鸣主编:《商业银行管理学》,清华大学出版社 2005 年版,第 370 页。

② 参见邓峰:《普通公司法》,中国人民大学出版社 2009 年版,第 629 页。

③ 这种合并方式实质上就是吸收合并和新设合并。

④ 参见邢会强、李光禄:《并购问题金融机构与反垄断法》,载《政法论丛》2005 年第 1 期。

⑤ 参见张雪强:《银行业金融机构市场退出法律制度研究》,法律出版社 2014 年版,第 125 页。

再次,并购可减少对公共救助的依赖,节约行政处置成本。权责机关为促成问题银行的并购交易,一般会采取补偿损失、撮合交易、吸收坏账等方式。[①] 权责机关还负责银行间反垄断审查,在强制型并购中也只是有限度地介入交易,防止稳健银行和问题银行的并购影响银行业市场的竞争。[②] 并购能较快解决银行危机,减少公共救助和行政介入,有效地降低了行政处置成本;并购也能促使股东积极履行职责,规避银行市场退出中的道德风险。最后,并购使银行股权结构发生变化,原股东地位随之改变,可改善银行公司治理,避免股东间的利益冲突。但并购也存在传染银行风险、[③]加剧"大而不倒"问题等潜在风险。

2. 并购重组的类型

对问题银行的并购,可分别从单个银行和银行体系角度来理解。在对单个问题银行的并购中,由稳健银行合并或收购问题银行,适宜采取股权合作等市场化方式处置。在应对系统性银行危机时,权责机关将以专设机构或特定项目对多家银行实施并购重组,有时涉及政府部门实施的宏观经济稳定政策、机制和法律改革等。[④] 两类并购重组都对经济社会秩序影响较小。按照交易双方是否自愿、是否有行政机关介入,还可将并购分为自愿型并购和强制型并购。自愿型并购常见于银行扩大规模等正常经营时期,也可适用于解决银行资金短缺等问题,但"现实生活中,有问题银行自愿型市场退出的案例极为少见"[⑤]。强制型并购则由权责机关主导,是公权力介入并购交易的结果。问题严重的问题银行一般适用强制型并购,以确保其能顺利退出市场。

---

① 参见金晓斌:《银行并购论》,上海财经大学出版社 1999 年版,第 137 ~ 138 页。

② 参见邢会强、李光禄:《并购问题金融机构与反垄断法》,载《政法论丛》2005 年第 1 期。

③ 并购行也可能因购买"有毒资产"受到问题银行的传染,这也是一些并购行慎重进行并购的原因之一。

④ See Tobias M. C. Asser, *Legal Aspects of Regulatory Treatment of Banks in Distress*, IMF, 2001, p. 168 – 169.

⑤ 阙方平:《有问题银行处置制度安排研究》(修订版),中国金融出版社 2003 年版,第 109 页。

（二）具体流程

问题银行的并购中涉及股东权并购，对股东权影响甚大，大体上遵循以下程序。

1. 实施程序

一是并购前置程序。合并方对目标问题银行开展尽职调查，了解其经营状况、公司治理结构及现状等。监管机构对合并方实施必要的市场准入审查，防控合并方资质不足、投机交易等问题。监管机构还向合并方提供信息服务，使合并方全面了解目标问题银行的状况，解决并购中信息不对称的问题。二是并购决策程序。合并方结合自身定位，分析并购需求、可行性与风险，由股东会审议并购决策。监管机构一般不干预并购决策。三是并购实施程序。合并方按照决策与目标问题银行谈判，确定债权债务转移、管理层人事安排、损失核销等事宜。双方达成并购意向后，开展清产核资，承接资产和债务，按照权责机关要求披露、报告并购交易，完成并购交易。

2. 衔接程序

问题银行并购与其他程序有效衔接，可提升银行并购重组的效率，形成对问题银行的有序处置。并购重组可以是问题银行救助的后续程序，与早期干预、市场救助或行政干预相衔接。但资产重组的救助措施并非并购重组的必经程序。在瑞典、德国，对于系统性银行危机，权责机关可以直接实施系统性并购。问题银行救助与并购的关系如何，取决于问题银行状况及银行风险的系统性影响。

二、股东权的并购与变动

在一般情形下，并购是应由股东会表决的重大事项之一，需要依照公司法和公司章程规定的程序表决。股东当然享有参与权、知情权、表决权，异议股东享有股份回购请求权。[①] 对问题银行实施并购决策前后，将

① 参见《公司法》（2023 年修订）第 89 条第 1 款第 2 项、第 162 条第 1 款第 4 项。

会调整和限制股东的相关权利,一般不适用加重责任规制股东。

(一)交易决策中的股东权变动

在实施并购交易前,问题银行仍处于继续经营状态,股东享有参与权和知情权。股东能否行使参与权与表决权,则根据问题银行处置所处阶段确定。在早期干预阶段,监管机构可根据问题严重程度,决定是否对银行采取并购措施。问题银行尚未进入正式处置程序,股东会仍是该银行的权力机关,股东仍享有表决权,异议股东享有股份回购请求权。

当问题银行进入处置程序后,权责机关取代了该行股东会,股东会不必审议和表决并购交易决策,股东已不再享有表决权。异议股东是否享有股份回购请求权,由权责机关结合该股东的持股比例、影响力及回购申请动机判断,必要时可以排除其回购申请权。在国外,问题银行合并方案需要双方协商并经股东会讨论、决策。权责机关一般不会干涉股东会决策,但仍需权责机关审查和监督合并方案中有关股东权的并购、调整或变动。美国依照《银行控股公司法》《银行兼并法》,由联邦储备理事会、OCC 或州银行监管机构审批合并方案。我国权责机关主导了银行的并购重组,并购双方虽经过股东会决策,但权责机关的意见对银行的并购重组有重大影响。在我国处置高风险信用合作机构时,权责机关曾经过度干预,甚至强制问题银行进行并购。但政府干预忽视银行利益,容易给合并方带来沉重负担。如 1997 年,为解决海南省城市信用合作社危机,人民银行批准海南发展银行托管 5 家已关闭信用合作社的债权债务,后海南省政府又指令该行合并全省 28 家困难信用合作社。强制兼并使该行本已艰难的处境雪上加霜,最终被实施关闭清算。

(二)交易完成后的股东权变动

当实施并购交易后,问题银行被并入新设银行或收购行,导致原股东的地位和权利发生重大变化。此时,无论是新设银行还是现存银行,其股权结构都将发生变化,影响公司治理机制。原股东持股比例也将变化,其地位可能会发生质变，由控股股东或主要股东转变为中小股东，这将导致股东的参与权、表决权等发生变动。

三、自愿与强制并用的并购制度

我国尚不存在专门适用于问题银行并购重组的规则，需结合银行并购重组的一般性和特殊性完善制度，促使股东等主体采取市场化并购、自愿并购措施；强制型并购可作为处置问题严重的问题银行和系统性银行危机的手段。

（一）现状：问题导向不明确

我国的公司法、银行监管法对银行并购作出了原则性规定，并未区分单个银行和系统性银行危机。仅有规范性文件规定了特定银行的并购事宜，现行制度缺少对问题银行并购的回应。

1. 制度缺乏明晰定位

我国未形成完备的银行并购法律体系，问题银行并购制度由一般规则和特别规则构成，呈现法律、法规和规范性文件并存的特点。其中，问题银行的并购主要适用《公司法》（2023 年修订）、《证券法》（2019 年修订）中的一般规定。《商业银行法》（2015 年修正）规定银行合并适用《公司法》（2023 年修订）第 218 条至第 221 条，可选择适用普通合并、简易合并或小规模合并，均需经监管机构审查。[①] 特别规则散见于《银行业监督管理法》、《商业银行法》（2015 年修正）及相关规范性文件，并未准确界定一般银行并购与问题银行并购的关系。在我国，问题银行的并购重组制度在立法目的、规则内容、程序等方面都存在很多不足，缺少明确的体系和目标定位，缺少对解决系统性风险和单个银行风险的不同界定。当前制度虽特别规定了高风险信用合作社的并购重组，但存在“头痛医头、脚痛医脚”的鲜明特征，忽略了金融稳定、银行体系安全与稳健等公共利益的考虑。

---

① 参见《商业银行法》第 25 条、第 69 条。

2. 权力分配不尽合理

《银行业监督管理法》等法律明确了问题银行并购重组的适用条件，[①]监管机构有权依法促成问题银行并购，审批和监督并购的启动、实施、清算和合并解散等事项。现行制度中对权责机关的权力分配并不合理，对并购中监管机构的法定权限和程序缺少明确、具体的界定，并未规定反垄断审查机构对问题银行并购的审查等权力。

3. 规则可操作性不强

依照这些原则性规定，稳健银行可与问题银行新设合并或吸收合并，双方需签订合并协议清理、合并资产。合并事项还需银行的股东会决议，并在规定期间内通知债权人和社会公众，并在国家企业信用信息系统中公示。[②] 问题银行被合并后，债权债务被存续银行或新设银行承继。[③] 问题上市银行并购可适用《证券法》(2019 年修订)中上市公司收购的规定。[④] 当投资者以要约收购、协议收购等方式，全面收购问题银行股份时，相当于投资者收购了该银行。投资者持股变动超过一定比例的，应当在一定期限内披露权益。合并方应依法定程序发起要约收购和协议收购，做好信息披露，履行并购合同。监管机构的规范性文件规定了高风险农村信用合作社的并购。[⑤] 并购条件是被并购的农村信用合作社属于高风险机构，其监管评级为六级或五 B 级，且主要监测指标下行恶化。监管机构对持股比例超过 10% 的单个企业及其关联方实施市场准入监管，审查境内外合并方的资质及持股比例。并购还需实施尽职调查、清产核资、资产评估等程序，这些规定未明确尽职调查、清产核资等程序之间的衔接，也缺少反垄断审查等重要制度，无法适用于其他问题银行的并购。

---

① 《银行业监督管理法》第 38 条：银行业金融机构已经或者可能发生信用危机，严重影响存款人和其他客户合法权益的，国务院银行业监督管理机构可以依法对该银行业金融机构实行接管或者促成机构重组，接管和机构重组依照有关法律和国务院的规定执行。

② 参见《公司法》(2023 年修订)第 59 条第 1 款第 7 项、第 112 条、第 220 条。

③ 参见《公司法》(2023 年修订)第 221 条。

④ 参见《证券法》(2019 年修订)第 62 条至第 77 条。

⑤ 参见《关于高风险农村信用社并购重组的指导意见》。

（二）完善：自愿与强制并存

我国应区分一般银行与问题银行并购的不同特点，完善问题银行的自愿并购和强制并购制度，股东可采取自愿并购方式，并在强制并购中妥善处置股东权。

1. 明确目标与定位

问题银行的并购是一种银行市场退出制度，属于问题银行处置制度体系，以维持金融稳定、减少系统性风险、优化银行业为主要目标，重点解决问题银行的流动性风险、信用风险等问题。并购涉及银行股权结构的重大变动，将会影响股东在银行公司治理中的地位与权利。完备的制度需要明确并购双方资质、适用范围、适用条件等问题，有效地防控问题银行并购的潜在风险，避免并购使原问题银行的风险传染给稳健银行。

2. 合理分配权力

股权变动是问题银行并购中最重要的实质变动之一，涉及股东利益的重大调整，是合并方与问题银行以私法规制调和利益的过程，也是金融政策与产业政策相协调的结果。所涉权责机关主要有银行监管机构、证券监管机构、反垄断执法机构和法院，法律制度应当合理分配各方权力和职责。

（1）合理分配银行监管权与证券监管权。对问题上市银行实施并购重组时，应当适用《证券法》（2019 年修订）相关规定。但《证券法》属于强制监管法，对合并方有要约收购的强制披露、强制信息披露等要求。刚性约束不利于问题银行并购的实施，需要在法律上豁免特定义务。此外，权责机关之间信息不对称，影响了问题银行并购的效率。还需法律进行适当调整，强化银行监管机构与证券监管机构的沟通协调，以便顺利实施问题银行的并购。

（2）协调银行监管权与反垄断执法权。无论是新设合并还是吸收合并，问题银行并购都将使存续银行扩张规模，对银行业竞争存在潜在的不利影响，需要监管机构和反垄断执法机构实施必要的审查。监管机构基于审慎监管职责进行审查，判断实施并购重组的可行性、并购双方的资质等内容;反垄断执法机构着重评估并购对银行业竞争的影响。[①] 法律制度需要协调两机构的权力,明确监管和审查的重点,减少监管权和反垄断执法权之间的冲突。

(3)协调监管权与司法权。在问题银行并购中,监管机构应对收购方实施必要的准入监管,审查和监督银行合并方案,避免问题银行或股东以并购逃避债务、转嫁风险,也规避合并方的非法投机、不当关联交易。但监管机构享有过多自由裁量权,将会损害并购双方股东的合法权益。法院有权在必要时审查监管行为,维护相关主体的合法权益。

3. 健全主要规则

我国应当整合现行制度与法律中的合理规定,进一步完善问题银行并购的主要制度。第一,明确限定并购双方资质条件。目标问题银行应符合风险和审慎监管的判断标准。风险等级较低的问题银行可适用市场化并购,高风险的问题银行应适用强制并购。为防止 SIB 并购后规模过大影响市场竞争,SIB 不宜适用并购重组。合并方应具有良好的声誉和较高的监管评级,符合审慎监管要求。第二,明确并购实施方法。问题银行并购以处置银行危机为主要目的,可采取换股或现金收购方式,收购问题银行的所有股份和资产。第三,完善并购程序。无论自愿并购还是强制并购,都应当有并购双方协商、合作的过程。应将并购程序分解为尽职调查、清产核资、并购协商等环节,明确各环节中各方的主要事务;实现并购各环节衔接有序,形成完备的并购重组流程。第四,明确审慎监管要求。问题银行并购不应当完全市场化,权责机关应对并购股东的资质、目的实施必要的审查和监管,其地位主要是并购的信息中介和促成者,不应过多地干预并购,防范因并购致使稳健银行被问题银行传染。

---

① See Terry Calvani, *Antitrust Analysis of Bank Mergers: A Survey of Recent Developments*, *FindLaw* (Mar. 26, 2008), https://corporate.findlaw.com/finance/antitrust-analysis-of-bank-mergers-a-survey-of-recent.html.

第三节　问题银行撤销关闭中的股东权变异

撤销关闭主要适用于严重违法违规的问题银行,是行政强制力引发问题银行法人资格消灭的过程。在撤销关闭的过程中,股东权将遵循分化、消灭的轨迹。国外制度与实践中,金融控股公司还将承担偿付债务的加重责任。我国应当针对新旧制度不衔接、适用条件零散等问题,制定合理处置股东权的制度。

一、问题银行的撤销关闭

撤销关闭问题银行是一种强制性行政行为,“是对高风险金融机构实施市场退出的主要方式之一”[①]。撤销关闭往往适用于违法违规经营的银行,股东的不当行为与其有一定关联性。

(一)理据分析

1.撤销关闭的本质

撤销与关闭含义一致,二者经常被混用或并用。[②] 监管机构对银行及其业务实行牌照管理,有权撤销不符合经营条件或滥用许可权的银行。国外将撤销定性为对银行违法违规的监管措施,一般只撤销银行的经营许可。我国同时撤销银行的经营许可与该机构本身,是兼具强制性与制裁性的行政行为。[③] 我国在防范和化解银行业风险时,经常适用撤销制度处置问题信用合作社等中小银行。依照各国银行法的规定,撤销将会调整不同相关人的利益。德国的银行被撤销经营许可后,必须被清算;英国的银行被撤销经营许可后,可不必被清算。[④] 我国撤销问题银行后,不

---

① 庞继英、张健华等:《金融机构市场退出问题研究》,中国金融出版社2008年版,第26页。

② 我国有关银行业的法律法规中常用“撤销”“关闭”是法院常用术语。

③ 参见张继红:《银行破产法律制度研究》,上海大学出版社2009年版,第204页。

④ See Tobias M. C. Asser, *Legal Aspects of Regulatory Treatment of Banks in Distress*, IMF, 2001, p. 153.

仅要对相关责任人员实施行政处分，也要冲销股东权、赔付储蓄存款本息、清偿其他债务。

2. 撤销关闭与股东的关系

撤销问题银行的前提条件有两类：一是银行存在违法违规经营行为。二是“不可救助、股东无力救助或救助失败”[①]。两类条件是否与股东有关系，应当结合银行规模、股东实际地位和作用判断。第一种条件的主要根源在于银行公司治理中产生的问题。股东并不参与银行日常经营，违法违规经营既可能是董事会、高级经理人未履行信义义务，决策失误或独断专行所致，这是典型的代理问题；也可能是大股东把持股东会决策，使董事会、高级经理人沦为股东意志的傀儡或附庸所致。在中小银行中，股东往往兼任董事长或高级经理人，银行的经营决策实际上是股东意思的表达。无论是大股东擅权，还是股东越位，都属于股东之间的代理问题。第二种条件的三种情形都强调问题银行已到了无可救药的地步。不可救助强调银行问题的客观性，其严重性超出了股东的承受能力；股东无力救助、救助失败强调问题银行可能会过度侵害股东的合法权益。问题银行之所以沦落至此，可能是因为在股东干预下公司治理积弊已久，或是因为银行遭遇了灾难性巨变，股东等主体已无法左右。

3. 撤销关闭对股东权的影响

撤销问题银行将会引发终结实体、终止核心经营活动及清偿银行债务等法律后果。[②] 撤销问题银行对股东权主要产生两方面影响：一方面，对问题银行的撤销决定生效后，该银行不再具备独立的法人资格，也将终止一切经营活动，股东不能像平时一样行使财产权。另一方面，被撤销银行的清算组取代了股东会的地位和权利，股东大部分的治理权被剥夺。股东最终将失去股东资格，丧失所有股东权利，在必要时承担相应的法律责任。

---

① 杨帆：《金融危机处置与退市法律保障》，中国社会科学出版社2003年版，第57页。

② See Tobias M. C. Asser, *Legal Aspects of Regulatory Treatment of Banks in Distress*, IMF, 2001, p. 153.

（二）制度框架

问题银行的撤销关闭涉及股东权处置，监管机构应当依照法定权限、条件和程序实施撤销措施。

1. 实施主体

与准入监管职责相对应，监管机构享有撤销问题银行的权力。监管机构具有法定的自由裁量权，依照监管职权和处置权力，对问题银行适用撤销的必要条件进行判断。地方政府虽会涉及撤销相关事宜，但无权干涉监管机构的决策过程，既可确保决策的公正性，也可减少权责机关的不当干预，以及权责机关工作人员的利益冲突。

2. 权力分配

撤销问题银行对股东及相关者的利益影响较大。在我国，监管机构有权决定是否撤销银行，其他权责机关也负有相应的法定职责。人民银行履行最后贷款人职责，对撤销前的问题银行实施流动性救助。地方政府负责债务清偿等相关事宜，维护社会秩序稳定。监管机构参与组成清算组，清算组将管理被撤销银行，主导撤销清算全过程，取代了其股东会、董事会及高级经理人的职能和权利。[①] 被撤销银行形成了以清算组为核心的公司治理结构，其目的在于完成撤销清算，使该银行完全退出市场。

3. 适用条件

撤销问题银行必须符合前提条件和必要条件。监管机构不能随意撤销问题银行，应以公共利益为导向进行价值判断。其中，前提条件是银行出现应予撤销的情形，亦即无法合规经营、经营管理不善或救助无望。无法合规经营是对银行特许经营权的滥用，严重背离了银行经营活动的宗旨。救助无望是各方穷尽自救、行政干预等救助手段后，仍无法解决该银行面临的风险。无论是无法合规经营、经营管理不善，还是救助无望，都需要同时满足必要条件，即不撤销该银行将危及金融秩序和公共利益。

4. 实施程序

梳理国内外制度，撤销问题银行涉及以下环节：第一，撤销决定程序。

① 参见《金融机构撤销条例》第 8 条第 3 款。

监管机构结合撤销条件,依法自由裁量所涉问题银行是否撤销,预判撤销决定的后果和社会效应,针对可能出现的问题制定处置预案,依法公告所发布的撤销决定。第二,强制清算程序。监管机构作出撤销决定后,应依照法定人员构成、时限等要求,及时组成清算组,清理资产负债,清偿债权债务,核实与弥补损失,规制股东等相关者。第三,注销登记程序。清算组完成清算工作后,应当制作清算报告,办理银行注销登记,并向社会公告被撤销银行正式解散。第四,衔接程序。权责机关对所适用程序具有自由裁量权。在早期纠正阶段,如银行监管指标存在严重问题,监管机构可直接决定实施撤销。撤销也可由权责机关在救助银行无果后实施,此时属于银行救助的继起程序,与自我救助、行政干预等具有前后衔接的关系。银行的系统重要性不同,所实施程序的复杂性也不同。对 SIB 或大型银行,也许要采取一切可能适用的救助手段,到万不得已时才决定撤销;对中小银行只需在各方实施救助无果后即可撤销或直接决定撤销。在我国,由于银行具有较强的社会影响力,一般会成立领导小组处理银行撤销事务。在撤销格尔木八家农村信用社、白银市银鹏城市信用社时,地方政府主要发挥银行资产清收作用,人民银行负责救助,监管机构负责实施整顿、撤销。

二、股东权限制与股东加重责任

在撤销问题银行的过程中,股东的法律地位不断变化。随着规制力度不断加大,股东逐渐丧失各项子权利,最终将失去所有的权利。

(一)撤销关闭中股东权的分离与灭失

自银行被撤销后,其公司治理结构也将发生变化。清算组取代了银行的“三会”,股东权也将发生分离,最终随着注销登记而灭失。

1. 撤销决定:股东权的分离

(1)撤销决定对股东行为的影响。在撤销决定发布生效后,将会产生银行停业、交回许可证及相关人员停止履职等法律后果,[①]对股东行为产生不同影响。银行及其分支机构不得从事相关业务,股东丧失业务决

① 参见《金融机构撤销条例》第 7 条。

策权，也不得与银行开展交易；银行交回营业许可证，成为清算中法人，银行及相关股东只能从事与清算有关的事务；该银行已完全丧失法人能力，内设机构及其人员不再履行职责，股东会、董事会及高级经理人不再享有常态下的权利。

（2）股东享有和丧失的权利。撤销问题银行的决定生效后，股东的法律地位与权利也随之改变。股东权就此发生分离。股东虽享有部分权利，却逐渐丧失了一些重要权利。此时的问题银行尚未被正式解散，股东已成为清算中法人的股东，享有对撤销决定的知情权。理论上，若股东认为撤销决定存在合法性、合理性问题或侵害其合法权益，也享有异议权和诉讼权。撤销决定的生效使银行的股东会停止履职，股东会不再是该行最高权力机构，股东也将丧失治理权。股东也不得提出收益分配等诉求，股东在清算程序启动前仍应持有原有股份。

2. 撤销清算：全面限制股东权

（1）股东享有的权利。在对问题银行实施撤销清算时，清算组将进行清产核资、清偿债务。部分股东可被选择为清算组中的股东代表，参与清算组的所有工作，其他不参与清算组工作的股东仅享有知情权。股东还享有按出资或持股比例分配剩余财产的权利。①

（2）股东权受限制的情形。在问题银行的撤销清算中，股东权受到全方位的限制。其一，股东丧失财产权。自清算之日起，自然人股东、金融控股公司的股份及其他权益成为清算财产。② 股东的股份、投资等都将在清产核资后被纳入清算方案，用于清偿银行的债务。在撤销格尔木市的农村信用社时，领导小组就按要求，追查、清收股东的股份、投资或贷款，将其分别纳入清算方案，并促使股东归还欠款等。③ 我国追收资产的方式虽具有公司法上的正当性，却带有明显的政策性。其二，参与清算组的股东代表不能从事与清算无关的事务，其他股东也不再享有治理权。

---

① 参见《金融机构撤销条例》第25条。

② 参见《金融机构撤销条例》第18条第1款。

③ 参见《青海省人民政府办公厅印发深入推进格尔木八家撤销社资产处置及清算工作实施意见的通知》。

其三，在分配被撤销银行的清算财产时，股东仅能就清偿债务后的剩余财产受偿。[①] 股东劣后于存款人及其他债权人受偿。其四，负直接责任的股东还可能被权责机关禁止出境，或被禁止处分财产。[②] 其五，股东的违法行为无效。在撤销决定发布后或撤销清算期间，被撤销银行可能与股东串通，转移或变相转移财产。股东可能会以虚构债权债务关系、关联交易等方式转出其出资。股东这种抽逃出资行为不仅是《公司法》(2023 年修订)禁为行为，[③]将受到责令改正和罚款等行政处罚；[④]也属于无效行为，被追回的出资将成为清算财产。[⑤]

3. 注销登记：股东丧失权利

当清算组将债务清偿完毕，就完成了其使命。监管机构将对被撤销银行进行注销登记。完成注销登记后，被撤销银行正式解散，股东将丧失资格，不再享有任何权利。对于担任被撤销银行负责人的股东，其还将面临着审计机关的审计，[⑥]也可能会承担相应责任。

(二)特定股东的加重责任

在对问题银行实施撤销关闭时，金融控股公司还将承担加重责任，分担倒闭附属银行的债务。我国尚未明确相关法律规则。美国针对金融控股公司实施的新银行关闭政策值得借鉴。按照 FIRREA 的要求，一家参加联邦存款保险的附属银行倒闭后，FDIC 有权要求同一控股公司的其他

---

① 参见《金融机构撤销条例》第 23 条、第 24 条和第 25 条。清算财产按照以下顺位进行分配：支付个人储蓄存款本金与利息→清偿法人或其他组织债务→分配股东剩余财产。

② 《银行业监督管理法》第 40 条第 2 款：在接管、机构重组或者撤销清算期间，经国务院银行业监督管理机构负责人批准，对直接负责的董事、高级管理人员和其他直接责任人员，可以采取下列措施：(1)直接负责的董事、高级管理人员和其他直接责任人员出境将对国家利益造成重大损失的，通知出境管理机关依法阻止其出境；(2)申请司法机关禁止其转移、转让财产或者对其财产设定其他权利。该款条文中的“其他直接责任人员”包括股东。第 2 项规定的涉及财产行为可被概括为处分财产行为。

③ 《公司法》(2023 年修订)第 53 条：公司成立后，股东不得抽逃出资。本条规定的公司成立后，时间跨度上比《金融机构撤销条例》规定的期间长。

④ 《公司法》(2023 年修订)第 253 条适用对象包括银行发起人股东及其他股东。处罚包括责令改正和罚款，罚款金额在所抽逃出资金额的 5% 至 15%。

⑤ 参见《金融机构撤销条例》第 18 条第 2 款。

⑥ 参见《金融机构撤销条例》第 29 条。

附属银行承担责任，降低控股公司附属银行间贷款的偿付比例，使其对该倒闭银行的债权劣后于无担保债权人受偿。① 该条款对防止控股公司及其附属银行逃避责任有一定作用，但有学者认为这种做法违背了公平对待债权人的原则。②

三、合理处置股东权的制度安排

问题银行撤销涉及股东利益的重大调整。我国现行法律法规过于简略，应结合股东权变动机理修订完善，明确撤销关闭的具体内容、程序及股东权规制措施。

（一）现状：新旧制度不协调

我国相关法律法规中规定了撤销银行的规则，但新旧制度不协调、适用条件零散、程序较为简略，不利于有效地规制股东权。

1. 新旧制度缺少衔接

我国对问题银行的撤销关闭，可适用《商业银行法》（2015 年修正）、《金融机构撤销条例》。其中条例是旧法和下位法，法律是新法和上位法。条例尚未被废止，却因监管范式转变而无法适用。现行制度表明撤销将终止问题银行实体及其经营，使其法人资格灭失，但相关规定对撤销银行主体规定不一致。条例规定的权责机关为人民银行。依据当时人民银行对金融机构的监管权，人民银行可撤销由其批准设立的所有问题金融机构。该条例对处置高风险城乡合作金融机构发挥了重要作用。按照现行监管体制，有权撤销问题银行的权责机关只能是监管机构。③ 上位

---

① See 12 U. S. C. A. § 1821(i)(2),(3).

② See Note, *Unsecured Creditors of Failed Banks: It's Not a Wonderful Life*, 104 Harv. L. Rev. 1052 (1991).

③ 有学者认为，撤销银行的权力主体包括银行主管部门和监管机构。参见张雪强：《银行业金融机构市场退出法律制度研究》，法律出版社 2014 年版，第 137 页。笔者不赞同此说。《金融机构撤销条例》未被废止，也未被修订，仍属于现行有效的法规。该条例第 2 条第 2 款明确规定，人民银行只能撤销由其批准设立的法人金融机构。因法定监管职能变化，人民银行虽是银行主管部门，享有部分业务的监管权，但已不再具有批准设立银行的权力。据此认为，在法律制度尚未明确赋予人民银行对相关银行的准入监管权时，人民银行只能取消部分银行业务的行政许可，不能撤销问题银行。

法和新法当然优于下位法和旧法，但法律并未明确银行撤销的细节问题；条例明确了债权债务清偿、清算及解散等具体事宜，却不能直接在撤销决定中援引适用，新旧法之间缺少必要的衔接。我国应根据监管体制改革的要求修订相关法律制度，明确界定监管机构对问题银行的撤销权。①

2. 撤销的适用条件零散

我国撤销问题银行的适用条件散见于法律、法规与部门规章。其中，《银行业监督管理法》和《金融机构撤销条例》的规定一致，都明确撤销银行的前提条件是违法违规经营、经营管理不善。② 救助无望等情形是根据法律条文目的推定的前提条件之一。③《商业银行资本管理办法》规定，对监管资本指标未达到最低资本要求的银行可适用撤销。④ 此外，在符合违法违规或高风险的前提条件下，还需满足必要条件，亦即不撤销这类银行将侵害金融秩序和公共利益。⑤ 在符合资本监管指标时，无须其

---

① 我国现已完成了新一轮党和国家机构改革，人民银行不再享有审批设立与撤销金融控股公司的权力，改由国家金融监管总局负责相关事宜。

② 参见《银行业监督管理法》第 39 条。

③ 《银行业监督管理法》第 39 条用“等”概括银行存在的高风险情形，表明这些情形至少与“违法经营”或“经营管理不善”持续存在的风险一样高。

④ 《商业银行资本管理办法》第 174 条、第 179 条规定，第四类银行的资本充足率、一级资本充足率或核心一级资本充足率未达到最低资本要求的，银行监管部门可以撤销这类银行。该规章将撤销视为比机构重组更重的监管措施。

⑤ 有学者将《银行业监督管理法》第 39 条的适用条件解读为“严重违法违规经营、经营管理不善等情形”和“侵害金融秩序和公共利益”两类情形。参见张雪强：《银行业金融机构市场退出法律制度研究》，法律出版社 2014 年版，第 136 页。笔者不赞同这种观点。该条文义已表明，应当将银行高风险情形与潜在影响相结合，判断“撤销”的适用条件。法条难以穷尽各种高风险事件，就采用列举加概括方式进行规定，但这并不意味着出现这些风险事件就应撤销银行。银行业务本身伴随着各类风险，监管和规制的目的是防控风险或减少风险的影响。对银行经营管理风险的过激反应，无疑会影响银行从业人员的积极性。对经营管理不善等风险事件，可以先通过其他方式处理。一方面，银行发生高风险事件后，监管机构或处置机构可采取早期干预、自救等措施使银行尽快回复常态。另一方面，即便高风险将造成较大损害，撤销问题银行也并非唯一选择。只有经营管理不善等高风险持续存在，对金融秩序和公共利益造成严重侵害时，银行监管部门才可撤销该问题银行。因此，应当结合风险事件与其潜在影响判断适用条件。法条如此规定，也是为了防止银行监管部门滥用自由裁量权，强调其撤销银行的行为应以维护金融秩序和公共利益为目的。

他必要条件。监管机构可结合监管资本指标，自由裁量被撤销银行风险的严重程度。现行法律仅规定了撤销的主要规则，只列举了较为常见的银行撤销事由，并未厘清撤销事由与问题银行的关系，未能细分撤销各环节的衔接关系，也未明确条例规定的撤销程序是否适用。现行法律制度缺少必要的股东权利、义务与责任调整规则，无法对权责机关及银行股东形成明确行为指引。

3. 撤销的适用程序简略

权责机关在撤销问题银行时应当遵循法定程序。条例以人民银行为核心设置规则，却存在无法适用于监管机构对银行实施撤销的问题。该条例较明确地规定了撤销银行的权限范围、适用对象和实施程序，将银行撤销程序分为撤销决定程序、清算程序和注销登记程序，规定了撤销决定、公告、清算计划、清算报告等环节及其协调、衔接，明确了清算组、撤销工作领导小组的组成和职责，规定了银行债权债务的清偿规则。而法律仅对撤销清算、[①]相关主体规制、[②]撤销后果等内容进行了原则性规定，[③]还需进一步明确撤销决定、债务清偿、注销登记等重要事项。[④]

（二）股东利益调整机制的重构

现行银行撤销制度不协调，影响了对股东利益的调整效果。我国需要重新分配不同权责机关的撤销权力，明确一般规制与股东加重责任的适用条件，妥善地调整股东利益与相关者利益。

---

① 《商业银行法》第 70 条规定，银行监管部门应对决定被撤销的银行成立清算组，制定清算计划、清偿债权债务。

② 《银行业监督管理法》第 40 条规定，银行监管部门可要求被撤销银行的董事、高级管理人员及其他工作人员履行职责。在撤销清算期间，还可对其中直接负责的主体实施限制出境或禁止处分财产等规制措施。

③ 《商业银行法》第 72 条规定，银行被撤销是银行终止的原因之一，银行终止是银行撤销的必然后果。

④ 2004 年以后，由银行监管部门履行银行监管职责，人民银行不再具有批准设立银行的权力。无论是因为职责变更，还是按照《金融机构撤销条例》第 2 条的规定，该条例中的程序性规定和具体规则均无法适用于银行撤销的情形。未来需要修订该条例，使其符合现行银行监管体制。

1. 理顺问题银行撤销制度的架构

重构问题银行的撤销关闭制度，需要理顺新旧立法之间存在的问题。首先，保留法律、法规并存的立法体例。现行条例较为详尽地规定了撤销金融机构的程序，只需修订和调整现行制度中不合时宜的内容，不必重新制定撤销程序，徒增问题银行市场退出的立法成本。其次，由《银行业监督管理法》规定问题银行撤销的一般规则，在《金融机构撤销条例》中规定特别规则。

2. 合理分配对问题银行的撤销权力

弱化系统性影响、减少行政干预、维护公共利益，是问题银行撤销的目标和导向。合理的权力分配将减少撤销对股东利益的不当影响，降低问题银行的市场退出成本。我国需以风险防控和监管职能为导向，修订现行法律制度，明确中央金融委和国家金融监管总局的撤销权力、实施程序，对不同类型的问题银行实施相应的撤销措施。其中，中央金融委审查、决定各类 SIB 的撤销方案，国家金融监管总局有权决定撤销 SIB 等各类银行和金融控股公司。

3. 明确撤销问题银行的适用条件

我国现行制度中撤销银行的适用条件较为单一，列举的适用情形主要是经营管理问题，概括的适用情形缺少界定和判断标准。条文设置的假定条件受限于当时的立法背景，缺少对监管体制及银行业发展变革的前瞻性判断，不能涵盖 SIFI 风险、系统性风险、金融混业风险或金融创新风险等情形，给了监管机构太多的自由裁量余地。在修订有关适用条件的法律条文时，仍需采取列举与概括并用的方式，应当明确适用撤销关闭的其他情形与判断标准，对股东权实施必要的、适当的限制。

4. 明确规制股东权的具体规则

撤销制度应当考虑不同问题银行的差异性，妥善安排股东权利限制、股东义务与责任等规制措施。首先，摒弃“重实体、轻程序”及“宜粗不宜细”的立法理念，明确规定各项股东权规制措施的法定权限和程序，依照正当程序适用清产核资、追回股东借款、强制清算等各环节中的规制措施。其次,针对 SIB、中小银行等银行的股东,设置不同的义务和责任。在问题银行撤销过程中,所有股东应报告持股、股权交易、关联借款等情况,以便权责机关实施清产核资;控股股东、主要股东应及时偿还银行借款,如实披露关联交易情况。在强制清算阶段,大股东应当优先分担问题银行的损失。在分配剩余财产时,大股东劣后于所有利益相关者受偿。最后,借鉴美国法中的"新银行关闭""交叉担保"规则,明确大股东在问题银行撤销关闭阶段的加重责任。金融控股公司及其子公司对被撤销银行承担有限额的债务担保义务,民营银行发起人、控股股东等股东也应承担相应的债务担保义务。

第四节　问题银行破产清算中的股东权处置

问题银行进入破产清算阶段,将经历彻底退出市场、人格最终消灭的过程。问题银行的破产清算以处置股东权为核心,股东不仅要经历权利分离与灭失的过程,特定股东还将承担风险分担的加重责任。我国现行法律制度在该方面只有原则性规定,应结合破产清算程序特点,对股东的权利、义务与责任做出特殊安排。

一、问题银行的破产清算

银行破产制度有广狭义之分。广义的破产包括早期干预、自救、行政干预和清算等制度,[①]相关主体通过各种手段救助濒于破产的银行,赋予其再生、恢复的机会,降低银行破产倒闭对经济社会的影响。狭义的破产仅指银行破产清算制度,亦即银行的破产还债程序,由权责机关强制未能恢复的问题银行彻底退出市场。此处从狭义角度分析问题银行的破产。

① 参见苏洁澈:《银行破产监管责任研究》,中国政法大学出版社 2016 年版,第 8 页。

(一)理论分析

破产清算是问题银行最彻底的市场退出方式。对穷尽一切救助手段、恢复彻底无望的问题银行,应停止其所有的经营管理活动,以强制清算终止其法人资格。[①]

1. 破产清算的本质

(1)银行破产的法律界定。银行破产(Bank Insolvency)因各国法理、实践、立法体例等方面的差异而呈现出特殊性。学界和理论界对银行破产有不同角度的界定。国内学者一般将银行破产界定为程序,认为银行破产属于强制处理银行债权债务的司法程序;[②]或银行遭遇不可逆转的失败后,偿还债务的执行程序。[③] 也有学者认为银行破产属于程序与实体相结合的法律制度。[④] 本书认为,银行破产清算是实体规则与程序规则的结合,不仅涉及监管机构、处置机构、法院的权力分配,调整股东、债权人等主体的权利、义务与责任;也涉及行使处置权和司法权的正当程序。

(2)银行破产清算的特殊性。问题银行破产清算的最终结果与其他企业并无本质区别,因银行对经济社会具有系统性影响,具有很强的负外部性和脆弱性,[⑤]银行破产清算制度具有特殊性,更注重对股东利益与公共利益的调整。其一,在制度目标的优先次序上,银行破产清算以维护金融体系稳定、保障关键金融服务为主要目标,因而对股东权利实施较强的规制。其二,在银行破产清算的标准上,不仅要考察偿付能力、流动性等

---

① 所谓的问题银行破产与银行破产是同等意义的不同表达,任何进入破产程序的银行都是无法恢复的问题银行,都需要适用流动性标准、资产负债表标准和监管标准进行判断。

② 参见阎维杰:《金融机构市场退出研究》,中国金融出版社 2006 年版,第 60 页;张雪强:《银行业金融机构市场退出法律制度研究》,法律出版社 2014 年版,第 137 ~ 138 页。

③ 参见吴敏:《论法律视角下的银行破产》,西南政法大学 2006 年博士学位论文,第 41 页。

④ 参见杨东勤:《中国商业银行破产法律制度构建研究》,对外经济贸易大学 2016 年博士学位论文,第 23 页。

⑤ See Eva Hüpkes, *Insolvency-Why a Special Regime for Banks*, in Legal Department eds. , Current Development in Monetary and Financial Law, IMF, 2005, p. 471 – 473.

指标,而且更强调安全与稳健(Safety and Soundness)的监管指标,[①]赋予权责机关更多自由裁量权,使其可对股东利益进行重大调整。其三,申请或决定主体是监管机构或法院,监管机构对问题银行破产状态的判断享有排他性权力。其四,股东劣后于其他主体受偿,仅享有剩余财产求偿权。存款保险机构在赔付存款人后,取得代位求偿权,[②]可以要求股东赔付;股东也可直接赔付存款人。

2. 破产清算的判断标准

破产标准是判断问题银行丧失偿付能力的前提,是权责机关启动破产程序的依据,也是问题银行陷入破产状态的表面原因。[③] 一般企业破产的判断标准是"资产负债表标准"(Balance-Sheet Threshold),依据是企业资产负债表状况;另一判断标准是"流动性标准"(Iliquidity Threshold),以缺乏偿付能力的状态判断。[④]

启动银行破产清算程序并不绝对排斥这两大标准的适用。但由于银行业本身存在的特点,对问题银行适用这些标准存在现实挑战。银行主要经营的货币业务具有期限错配、资产错配等特点,使银行业务天然地具备高杠杆、高流动性的特性。银行的流动性不足可能是暂时性的,可通过银行间资金拆借或央行紧急流动性支持解决。[⑤] 反之,银行流动性充足也不代表其不存在破产风险,无法及时获得额外流动性也会导致银行问题恶化。[⑥] 某家银行可能暂时出现流动性不足或流动性良好,不能以此武断地判断该银行是否陷入破产状态。同时,资产小于负债的直观标准

---

① See Eva Hüpkes, *Insolvency-Why a Special Regime for Banks*, in Legal Department eds., Current Development in Monetary and Financial Law, IMF, 2005, p. 476.

② 参见杨东勤:《中国商业银行破产法律制度构建研究》,对外经济贸易大学2016年博士学位论文,第25页。

③ 参见张继红:《银行破产法律制度研究》,上海大学出版社2009年版,第57页。

④ 参见周仲飞、郑晖编著:《银行法原理》,中信出版社2004年版,第150页。

⑤ 参见杨东勤:《中国商业银行破产法律制度构建研究》,对外经济贸易大学2016年博士学位论文,第57页。

⑥ See IMF, World Bank, *An Overview of the Legal, Institutional, and Regulatory Framework for Bank Insolvency*, 2009, p. 21.

在判断银行破产风险上具有滞后性,[①]资产负债表的稳健状态也不能表明银行不存在隐患或问题。在深入分析资产负债结构等具体情形后,资产负债表健康的银行很可能早已病入膏肓、危机四伏。因此,仅凭一般标准无法及时、准确地判断银行破产程序的可适用性。银行业还具有脆弱性、外溢性等特点,使其更容易受到各类风险事件的影响和冲击,更容易引发各类问题或危机。如果某家问题银行陷入较严重危机,无法以一般破产标准做出准确判断,就会贻误银行处置的最佳时机,引发挤兑等更严重风险。因此,适用一般破产标准无法及时甄别银行是否处于破产状态,也就突显出对银行以监管性标准(Regulatory Insolvency)判断破产状态的必要性。监管性标准赋予监管机构较大的自由裁量权,其可以根据审慎监管指标决定破产程序的适用,对股东、高级经理人等主体具有很强的震慑作用。[②] 监管性标准已被很多国家转化为立法。如美国的骆驼评级体系等资本监管制度赋予 FDIC 较大权力,其可在必要时决定启动银行破产清算。

3. 破产清算中的股东因素

只依据财务指标或监管指标,难以判断问题银行偿付能力不足的状态。唯有透过这些指标找出原因,才能找到处置问题银行的应对之策。引发银行破产的原因是多元的,是内部因素、外部因素或内外因素叠加的结果,外部因素又包括市场因素和非市场因素。[③] 其中,外部因素与宏观经济形势、国家经济政策等相关;[④]内部因素包括股权结构、主体行为等,从公司治理与经营管理方面考察,包括资产质量问题、资产多元化、流动

---

① See IMF, World Bank, *An Overview of the Legal, Institutional, and Regulatory Framework for Bank Insolvency*, 2009, p. 21.

② 参见苏洁澈:《银行破产监管责任研究》,中国政法大学出版社 2016 年版,第 21 页。

③ 参见苏洁澈:《银行破产监管责任研究》,中国政法大学出版社 2016 年版,第 21 页。

④ 市场因素主要有市场竞争、国际汇率波动、个别银行的风险传染等,非市场因素主要有国家货币政策、监管俘获、过度监管和无效监管等。

性问题，[①]以及管理不善、内幕交易、集团传染等。[②] 内部因素与股东行为有关联性。大股东可能通过控制决策层影响银行的股权结构、资产结构，使银行采取过度冒险行为，或者利用内幕交易等行为谋取私利。金融控股公司可能通过内幕交易、公司治理或集团传染影响子公司的运作。启动破产清算程序后，有效限制股东权、使股东承担更多义务与责任，将是后续程序中要处理的重要问题。

4. 破产清算对股东权的影响

问题银行破产清算将会产生以下法律后果：其一，银行的主体资格灭失。当清算组完成强制清算、注销登记等环节后，该银行就失去了独立法人资格。在这个过程中，股东法律地位和权利受到重大影响。其二，股东权利逐渐分化、灭失，最终丧失股东资格。一旦启动破产清算程序，股东将经历权利分离过程。当银行完成破产清算后，股东也将丧失其资格。其三，银行所有的经营活动将终止。被处置的问题银行不再具备经营业务的能力和条件，股东也不得开展股权交易、关联交易等活动。其四，终结银行的债权债务。问题银行的破产清算主要是为了解决银行债务问题，由权责机关强制清算银行资产、强制分配其剩余财产。股东将承担分担剩余风险的加重责任。限制股东权、加重股东责任都旨在增强投资者责任，避免股东以有限责任逃避其破产清算义务，实现股东与相关者的“共赢”。

（二）制度框架

完善的银行破产法律制度应明确不同权责机关的权限，具有公开性、透明性和连贯性，[③]主要包括以下制度安排。

---

① See J. R. Macey & G. P. Miller, *Bank Failures, Risk Monitoring, and the Market for Bank Control*, Columbia Law Review, Vol. 88 (6): 1166, p. 1166 – 1172 (1988).

② See P. Jackson, *Deposit Protection and Bank Failure in the United Kingdom*, 3 Financial Stability Review 38 (1996).

③ See Eva Hüpkes, *The Legal Aspects of Bank Insolvency: A Comparative Analysis of Western Europe, the United States and Canada*, Kluwer Law International, 2000, p. 17.

1. 立法体例

胡普凯斯(Hüpkes)认为,银行破产法律制度包括一般法、特殊法和银行法中的特别法。① 按照是否适用普通破产程序,可将银行破产清算制度分为司法主导制和监管主导制,反映出各国对银行破产的不同思路。其中,德国及其他欧盟国家采取司法主导制,银行破产清算适用一般破产法,以银行处置机制评估可处置性、决定处置事项。监管主导制的国家以特别法规定银行破产清算问题,具体又可分为银行法、存款保险法与专门银行破产法的制度。银行法与存款保险法体例有美国法、意大利法和英国法。其中,美国将银行破产清算纳入问题银行处置制度,适用 FDIA、FDICIA 及《多德·弗兰克法案》中的"有序清算制度"。英国、意大利分别在银行法中规定银行破产清算问题。专门法体例以俄罗斯为代表,该国制定了《信贷机构破产法》。破产清算制度安排与一国法制现状密切相关,要求一国彻底改革现行制度几乎是不可能的,只能在现行法律框架下开展法制改革。普通法国家也开始关注银行破产清算的特殊性,如英国发布了特别处置机制实践引导,弥补原有法律的不足。

2. 实施主体

按照不同的体例,银行破产清算中权责机关有不同的法律授权。监管破产程序以监管机构为主导,监管机构决定问题银行是否适用破产程序。在司法破产程序中,由法院主导破产程序,监管机构可向法院申请发布相关令状,引导各环节的相关行为。清算中的银行由监管机构担任清算人,以问题银行完成破产清算、退出市场为目的。清算人将履行问题银行的管理职责,主导破产清算的全过程,取代了其股东会、董事会及高级经理人的权利和职能。

3. 实施程序

银行破产清算可以是银行救助的后续程序,但银行救助程序并非银

---

① See Eva Hüpkes, *The Legal Aspects of Bank Insolvency*: *A Comparative Analysis of Western Europe*, *the United States and Canada*, Kluwer Law International, 2000, p. 17.

行破产清算的必经程序。监管机构或法院也可运用自由裁量权，直接决定适用银行破产清算。根据银行的系统重要性、银行危机的紧迫性、社会影响等综合考虑。问题银行的破产清算主要遵循以下程序。

（1）破产宣告程序。监管机构或法院都可宣告银行破产。有的国家监管机构被法律赋予较大的自由裁量权，行使早期纠正权力，或以公正、公平及社会公共利益为由宣告银行破产。如美国 FDICIA 规定，经 OCC、FDIC 等监管机构申请，法院需根据法定程序和权限，向符合条件的银行发布银行破产令。根据英国《2009 年银行法》第 93 条，当银行不能或可能变得不能“偿还债务”（pay its debts），清算银行符合“公共利益”（public interest）或是“公平的”（fair）时，[①]英格兰银行、金融服务监管局（Financial Services Authority，FSA）或国务大臣在相关条件下，[②]可向法院申请发布银行清算令（bank insolvency order），由法院指定适格者，经本人同意后担任清算人，[③]启动银行破产程序。我国法院根据监管机构申请启动破产程序。

（2）破产清算程序。在此是针对彻底破产的问题银行的清算，其与撤销清算都具有强制清算的属性。在宣告银行破产后，监管机构或法院应依照法定人员构成、时限等要求，及时组织清算组或清算委员会，清理银行的资产负债、清偿债权债务、核实与弥补损失。不同国家的法律对强制清算的程序要求、清算人的法定职责规定不同。我国则由监管机构向法院申请启动银行破产程序。

（3）注销登记程序。完成清算工作后，清算人应当制作清算报告，办理银行注销登记手续，并宣布破产银行正式解散。

---

① See Banking Act 2009 of the United Kingdom, Section 96 (1).

② 英格兰银行、银行监管局和国务大臣申请银行破产令的理由不同，这些理由与其职能相关。国务大臣还可以根据《1986 年破产法》第 124 条 A(1)项规定的理由申请银行破产令。See Banking Act 2009 of the United Kingdom, Section 96 (2), (3), (4) and (5).

③ 按照英国《2009 年银行法》的规定，担任清算人的适格者必须同时是破产从业人。法院对清算人的指定和任命并不是强制性的，只有征得当事人本人同意，其才能作为清算人。See Banking Act 2009 of the United Kingdom, Section 94.

二、股东权限制与风险分担责任

股东在公司破产清算中只有义务和责任,几乎没有任何权利。[①] 在问题银行的破产清算中,股东的法律地位及其权利也呈渐进式演变,受限制程度不断加深,甚至要分担剩余风险,直到丧失股东资格和全部权利。

(一)破产清算中股东权的分离与丧失

在破产清算期间,问题银行成为清算中法人。公司治理结构发生了变化,在处置机构与法院的强势干预下,股东权最终将被处置,将经历从分离到丧失的变异过程。

1. 破产宣告:股东权的分离

(1)股东仍保留的权利。当问题银行被宣告破产后,该银行立即停业,其股东会、董事会及高级经理人不再履行职责,股东的法律地位与权利也发生相应变化,股东享有对破产清算方案的知情权和诉讼权。在强制清算以前,股东仍持有原有股份。

(2)股东权受限制的情形。宣告银行破产后,清算人成为清算中银行的法定代表,行使和履行股东会、董事会及高级经理人的权利和职责。大部分股东丧失了治理权,无权参与制定清算方案、清算事项表决,更不得提出收益分配等诉求。

2. 强制清算:股东权的丧失

在实施强制清算时,清算人将进行清产核资、清偿债务。此时股东各项权利受到全面限制,但仍享有部分涉及清算事务的权利。

(1)股东仍享有的权利。在强制清算过程中,股东仍享有部分权利。部分股东可被选择为清算组中的股东代表,参与清算组的所有工作;其他股东虽不能参与清算组,但享有对清算方案的知情权。在清偿债务后,股东还享有按出资比例或持股比例分配剩余财产的权利。[②]

---

① 参见郑志斌、张婷:《公司重整制度中的股东权益问题》,北京大学出版社2012年版,第138页。

② 此时的股东享有剩余财产分配权。国内外公司法或破产法中都规定了破产财产分配顺位。

(2)一般股东权利受限制的情形。与撤销清算一样,股东的诸多权利受到限制。其一,股东自清算之日起丧失了财产权。自然人股东、金融控股公司的股份都成为清算财产,经过清产核资后用于清偿银行债务。其二,股东不再享有治理权。其他股东对银行清算无表决权,参与清算组的股东代表只能处理清算事务,所有股东对银行各项事务均无表决权。其三,按照破产清偿顺位,股东劣后于其他相关者分配剩余财产。[①] 其四,负直接责任的股东会被禁止出境或被禁止处分财产,[②]其他股东转移或变相转移财产、抽逃出资等违法行为无效。[③] 其五,如果清算人评估银行的财产,发现银行股东尚未支付出资的,金融控股公司或相关大股东还应承担补充责任。如在安德森诉阿伯特(Anderson v. Abbott)案中,[④]联邦最高法院判决母公司 Banco 公司与其他股东负有责任,应支付已破产银行肯塔基国民银行的 400 万美元出资。

(3)控股股东权利受限制的情形。控股股东在银行中居于重要地位,不仅能影响或决定银行重大决策,也可能利用清算谋取私人利益,侵害其他利益相关人的合法权益。因此,在问题银行的破产清算程序中,控股股东应依照法定程序和要求,承担更多的清算义务和责任。控股股东不得未经清算就办理银行注销登记,否则应承担因提前注销登记使银行

---

① 清算财产按照以下顺位进行分配:支付个人储蓄存款本金与利息→清偿法人或其他组织债务→分配股东剩余财产。这种劣后顺位也体现了对股东剩余财产权的规制。

② 《银行业监督管理法》第 40 条第 2 款:在接管、机构重组或者撤销清算期间,经国务院银行业监督管理机构负责人批准,对直接负责的董事、高级管理人员和其他直接责任人员,可以采取下列措施:(1)直接负责的董事、高级管理人员和其他直接责任人员出境将对国家利益造成重大损失的,通知出境管理机关依法阻止其出境;(2)申请司法机关禁止其转移、转让财产或者对其财产设定其他权利。该款条文中的"其他直接责任人员"包括股东。第 2 项规定的涉及财产行为可被概括为处分财产行为。

③ 参见《最高人民法院关于适用〈中华人民共和国公司法〉若干问题的规定(三)》(2020 年修订)第 12 条、第 14 条至第 19 条。

④ See *Anderson v. Abbott*,321 U. S. 349 (1944). 肯塔基国民银行与路易斯维尔(Louisville)信托公司共同组建了 Banco 公司,并出售大部分股份给该公司。银行与 Banco 公司后因经营不善而破产。经破产清算人评估,认为银行股东尚未支付 400 万美元的出资,要求 Banco 公司所有股东支付余款。该诉求得到了美国联邦最高法院的支持。

无法清算的责任。[①] 当监管机构或法院发布银行的清算决定或裁定时，该银行的股东会应当确立清算组成员，控股股东等应在法定期限内成立清算组，妥善保管银行的主要财产及账册等资料。控股股东未能履行清算义务的，应当承担损失赔偿责任，或承担银行无法清算产生的连带清偿责任。[②]

3. 注销登记：股东丧失身份与权利

当清算组完成清偿后，监管机构对被清算银行进行注销登记。控股股东不得以虚假的清算报告办理注销登记，否则应当承担赔偿责任。[③] 被清算银行正式解散，股东也丧失了资格和权利。担任被清算银行负责人的股东，还可能会承担其他责任。

（二）以分担风险为主的股东加重责任

破产清算是问题银行最彻底的市场退出方式。发起人股东、控股股东或金融控股公司还需分担银行破产倒闭的风险，赔付存款人或存款保险机构。这种加重责任与股东主观意志无关，与连带清偿责任不同。

1. 金融控股公司的交叉担保义务

“交叉担保条款”是由美国处置实践转化而来的制定法规则，在实践中虽存在一定争议，却有效地规制了金融控股公司及其附属银行。

（1）主要内容。FDIC 可根据 FIRREA 的规定，要求同一金融控股公司控股的其他参保银行分摊存款保险，避免存款保险基金的损失。[④] 该规则适用于附属银行已破产清算的情形，以“横向联合”方式增加责任、弥补损失，避免金融控股公司借机转嫁风险、转移资产。

---

① 参见《最高人民法院关于适用〈中华人民共和国公司法〉若干问题的规定（二）》（2020 年修正）第 20 条。

② 参见《公司法》（2023 年修订）第 232 条，以及《最高人民法院关于适用〈中华人民共和国公司法〉若干问题的规定（二）》（2020 年修正）第 18 条。

③ 参见《最高人民法院关于适用〈中华人民共和国公司法〉若干问题的规定（二）》（2020 年修正）第 20 条。

④ See 12 U. S. A. 1815 (e).

(2)适用中的争议。在布兰奇诉美国(Branch v. U. S.)案中,①新英格兰银行和缅因国民银行同属新英格兰银行公司控股。1991 年,新英格兰银行破产,FDIC 要求缅因国民银行分摊破产损失。缅因国民银行、新英格兰银行公司均因救助不力而破产,其绝大部分资产被转让给富利银行(Fleet bank)。缅因国民银行资产受托人诉至联邦索赔法院,认为 FDIC 的决定构成对银行财产的"征用",应当赔偿该行资产损失。法官在判决中认定,FDIC 的决定可能涉嫌违反宪法第五修正案"征用"条款。联邦巡回上诉法院法官以 FDIC 所适用的法律公平、公正为由推翻了该判决。② 尽管在适用中存在争议,但法院的有利判决也证明了该条款的法律效力。

(3)规则的具体适用。制定法赋予 FDIC 较大自由裁量权,其可决定"交叉担保条款"的适用。20 世纪 90 年代,该规则对处置储蓄机构或国民银行破产风险发挥了较大作用。次贷危机以来,FDIC 以成本最小化、存款保险基金利益最优为导向,运用成本收益法进行评估,决定立即适用或推迟适用交叉担保责任。FDIC 是否立即适用,取决于处置成本或处置方式。若金融控股公司或被破产清算的银行能找到并购方承担责任,作为避免该银行经营失败的替代方案,FDIC 也会让金融控股公司或银行放弃交叉担保责任,以便避免不必要的银行失败。③ 但放弃交叉担保责任需满足一些条件,如将附属银行的收益投资给同一金融控股公司的其他困难银行,要求该行的董事和高级经理人辞职或限制未来管理行为,还可要求其接受部分交叉担保责任。④

"交叉担保条款"具有较强的隔绝银行风险、遏制转移损失作用。我国《存款保险条例》并未规定这项制度,可以在条例实施细则或在《商业银行风险处置条例》中予以完善。

---

① See *Branch v. U. S.*, 31 Fed. Cl. 626 (1994).

② See *Branch v. U. S.*, 69 F. 3d 1571 (1995).

③ See FDIC, *Crisis and Response: An FDIC History*, 2008 – 2013, p. 133 – 135, 2017.

④ See FDIC, *Crisis and Response: An FDIC History*, 2008 – 2013, p. 135, 2017.

2. 民营银行股东的剩余风险责任

我国权责机关提出了股东承担剩余风险的要求，由发起人在公司章程、发起人协议或入股协议中约定。[①] 这是针对民营银行股东和发起人的市场约束机制，在民营银行风险处置、申请破产等情形下，由主发起人按约定承担银行经营失败风险。目前，我国对剩余风险责任的适用条件、限额等内容缺少适当安排。在实践中，多家发起人约定配合民营银行制定承担剩余风险的方案；[②]也有发起人明确其剩余风险主要是对存款人本金和利息实行限额赔偿、[③]不限额赔偿，适用于银行出现经营失败和破产清算的情形。[④]

三、针对股东权的特殊清算制度

我国现行银行破产清算制度较为简略，无法妥善协调股东利益与公共利益。针对问题银行的特殊性，应以调整股东权利、义务与责任为主。在有序的银行破产清算制度下，股东应当承担较重的义务与责任。

（一）现行银行破产清算制度评析

1. 两种模式的混合

我国的问题银行破产清算制度属于混合模式，一般情况下主要适用《企业破产法》、《公司法》（2023 年修订）及相关司法解释，涉及银行的特别事项适用《商业银行法》（2015 年修正）的特别规定。法院虽主导破产清算的司法程序，却以监管机构先行处置为基础，呈现监管清算与司法清算混合的模式。由于缺少衔接性法律制度，我国一直未制定银行破产制度。在银行业改革中，我国基本以兼并重组的方式处置银行危机，极力避

---

① 参见《关于民营银行监管的指导意见》。

② 四川希望银行、苏宁银行等民营银行的发起人股东都只承诺了承担剩余风险，并未明确时间、额度等具体事项。

③ 温州民商银行发起人承诺在国家政策和存款保险制度建立以前承担限额为 50 万元的存款人赔付责任。在存款保险制度建立后，发起人承担的剩余风险尚需结合实际情况确定。

④ 苏州胜利精密制造科技股份有限公司《关于子公司获得共同筹建无锡锡商银行的批复暨对外投资公告》，2019 年，第 10 页。

免银行破产倒闭。仅有少数城乡信用合作社适用了破产程序,[1]2021 年 2 月,包商银行被法院裁定破产。2022 年,又有两家中小银行破产被批复。这些银行破产均以监管机构先行处置为基础。监管机构依据先前经验处理银行破产问题,以监管权和风险处置权对银行实施破产,但没有相关制度明确规范权力行使范围、程序等内容。问题银行破产清算事实上处于可用规则较少、政策性处置较强的状态。

2. 特别规则的缺失

我国现行法律仅对问题银行的破产清算作出了原则性安排。其一,破产清算标准。《企业破产法》第 2 条和第 134 条规定,银行破产清算适用偿付能力标准和流动性标准。《商业银行法》(2015 年修正)第 71 条仅规定了偿付能力标准。[2] 其二,破产清算顺位。《商业银行法》(2015 年修正)规定,个人存款本息劣后于清算费用、职工工资及劳动保险费用等受偿。[3] 该规定是对《公司法》(2023 年修订)第 236 条的细化。[4] 这些规定表明银行股东享有剩余财产分配请求权,有权按照持股比例分配清偿债务后的财产。现行法律缺少特殊安排,无法妥善处理存款人利益保护、债务清偿、股东分担损失等重要事宜。既为监管机构留有充足的自由裁量空间,又存在监管机构过度干预问题银行破产清算的可能。《金融稳定法(草案)》及相关法律的修订,有望解决这些问题。在先前的银行业风险处置实践中,我国对几家信用合作社实施了破产,采取了清理股东欠款、核销股权等方式,对股东利益做出重大调整。监管机构处置了银行问题,

---

① 截至 2023 年 6 月底,已有四件中小银行破产案件,涉及包商银行、鄂州市汇源城市信用合作社、白银银鹏城市信用合作社和肃宁县尚村农村信用合作社。据网络资料显示,三家信用社均经历了十多年的破产处置历程,经过了清理整顿、注销、撤销等环节,最终都报经最高人民法院批复同意破产。肃宁县尚村农村信用合作社是我国第一家破产的农村信用合作社。2022 年 8 月,原银保监会已批复辽阳农村商业银行、辽宁太子河村镇银行进入破产程序。

② 参见《企业破产法》第 134 条。

③ 参见《商业银行法》(2015 年修正)第 71 条第 2 款。

④ 《公司法》(2023 年修订)第 236 条规定,股份公司股东按持股比例分配公司清偿债务后的剩余财产。

法院处理了后续问题，虽有效地防控和化解了银行破产风险，但似乎形成了流水线作业，并未形成真正意义上的有序破产退出。

3. 权力分配不合理

问题银行的破产清算涉及监管机构、处置机构与法院，不同机构之间的破产处置权力分配显得尤为重要。在现行法律制度中，法院负责我国问题银行破产清算案件的裁判。监管机构有权同意银行申请破产，[①]享有破产重整或破产程序启动权。我国《企业破产法》规定，监管机构启动银行破产程序，法院管辖银行破产案件，监管机构的接管、托管等处置措施可中止执行程序或司法破产程序。[②] 这条规定看似明确，实际上并未合理分配两个机关的权力，没有明确处置与诉讼程序的关系与衔接程序，没有规定处置结果对破产程序的具体影响。《金融稳定法(草案)》对此作出了原则性规定，还需完善相关配套制度。

4. 限制依据不充分

我国银行监管法和监管规章规定了股东权限制措施，也可笼统地适用于问题银行的破产清算。[③] 有关规范性文件要求民营银行发起人承担剩余风险、[④]股东积极参与破产救助。现行法律及监管规章的规定缺少明确的适用程序；规范性文件主要规定了行政命令，存在适用条件不明确、适用程序缺失、效力位阶较低等问题。监管机构虽享有必要的自由裁量权，有权实施这些权利规制措施，但需要有效衔接现行法律制度。

---

① 参见《商业银行法》第71条。

② 《企业破产法》第134条：商业银行、证券公司、保险公司等金融机构有本法第二条规定情形的，国务院金融监督管理机构可以向人民法院提出对该金融机构进行重整或者破产清算的申请。国务院金融监督管理机构依法对出现重大经营风险的金融机构采取接管、托管等措施的，可以向人民法院申请中止以该金融机构为被告或者被执行人的民事诉讼程序或者执行程序。金融机构实施破产的，国务院可以依据本法和其他有关法律的规定制定实施办法。

③ 参见《商业银行股权管理暂行办法》第24条，《银行保险机构公司治理准则》第16条，《银行保险机构大股东行为监管办法(试行)》第28条。股东不配合监管机构风险处置的，监管机构可以依据《银行业监督管理法》第37条及《商业银行股权管理暂行办法》第48条责令控股股东转让股权，限制股东治理权。风险处置也包括破产清算。

④ 参见《关于民营银行监管的指导意见》。

(二)特殊清算规则的制度安排

妥善处置股东权有利于提升问题银行破产清算的效率。我国应结合问题银行破产清算的特点完善相关制度,针对股东的利益调整做出特殊安排。

1. 优化整体制度设计

为优化股东与其他相关人的利益调整机制,我国应整合零散、简略的规则,完善问题银行破产清算制度。第一,制定符合问题银行特点的破产清算程序制度。司法清算程序耗时过长,不宜用于处置问题银行;应当在《金融稳定法》框架下制定《商业银行风险处置条例》,以监管机构、处置机构的先行处置为主导,法院处理后续事宜,使监管、处置与破产清算程序紧密衔接,形成一般法与特别法相结合的银行破产清算制度。第二,合理分配对问题银行的破产清算权力。我国应合理分配法院与监管机构、处置机构之间的权力。监管机构、处置机构有权判断问题银行是否处于破产清算状态;有权向法院申请破产清算。当案件进入审理阶段,由法院主导审判程序,裁判问题银行的破产清算案件,也审查监管机构和处置机构的行为。我国可以借鉴国外的征询或检查人制度,法院可向监管机构或处置机构咨询银行破产清算中的疑难问题,或者指派检查人调查专业问题,以专业判断作为司法裁判的参考。[①] 一旦案件进入诉讼程序,除非在接管、托管等特定行政干预下,监管机构不得干涉破产案件的裁判。第三,明确问题银行有序破产清算的程序规则。我国应当重点解决问题银行破产清算中的启动、清算和注销等程序问题。确立偿付能力、流动性和监管指标的复合性标准,明确问题银行适用破产清算的启动程序;明确清产核资、股权处置等清算中的特殊规则,妥善处理问题银行清算和注销中的问题,协调和平衡股东利益与公共利益。

2. 完善具体规制规则

我国在完善问题银行破产清算制度时,应当对股东的权利限制和利

① 参见张世君:《中国金融机构破产的理论探索与制度构建》,法律出版社 2017 年版,第 133 页。

益调整做出特殊安排。首先,按照问题银行破产清算的流程,厘清破产清算中权利规制与股东权利分合机理,明确各流程中股东权规制措施的适用条件和范围,针对金融控股公司、民营银行股东、一般股东适用不同的权利规制措施。其次,明确股东分担损失、分配剩余财产的规则。整合现行法律中分担损失条款、剩余财产分配条款,形成与《公司法》(2023 年修订)、《商业银行法》(2015 年修正)相衔接的特别规则。明确股东分担问题银行损失的规则,股东应当优先承担问题银行损失、清偿问题银行债务;明确剩余财产分配顺位,股东虽劣后于相关者受偿,但在剩余财产分配中仍享有剩余索取权。[①] 如果破产后的问题银行已不具有任何剩余财产,股东将承担破产清算的损失。最后,制定差异化的分担风险责任规则。问题银行将在破产清算程序终结时退出市场,股东应当承担分担风险的加重责任。我国可以借鉴美国法"交叉担保"规则,针对不同类型银行的股东,制定差异化的风险分担责任。金融控股公司及其子银行分担附属银行债务或提供债务担保,但债务担保或分担的债务额度不应超过必要限度。其他银行控股股东、主要股东等大股东可按持股比例分担债务或提供担保。民营银行股东可任意承担剩余风险责任,发起人或控股股东可按法定或约定的比例,赔付存款保险基金或存款人。

小　结

市场退出是问题银行处置体系的重要组成部分,适用于穷尽救助手段、无法恢复常态的问题银行,通常采取并购重组、撤销关闭和破产清算等方式。

在对问题银行实施市场退出时,股东的身份权、财产权和治理权将随

---

① See IMF, World bank, *An Overview of Legal, Institutional and Regulatory Framework for Bank Insolvency*, 2009, p. 54.

着程序的推进而不断变动。在并购重组、撤销清算和破产清算等环节中，股东已转变为重组中银行或清算中银行的股东，虽享有对相关事宜的知情权，但丧失了对重大事项的表决权和决策权。控股股东等大股东虽有机会参与处理重组、破产、清算等事项，但其活动仅限于有关事项，其财产权等各项权利受到较多限制，要履行清算义务，承担不履行或不积极履行清算义务的法律责任。股东劣后于其他主体，参与分配问题银行的剩余财产。金融控股公司、民营银行发起人依约定承担存款赔付、交叉担保等加重责任。在问题银行被注销登记后，股东将丧失股东资格，失去所有权利。在问题银行的市场退出中，法院、监管机构将对股东权实施强度较大的规制措施，在撤销清算、破产清算等情形下，督促股东承担赔付存款、提供担保等加重责任。对于不同类型股东，仍需对现有相关法律制度作出具体解释，明确一般股东权规制和加重责任的适用条件和方式。

我国问题银行市场退出制度具有很强的滞后性，对股东权规制仍具有较强的行政性，既存在立法体例、权力分配、程序等不完善的问题，也存在可操作性强的规则较少、规则效力层次不高、规制措施不足等问题。欧美国家相关制度和规则具有可操作性，又通过大量判例阐释了规则的内容、目的及实施方式等法律适用问题，对权责机关和各类市场主体的行为具有较为明确的指引。国内也逐渐积累了问题银行市场退出的实践经验。我国需结合国外先进经验和本土实践，以推动《金融稳定法》出台为契机，填补现有制度的漏洞和空白，更好地与关联法律制度相衔接，形成完善的问题银行市场退出制度。

第五章 问题银行股东权规制的问责与权利救济

问题银行处置对股东权利义务产生较大影响,对权责机关规制的问责及股东的救济保障尤为重要。[①] 问责与权利救济虽具有多重内涵和多元机制,却都源于一国宪法和相关法律,都是对股东权规制的矫正与补救。国际通行做法是主要维护或只维护形式正义,给予股东必要的救济,一般不会影响问题银行处置,仅在必要时使权责机关承担违法规制的法律责任。问责的正当性可用委托代理、行政控权和监管治理等理论阐释,权利救济的正当性则源于公民权利救济理论。二者的共同本质是发挥公权力机关的监督、制衡与救济作用,促使权责机关恪守问题银行处置的法定职责,实现市场规制权力与责任的统一。我国的相关制度相对滞后,在理念和规则上都具有很强的单向度特性。国外的立法、行政与司法问责机制对我国完善规制行为问责制度具有借鉴意义。股东的行政救济和司法救济制度亦需革新,尤其需要借鉴国际经验解决规制行为可诉性问题。规制行为的法律责任制度需体现市场规制责任的特点,应当符合相应的构成要件。

① 参见上海银监局法律事务处课题组:《商业银行破产风险处置的权力配置研究》,载《金融监管研究》2016 年第 10 期。

第一节　问题银行股东权规制的问责

权责机关受到内外部监督与问责,既是权责机关权责对等原则的体现,也是维护公共利益的要求,可从不同角度理解实施问责的正当性。立法机关、行政机关和司法机关构建了相应的问责机制,确保规制行为符合法定权限和正当程序要求,实现问题银行处置维护公共利益的目标。处理好问责与处置的关系,不影响问题银行处置工作的正常开展,正是我国重构规制行为问责制度的重点所在。

一、股东权规制问责的规范分析

历次金融危机暴露出的“监管俘获”、“监管容忍”、监管越位等问题,已成为银行监管与处置体制的软肋。学者们深入研究了问责的内涵、机制、实施等理论。在此需结合问题银行处置和股东权规制的特殊性,从不同视角理解和论证。对股东权规制进行问责,可以发挥维护公共利益、防控监管风险等作用。

(一)股东权规制问责的概念维度

股东权规制综合运用公私法规制手段,受到权责机关内外部监督与问责。股东权规制问责的内涵和外延更加丰富,涉及规制行为的事实与价值判断。

1. 内涵与外延的界定

监管行为、处置行为具有行政行为的共性,应当受到其他权力机关的监督。有观点认为,这种单向度的行政管理理念实难阐释规制行为问责制,反而蕴含着权力机关哄抢监督权与行政权的可能性。这种认识忽略了权责机关与社会公众之间的契约关系,也忽略了权力机关之间的分权与制衡关系。问责制有别于监督机制,在厘清各权力机关的权力边界之后,要求权责机关履行特定的职责与义务,内含“解释行为”

和“承担责任”的双重维度。就问题银行处置而言，权责机关要向问责机关解释、说明履职情形和采取处置行为的正当性；也要对违法监管和规制行为承担法律责任，[①]弥补违法规制的过失、补偿损害，防止再次发生不当监管和规制。[②] 由是观之，对规制行为的问责实质上也是一种权力分配。从权责机关内外部关系而言，规制行为问责可被分为内部问责与外部问责，分别由权责机关自我监督和其他机关监督。从问责内容与主体而言，规制行为问责包括履职问责和机构问责，监督工作人员是否履行监管、处置和规制的法定职责，或由不同机关对法律授权、法定职责进行监督。

2. 问责中的事实与价值判断

股东权规制涉及利益调整，问责是对利益调整的考量和再调整。实施问责的过程也是事实与价值判断的过程，其目的在于厘清问责的主体、对象及事项，权衡公共利益、股东利益及相关者利益，避免不当问责影响股东权规制措施的正常实施。

（1）问责中的事实之问。在问责的事实判断中，需要厘清问责主体、问责对象、问责内容等要素，界定“谁应当被问责”“向谁负责”“就哪些事项负责”等问题。[③] 总结各国的法律与实践，参与问题银行处置的权责机关都属于被问责对象，要向立法机关、行政机关、司法机关及利益相关者负责。其中，前三者都属于公权力机关，具体问责方式取决于一国的政体和政府组织方式。相关者不仅有受侵害的股东或被规制的股东，也包括存款人、债权人及社会公众。问责既涉及对规制行为是否存在实体和程序违法的判断，也对工作人员是否履行勤勉、审慎义务进行判断。这就要求权责机关应遵照审慎监管规则履职，客观评价问题银行状况，及时、谨慎采取监管、处置或规制措施，在银行危机面前履行应

① 参见周仲飞：《银行监管机构问责性的法律保障机制》，载《法学》2007 年第 7 期。

② See Eva. Hüpkes, Marc Quintyn & Michael W. Taylor, *The Accountability of Financial Sector Supervisors Principles and Practice*, IMF, 2005, p. 5 – 6.

③ See BCBS, *Report on the Impact and Accountability of Banking Supervision*, BIS, 2015, p. 25.

有的注意义务。[①]

(2)问责中的价值判断。各问责主体分别从纵向和横向对规制行为实施问责,权衡规制行为的经济价值、程序价值和安全价值等不同价值。[②] 其中,经济价值涉及不同处置方式成本与收益的比较;程序价值涉及监管、处置和规制行为的公平与合法性;安全价值涉及金融安全稳定等社会公共利益。通过对不同价值的权衡,判断处置和规制行为是否符合处置的目标和预期,是否违背公共利益或过度侵害股东合法权益(见表5-1)。

表5-1　问题银行处置中股东权规制问责的价值分析

问责方式	经济价值	程序价值	安全价值
"向上"问责	权责机关向财政部门就处置成本负责	监管机构或处置机构向法院负责	被授权处置机构向权责机关负责
"水平"问责	处置机构向审计机关就财政廉洁度和最小处置成本负责	行政问责机构(内部、外部)对规制行为的审查	规制行为的金融稳定效应
"向下"问责	向被处置银行负责	股东、特定债权人等相关利益者	社会公众的咨询、质疑

(二)问责正当性的多维度论证

明确股东权规制问责的内涵与外延,仅仅使感性认识前进了一小步,唯有理性分析才能厘清问责的实质。问责作为权责机关依法处置和规制的保障机制,需从权力本源、运作与治理等层面阐释其正当性。

1.问责的权力本源:委托代理理论

社会契约论奠定了政府与公民关系的基础,虽能有效地解释政府权力的正当性,但其理性主义假设无法分析现代政府权力运行。委托代理

① 参见李安安:《银行危机处置程序中的问责制研究——以银行监管治理为视角》,载《武汉大学学报(哲学社会科学版)》2012年第6期。

② 参见[英]科林·斯科特:《规制、治理与法律:前沿问题研究》,安永康译,清华大学出版社2018年版,第292页。

理论弥补了古典主义契约理性假设的缺憾。银行监管和处置领域存在双重委托代理关系。权责机关与政府之间因法定授权形成了直接的委托代理关系。社会公众是权责机关权力的最初来源和最终来源,相互之间形成了间接的委托代理关系。政府、权责机关及社会公众之间同样存在信息不对称问题。在问题银行处置中,为防止银行风险和危机的负外部性传染其他银行或行业,权责机关被依法赋予行政执法权、准立法权和准司法权。作为政府、社会公众代理人的权责机关以公共利益为导向,依法行使股东权规制的自由裁量权。权责机关在实践中一般采取“建设性模糊”“密室操作”等方式处置银行危机,[①]使其与政府及相关者之间的信息不对称更加严重。权责机关及其工作人员都属于“理性经济人”,容易受部门利益、短期利益或个人利益驱使,背离公共利益导向及监管、处置目标,产生监管容忍、监管腐败或监管过度等问题;也容易扭曲本部门、政府部门或社会公众传递的信息,在股东权规制中追求私人利益最大化。[②]为减少问题银行处置中的逆向选择和道德风险,需要完善监督和问责机制,要求权责机关及其工作人员适当、适时地披露监管、处置或规制等信息,强调利益相关者及社会公众参与问责;还需完善代理人激励约束机制,明确权责机关的法律责任。

2. 问责的运作原理:行政控权理论

行政控权理论认为行政法本质上是控权法,其核心问题在于控制行政权力,保护公民权利。随着经济社会发展,行政权具有维护经济秩序、发展经济和社会福利的作用,但权力扩张容易侵害个人利益。现代社会采取议会立法、司法审查、内部自控等多种方式控制行政权,防止自由裁量权滥用。对不当行使行政权的行政机关,应当依法追究其法律

① 银行业具有脆弱性,极易受到风险事件和负面消息的影响,相关处置措施也会使股东等主体产生依赖心理或不良预期。权责机关在必要时可采取一些措施,将问题银行处置措施的相关消息控制在一定范围内。如“建设性模糊”是 FDIC 的常见做法,日本央行等权责机关往往采取“密室操作”处置银行危机。

② 参见张惠:《银行监管治理研究》,天津财经大学 2007 年博士学位论文,第 68 页。

责任。[①] 在控权论的影响下,英美法系国家普遍构建了较为完善的权力监控体系,立法机关以行政管理法授予行政机关自由裁量权,利益相关者以行政程序法和救济法对行政权实施事前、事中和事后问责。在历次金融危机中,国外权责机关不当行使处置权,损害了银行股东等利益相关者的合法利益,也耗费了大量的公共资金,在一定程度上助长了银行股东等主体的道德风险,已突显出控制权责机关处置权力的重要性。国际组织不断总结、归纳问题银行处置的国际最佳实践,为各国完善相关立法提供了政策建议。各国针对国情不断完善"特别处置机制""有序清算程序"等法律制度,优化问题银行处置的法定程序,使权责机关监管权、处置权等权力的分配日趋合理,形成对权责机关自由裁量权的规范和约束,这些国际准则和法律也体现了控权论思想。问题银行处置中存在权力不当扩张和滥用的可能性,对权责机关及其工作人员实施监督与问责显得尤为必要。

3. 问责的规范机制:监管治理理论

随着公共治理的兴起,IMF 开始研究银行监管治理理论,探讨银行监管的独立性和金融稳定的关系,也更注重研究银行监管的社会影响和效果,分析监管治理在金融危机防控中的作用。[②] IMF 认为良好的银行监管治理标准包括监管机构的独立性、问责性、透明度和监管操守。[③] 其中,独立性意味着权责机关具有充分自主权;问责性和透明度则强调权责机关公开、公正、公平地行使法定职权,对立法机构、政府、被规制对象及社会公众负责。通过不同的他律和自律机制,使权责机关恪守银行监管与处置目标,规范问题银行处置中的股东权规制。适当的问责机制不仅

---

① 参见李娟:《行政法学控权理论研究》,载罗豪才主编:《行政法论丛》第 2 卷,法律出版社 1999 年版,第 12~14 页。

② See Robert F. Weber, *New Governance, Financial Regulation, and Challenges to Legitimacy*, 62 Admin. Law Review 783 (2010).

③ 参见李安安:《银行危机处置程序中的问责制研究——以银行监管治理为视角》,载《武汉大学学报(哲学社会科学版)》2012 年第 6 期。

会监督或惩戒违法规制行为,也会促使权责机关提升规制行为的绩效。[①]问责机制通过明确法定职责和程序,有效地约束权责机关的规制权力,追究权责机关违法规制的法律责任。利益相关者通过权利救济进行监督。各问责主体主要审查权责机关及其工作人员职务行为的合法性,要求各权责机关明确在问题银行处置各环节中的不同角色,向问责主体解释、说明其履职情况、处置或规制措施实施情况。权责机关的法律责任是对其处置、规制等行为实施问责的结果之一。在问题银行处置中,权责机关容易侵害银行股东等主体的合法权益,也容易助长利益相关者的道德风险。在处置、规制措施中融入银行监管治理理念,有助于更好地调节股东利益与公共利益,实现问题银行处置中利益调整的实质合理性。

(三)股东权规制问责的功能维度

当前我国金融风险日益突出,完善规制行为问责机制,有利于维护公共利益,减少权责机关不当的规制行为,防范自由裁量权的滥用。

1. 维护公共利益

问题银行处置中的股东权规制以公共利益为导向,调整银行股东及相关者的合法权益。处置过程中各类利益相互交织,权责机关工作人员进行利益权衡时,容易受职位升迁、特定利益集团要求等因素影响,受各类不当利益诱惑,可能存在追求个人利益、采取自利行为的倾向。权责机关对股东权实施规制时,与社会公众、银行股东之间存在信息不对称,容易导致处置成本增加、处置信息传递失真等问题,使规制行为违背公共利益。强化对权责机关的监督与问责,可实现处置权力与责任相一致,最大限度地维护金融市场平稳发展。

2. 防止监管俘获

在问题银行处置中规制股东权,是权责机关与股东之间的博弈过程。控股股东、金融控股公司容易利用控股地位,采取各种手段阻碍或诱导规

① See Eva. Hüpkes, Marc Quintyn & Michael W. Taylor, *The Accountability of Financial Sector Supervisors Principles and Practice*, IMF, 2005, p. 8.

制行为；政府也会受到利益集团影响，受短期政治目标驱使，不当地干预或控制权责机关的规制行为。[①] 权责机关出于部门利益、个人利益或政治利益的考虑，很容易背离法定目标，采取不当规制措施，影响银行股东的合法权益。强化对股东权规制行为的问责，有利于强化权责机关的责任意识，增强权责机关工作人员依法履职意识，有助于维护市场公平和正义。

3. 避免过度规制

问题银行处置的目的在于维护金融市场信心，维持金融市场稳定，保护存款人等社会公众的合法权益。股东权规制旨在以股东吸收损失、自救债等机制，强化银行股东的主体责任，使问题银行尽快恢复持续经营能力；或以股东承担损失、限制股东权利等方式，使问题银行有序地退出市场。在救助和市场退出中，规制股东权会减少公共资金支出、弱化道德风险，实现问题银行处置维护公共利益的终极目标。对股东权的规制应当符合处置原则，不能超越法定的、必要的、合理的限度，否则会抑制银行业投资者的积极性。为防止过度规制对银行股东产生不利影响，应当建立完善的问责机制。问责主体的绩效评估和问责，可以促使权责机关适度规制股东权，更好地维护社会公共利益。

二、规制问责机制的类型化分析

问责制本是国内外司空见惯的机制，权责机关应受到行政法制监督，接受立法机关、行政机关和司法机关的监督。[②] 对股东权规制的问责在机构设置、问责实施等方面存在特殊性。

（一）立法机关问责

现代国家的立法机关一般是议会或被授权机关。立法机关通过制定

---

① 参见巫文勇：《金融监管机构的监管权力与监管责任对称性研究》，载《社会科学家》2014 年第 2 期。

② 参见姜明安主编：《行政法与行政诉讼法》，北京大学出版社、高等教育出版社 2011 年版，第 145 页。

或修改法律赋予权责机关法定权限,其所实施的问责是对法定授权的评估和监督。

1. 目的与作用

立法机关问责旨在确定法定授权的适当性及实施效果,评估法定授权能否实现预期目标,也可以借机修改相关立法。立法机关问责并不干预权责机关的具体行为,而是通过制定和修改法律产生影响,为权责机关划定权力的实体和程序边界。规定权责机关的事前问责或事后问责机制,不仅会评估法定授权的实施情况,也会监督立法实施情况,确保监管或规制行为符合立法意图。

2. 机制安排

(1)问责机构。按一国政体不同,立法机关问责分为议会问责和专设机构问责。议会通过听取权责机关报告的方式问责,如法兰西银行行长要向法国总统和议会做报告,还需参加议会听证会;西班牙央行行长要向西班牙议会报告干预、制裁等措施,也需在议会探讨监管问题。[①] 部分国家议会设立专门委员会评估监管机构绩效,如美国国会设立专门委员会和政府问责办公室(government accountability office, GAO),隶属于国会审计部门,评估银行监管或处置措施;德国等国议会还向监管机构或处置机构派驻代表参与相关活动。[②] 这两类问责各有利弊,前者有问责流于形式、有效性不足等弊端,后者可能会干预或影响银行监管或处置效能。

(2)问责内容与方式。立法机关一般采取审查、询问等方式进行问责。在实施问责过程中,权责机关会向议会做年度报告或专项报告,向议会或专门委员会解释、说明特定问题,接受议会专设机构及其成员的质询。议会依据法定权限、目标和程序,审查和评估权责机关处置、规制等

① See Eva. Hüpkes, Marc Quintyn & Michael W. Taylor, *The Accountability of Financial Sector Supervisors Principles and Practice*, IMF, 2005, p. 45 - 51.

② See Eva. Hüpkes, Marc Quintyn & Michael W. Taylor, *The Accountability of Financial Sector Supervisors Principles and Practice*, IMF, 2005, p. 50 - 51.

行为及其影响。近年来,各国立法机关的问责实效虽有所弱化,却仍发挥重要作用。

(二)行政机关问责

监管机构和处置机构具有相对独立性,也具有行政机关的共性,其监管和处置行为应当受到行政机关的监督与问责。

1. 问责机构

行政机关问责可分为同体问责和异体问责等类型。同体问责是权责机关内部的问责,权责机关受理行政相对人提起的行政异议或诉愿,审查监管或规制决定。其中,上级机构基于领导和管理关系行使审查职能,如意大利、西班牙等国法律允许财政部长审查监管决定。异体问责是特设机构实施的专门问责,如法国设立政事院实施问责。我国监察机关的问责属于异体问责。特设机构问责可减少同体问责不到位、问责不公正或不问责的问题,却也存在机构设置重复、职能重合等弊端。

2. 问责内容与方式

行政机关在实施问责时,主要审查工作人员是否遵守正当程序和法定权限,审查股东权规制行为的合法性,一般不评估其合理性和效率。行政机关主要采取以下问责方式:一是审查权责机关的工作报告等信息。大部分国家法律要求权责机关向问责机关定期或不定期报送报告。例如,英国《金融服务与市场法》规定,金融服务管理局每年向财政部提交年度报告,说明履行监管职能情况,由财政部审查并提交议会审议。① 二是任免监管和处置人员。政府审核工作人员资质与履职情况,任免权责机关负责人或监管和处置人员。三是处理行政异议或行政复议。股东提起行政救济后,权责机关或其上级受理申请,审查规制行为的合法性,以此判断权责机关是否承担法律责任。四是实施行政执法检查。多数国家政府开展定期的行政检查,评估权责机关决策的落实情况、法律适用情况及监管绩效。

---

① See *Financial Services and Markets Act* 2000 *of the United Kingdom*, Section 14, 16 and 17.

（三）司法机关问责

法院对股东权规制的问责属于事后问责、被动问责，法院通过在裁判中对规制行为的合法性进行审查，可以纠正违法股东权规制行为，或判决赔偿股东损失。

1. 法院问责的两类模式

法院在诉讼中对股东权规制行为实施合法性审查，作出撤销违法规制行为或变更不合理规制行为的判决。司法审查机制与一国法律体系相关，可被分为普通法院、特别法院等模式。在英国、美国、加拿大等英美法系国家，由普通法院审查股东权规制行为。在德国、意大利、西班牙等实行司法双轨制的国家，普遍由行政法院进行审查。其中，法国的特别行政法院对规制行为实施司法审查。德国法院系统实行双轨制，行政法院只审查规制决定的效力，普通法院处理规制行为的损害赔偿争议。

2. 法院问责的殊途同归

各国法院的合法性审查往往涉及程序和实体两方面，德国法院也实施合宪性审查。大陆法系国家法院以银行监管法等成文法为据，英美法系国家法院则根据判例法确定的具体标准进行审查。两大法系国家的法院虽适用类似审查标准，但在实践中采取诸多不同做法。首先，审查的预设与范围不同。大陆法系国家法院实行全面审查，一般不会直接认可银行监管或处置决定的效力；英美法系国家法院一般预设权责机关的决定是正确的，只对其内容实行有限审查。其次，审查的侧重点不同。大陆法系国家法院普遍重视保障个人基本权利，在审查中尤其注重监管权、处置权、规制权对股东权的影响。因法院较监管机构稍欠专业性，对银行监管和处置事务干预较多。英美法系国家机构的分权、分工明确，监管机构具有更强的专业性，法院常常限定其角色于司法审查，更注重对银行监管或处置决定实行合法性审查。最后，司法审查的广度和目的不同。英美法系国家银行业发展相对自由，经历了较多的银行破产，权责机关享有较大自由裁量权，对问题银行实施及时处置、有效处置，减少法院对问题银行处置的不当影响，因而司法审查应当控制在必要限度内。大陆法系国家银行管制较多,银行业相对稳健,法院审查对问题银行处置的负面影响较小,有必要对银行监管或规制行为实施较深入的审查,防范权责机关权力过度扩张对股东等个人合法权益的影响。尽管两大法系国家的法院对规制行为审查深度不同,但都以维护形式正义为目的,进而实现保障问题银行有序处置的共同目的。

三、我国股东权规制问责制的重构

完善的问责制包括角色担当、说明回应和违法责任等制度要素,[①]问题银行处置及股东权规制的问责制亦如此。我国现行的问责制度缺少上述要素,致使这些规则难以问责股东权规制行为。我国应当注重发挥不同机构的问责作用,完善问责程序等具体内容。

(一)股东权规制问责制的错位

我国问责制的理念和方式具有单向度性,问责主体和程序等方面也存在空白。其原因在于问题银行处置的权责失衡导致的错位,这种错位表现如下。

其一,权力清晰化与问责模糊化错位。无论是在国际准则、各国立法,还是在处置实践中,相关准则、规则均体现了处置权、规制权与责任的对等关系。处置权、规制权必须明确、具体,问责制也应具体规定,并在立法中制定出两相对应的规定。[②] 在我国,有关法律、法规与规范性文件明确规定了处置权、规制权,却只能适用《行政复议法》《行政诉讼法》等法律中的宽泛规定,或适用《银行业监督管理法》《金融机构撤销条例》中的规定,对违法失职或非法干预实施问责,对处置或规制行为的问责则语焉不详或含糊其词。其他相关制度中均未规定相应的问责规则。

其二,问责理念的单一性与问责多元性错位。我国目前有关监管、处置和规制行为的问责属于垂直问责,停留在监管机构内部问责的层面上,

---

① 参见史际春、冯辉:《"问责制"研究——兼论问责制在中国经济法中的地位》,载《政治与法律》2009 年第 1 期。

② 参见关保英:《行政法的私权文化与潜能》,山东人民出版社 2003 年版,第 445 ~ 446 页。

针对股东权规制主要适用监管机构的履职问责,立法机关的监督与问责基本停留在纸面上,司法机关问责亦难以彰显其效果。这种内部化的履职问责仍具有单向度性,尚未实现问责制的现代化转型。在相对滞后的问责理念的影响下,我国相关法律制度缺少对问责,现有制度的效力层次较低、规则不健全,不能适应"强监管、严问责、防风险"的要求。

其三,问责方式的内部化与问责结果公开错位。我国主要依据监管机构文件进行内部问责,重点在于规范工作人员履职行为。《中国银行业监督管理委员会工作人员履职问责试行办法》规定较为详细,涉及履职问责的定义、问责范围、责任认定及追究、问责程序等内容。按其规定,履职问责委员会成员来自银行监管部门内部,对问题银行处置和股东权规制的问责缺少明确指引,难以保障履职问责的独立性和公正性。我国现行法律制度倾向于对违法规制行为进行内部处理,并未规定问责结果是否公开,很难保证问责结果的有效性。

(二)股东权规制问责制的重构路径

2023 年中央金融工作会议特别强调,"防范化解金融风险,要把握好权和责的关系,健全权责一致、激励约束相容的风险处置责任机制"。[①] 优化银行监管问责制、强化对银行监管机构的治理,已成为当前的紧迫任务。[②] 强化对问题银行股东权规制行为的问责,需要发挥不同问责机制的作用,优化问责权力的实体法律和程序规则,构建和完善多维度的问责制度体系。

1. 发挥不同问责机制的作用

我国应结合政体和银行监管体制的特点,吸收和借鉴欧美国家先进经验,明确不同问责主体的职能和作用。其一,在立法机关问责方面,充分发挥各级人大常委会及专门委员会的优势。全国及地方各级人大常委会应强化问责职能,要求监管机构和处置机构提交年度报告,以备案、裁

---

① 毛强:《防范化解金融风险要把握好两个关系》,载《学习时报》2023 年 11 月 6 日,第 1 版。

② 参见史生丽:《商业银行公司治理与银行监管》,法律出版社 2010 年版,第 187 ~ 191 页。

决、审查和撤销等方式，对问题银行处置制度的制定与执行情况进行监督；强化全国人大宪法和法律委员会的法定职责，对行政立法、规章和规范性文件进行合宪性审查。强化各级人大常委会对权责机关工作人员履职的问责，可以以股东权规制中的失职、渎职为由罢免相关责任人。其二，在行政机关问责方面，完善内部治理结构，健全同体问责和异体问责机制。我国需强化权责机关的同体问责机制，监管机构、处置机构可以就股东权规制行为相互问责；依法发挥监察和审计部门作用，问责权责机关及其工作人员的履职情况；设置由多方参与的问责委员会强化内部问责，由监察和审计部门向问责委员会做专项报告。[①] 我国应发挥中央金融委员会的重要作用，强化对银行监管和处置措施的审查，弥补其他问责机构的不足。其三，在司法机关问责方面，为增强法院事后审查的效率，可由金融法院管辖涉金融行政案件，避免地方政府或其他机构的不当干预，增强股东权规制案件裁判的有效性。此外，法院还可向权责机关提出司法建议。

2. 优化权力分配与程序控制

（1）优化不同问责机制的权力分配。我国应当明确界定问责主体的权力边界，防止问责权力滥用影响股东权规制的效力。首先，明确不同问责主体对股东权规制的问责内容。立法机关从宪法、法律层面进行审查，实施立法问责和任职问责。行政机关以审查规制行为、权责机关及其工作人员履职的合法性为主。司法机关以审查股东权规制行为的合法性为主，在必要时也涉及合理性审查。其次，明确具体规制行为的审查要素。对某项具体的规制行为实行问责时，问责机构需考察股东权规制的主客观要素，将违法规制行为细化为失职、渎职等类型，再根据主观故意将渎职细分为滥用职权、徇私枉法等，要求权责机关及其工作人员承担一般责任、重大责任或特别重大责任。

（2）完善股东权规制的问责程序。首先，制作可操作性强的监管和

---

① 参见张惠：《银行监管治理研究》，天津财经大学2007年博士学位论文，第96页。

处置手册,明确系统、量化的监管与处置目标,制定规制行为的操作流程与规则,作为问责权责机关及其工作人员履职情况的依据。其次,应当明确立法机关、行政机关问责的法定程序。启动问责程序时,必须告知被问责对象有陈述、申辩或申诉的权利。应将问责实施结果及时公示、告知被问责对象。确保问责的过程与结果公开、透明,且不侵害被问责对象的合法权益。

第二节　问题银行股东权规制的权利救济

股东的权利在问题银行处置中受到了限制,股东甚至承担了额外的义务和责任。被规制股东或受侵害股东有权求助于行政机关和司法机关,通过直接和间接方式维护自身合法权益。股东权利的救济机制源于宪法与民商法,国外从人权法、宪法与行政法等层面构建了多元化的救济机制。我国可结合国际经验和国情,分别探索、健全对股东的行政救济和司法救济机制。

一、股东权利救济的理论解析

法谚有云:"救济先于权利。""没有救济的权利不是权利。"股东对问题银行处置措施和规制行为提起权利救济,是权利的救济权能和救济权的体现。股东的权利救济可被分为行政救济和司法救济。

(一)股东权利救济的多方位考察

权利救济是主体在合法权益遭受侵害后,依法凭借自身力量或请求公权力机关,阻止侵害行为或请求适当赔偿。当问题银行处置中的规制措施超出必要限度时,股东可通过公力救济维护合法权益。当股东觉得自身合法权益受侵害时,亦可提起公力救济。股东的权利救济是对股东权规制行为的矫正和补救,更是对股东权的法律保障。

1. 股东权利救济的内涵厘定

股东的权利救济具有多维性，可从基本权利、权利的救济权能及行政救济权等维度理解。首先，股东权利涉及公民的基本权利，股东既可提起对财产权的权利救济，也可行使公民监督权进行救济。违法规制行为侵害了作为公民的股东的基本权利，股东既可以以财产权受侵害提起救济，也可监督违法规制行为，要求实施侵害行为的权责机关进行赔偿或补偿。[①] 其次，股东权利本身具有救济权能，股东也享有对各类侵害的救济权，发挥排除妨碍、停止侵害的功能，排除包括处置机构违法规制行为在内的侵害。股东针对权利所遭受的不法侵害，可以自力救济或提起公力救济，要求侵害者修复、补救损害或赔偿损失。因而股东救济权可被视为股东权的救济权能所衍生的救济权。[②] 股东所要排除的妨碍和侵害也包括权责机关的侵害，对此，股东可依法提起行政诉讼和国家赔偿诉讼。最后，针对行政机关的不当行为或侵害行为，股东被行政法赋予行政救济权利。监管机构、处置机构都属于行政机关，作为行政相对人的股东可以依法提起行政复议。国内外判例表明，针对问题银行处置中的规制行为，股东可依宪法、行政法、行政诉讼法提起行政救济和司法救济。

2. 股东权利的民事救济与行政救济

在实践中，股东的合法权益可能会遭受来自银行内外的侵害。按照侵害主体、行为类型的不同，大致可被分为股东权规制行为的侵害与银行内部的侵害，各个国家和地区的法律中都规定了股东权利救济制度。在银行内部，占信息优势地位的控股股东、董事、经理层，通过各类会议、决议侵害股东的知情权、表决权等权益，股东可依据公司法中的诉讼制度维护其合法权益。在银行清算阶段，股东可以以知情权、清算权等权益受侵害为由，提起剩余财产分配诉讼等相关诉讼。公司法上的权利救济以保

---

① 参见张维：《权利的救济和获得救济的权利——救济权的法理阐释》，载《法律科学（西北政法大学学报）》2008 年第 3 期。

② 参见菅从进：《论权利的救济权能及其发展》，载《河北法学》2008 年第 8 期。

护股东权为核心，主要适用于公司治理失灵、大股东实施侵害的情形，赋予中小股东依法救济其合法权益的权利，却无法为问题银行处置中股东权规制行为造成的侵害提供救济。无论其是否具有强制性，规制行为都有调整和限制股东利益的法律效果，应遵循权限法定、程序法定、比例性等原则的要求。问题银行处置中的股东权规制具有紧迫性，赋予权责机关较大的自由裁量权，权责机关更容易违反法定程序和权限，对股东利益造成不当侵害。在此情形下，股东可通过行政救济和司法救济维护其合法权益，遏制权责机关滥用处置和规制权力的情况。

（二）问责与权利救济的关系辩证

股东权利救济与规制问责存在重合之处，是目标与功能不同、协调互补的机制，都旨在规范和约束股东权规制行为。辩证地分析这两大机制的关系，有助于厘清二者的实施主体和运作方式。

1. 权利救济与规制问责的关系

行政救济与司法救济都属于公力救济，行政机关与司法机关的问责也都是行政法制监督方式，都属于公权力机关对权责机关的制约，以矫正和补救股东权规制中的瑕疵与过错。两种权利救济机制与问责机制在发起主体、启动程序、审查重点等方面存在不同。其中，行政机关的救济与问责以矫正、补救为主要目的，行政机关和股东都可以启动问责和救济程序，对于股东提出的申诉、控告、异议或复议申请，由行政机关或相关机构对股东权规制行为实施合法性审查，处理异议规制行为。行政机关实施问责的方式较多，除为股东提供替代性救济外，还可以以立法修法、职务任免等方式对权责机关及其工作人员进行问责。法院不会在事前或事后主动介入，其救济与监督以问责、赔偿为要旨，在个案裁判中审查股东权规制行为的合法性或合理性，作出维持、撤销、变更、赔偿等判决，对权责机关的法律责任作出裁决。法院判决对权责机关的约束力不同，权责机关需消除违法规制行为的不良影响或者赔偿股东所受损失。

2. 行政救济与司法救济的关系

对问题银行处置中的股东权规制行为，股东可适用行政救济手段，矫正规制行为瑕疵、消除其不利法律后果。当股东权遭受不当侵害时，股东还可以通过司法救济维护自身的合法权益。行政救济与司法救济是权利救济的主要手段，行政救济包括事前、事中与事后的救济，有陈述、申辩、控告、检举、行政复议等方式，是对规制行为的矫正和补救，兼顾对股东权损害的赔偿或补偿。而司法救济是以诉讼方式提起救济，属于事后救济。大陆法系国家一般通过行政诉讼对股东实施司法救济，英美法系国家以宪法诉讼、侵权诉讼等多种方式救济股东权。所有类型的司法救济都具有被动性，只能由股东等主体在股东权规制行为发生后提起诉讼，司法机关受理申请后，裁决实施股东权规制行为的权责机关承担赔偿责任等法律责任。在我国，行政复议并非行政诉讼或国家赔偿诉讼的前置程序，司法救济是股东权益的最后保障。股东可自由选择救济方式，依法追究违法规制行为的法律责任。

二、股东权利双重救济的制度构造

股东权利救济以宪法上的公民财产权与救济权为渊源。股东可通过行政救济和司法救济维护自身的合法权益。因此，股东的权利救济分别适用行政程序法与诉讼法中的救济规则。

（一）股东权利救济的法律依据

现代法治国家以全面保护公民合法权益为标志，股东权利救济源于宪法基本权利条款、民法财产权制度。尽管侵害股东权利属于侵权行为，但不宜适用民事法律进行救济。

1. 股东权利救济的宪法基础

宪法中的公民财产权、公民监督权与救济权条款，既是财产权等具体法律制度的渊源，也是部分国家股东提起宪法诉讼的法律依据。各国宪法中确立了公民财产权保护条款，是股东实施权利救济的根本法依据。各国形成了不同的财产权保护体例。美国宪法第五修正案中规定了权利保护条款。[①] 欧盟国家将欧盟法与国内法相结合,对个人基本权利的保护适用《欧洲人权公约》及其议定书的条文,[②]也适用各国宪法中的基本权利保护条款。我国《宪法》第 13 条规定,公民的合法的私有财产不受侵犯。股东权是公民通过投资获得的权利,应当适用宪法有关公民财产权的根本性规定。各国宪法也规定了公民的监督权与救济权,公民有权对不法行政行为提出申诉、控告、请求赔偿。我国《宪法》第 41 条规定,公民对国家机关及其工作人员的违法失职行为,享有申诉、控告或检举的权利。公民的财产权等基本权利受国家机关及其工作人员侵害的,享有依法获得赔偿的权利。各国宪法中基本权利条款是宣示性的、概括性的。英美法国家的普通法院可援引宪法进行个案裁判,大陆法系国家的特别法院裁判宪法条款的法律适用问题。

2. 股东权利救济的民商法依据

在民商事基本法律中,股东权利救济的权源为股东权及其衍生权利的损害赔偿请求权。股东权具有维护合法权益、防止不法侵害的救济权能,衍生的股东诉讼权主要适用于公司内部对中小股东的侵害。股东可适用排除妨害的民法规则,对股东权规制中的侵害行为提出权利救济。在民商事基本法中,大陆法对股东权分别在民法和公司法中予以保护。其中,对股东财产权的保护适用物权之诉,中小股东可采用诉讼手段维护合法权益。英美法中不仅存在股东诉讼制度,股东还可根据具体诉因起诉维权。我国《民法典》规定股东权属于投资性权利,[③]股东可对侵害人提起损害赔偿诉讼。[④]《金融稳定法(草案)》第 34 条规定,对金融管理部门有关处置所得的评估和补偿有异议的股东可以起诉。该规定将为被规

---

① See U. S. C. A. Const. Amend. V-Due Process. 美国宪法第五修正案的正当程序条款规定,未经法定正当程序,任何权力机关不得剥夺个人的生命、自由和财产。

② 例如,《德国基本法》第 14 条规定应当依照公共福利征收财产,法律应当公平地衡量公共利益与个人利益。《欧洲人权公约》及其议定书也规定了依法保护财产权。

③ 《民法典》第 125 条:民事主体依法享有股权和其他投资性权利。

④ 参见杨松、郭金良:《银行危机处置过程中的股东权利限制研究》,载《法律科学(西北政法大学学报)》2013 年第 5 期。

制的股东提供司法救济渠道，但股东应当适用《行政诉讼法》《行政复议法》的相关规定进行救济。①

（二）股东权的行政救济制度

在权责机关实施规制行为前后，股东均可向行政机关提起救济，发挥行政机关维护股东权益的作用。各国法律构建了多元化的股东权行政救济制度，对行政救济的受理机构、方式和程序等做出了安排。

1. 股东救济请求的受理机构

在监管、处置或规制的过程中，权责机关可受理股东的听证、申诉、控告等救济请求。例如，美国法规定，FDIC 采取处置措施时，股东可请求举行听证会。权责机关的上级或相关机构可以处理股东的复议请求，维护股东的合法权益。如加拿大法规定，财政部长受理针对金融机构监理署决定提起的诉愿。②

2. 股东权行政救济的主要方式

股东可采取多种救济方式维护自身合法权益。一是听证程序。股东可以要求权责机关召开听证会，说明处置或规制措施的正当性。二是申诉和控告。股东认为规制行为可能侵害自身合法权益、存在法律适用错误或程序瑕疵的，可在该行为实施过程中提出申诉和控告，要求权责机关采取相应的补救措施，及时消除规制行为的潜在影响。三是行政复议。当规制行为尚未产生确定力时，股东可向权责机关申请行政复议，复查规制行为的合法性与适当性。这几种救济方式都具有及时矫正和补救作用。③

3. 股东权行政救济的程序

各国的行政救济程序和救济措施散见于相关法律。大陆法与英美法

---

① 《金融稳定法（草案）》第 34 条第 1 款吸收了“任何人不得比清算更糟糕”国际上通行的风险处置原则。第 2 款则明确了股东作为利益主体起诉的三个要件：其一是认为金融管理部门的处置方案使自己受损，违背了前述原则；其二是对该处置方案提出了异议；其三是对异议处理决定不服。

② See Eva. Hüpkes, Marc Quintyn & Michael W. Taylor, *The Accountability of Financial Sector Supervisors Principles and Practice*, IMF, 2005, p. 45.

③ 参见姜明安主编：《行政法与行政诉讼法》，北京大学出版社、高等教育出版社 2011 年版，第 364 ~ 369 页。

呈现较大差别。其中,美国法以《联邦行政程序法》为核心,规定了行政裁决、行政复议等救济措施。其行政裁决程序类似于行政复议,有正式程序与非正式程序,监管机构参照适用该程序,各州在适用中也存在差异。《联邦行政程序法》中也规定了行政救济措施。在德国,基本法规定股东享有提起行政复议的权利,行政复议是行政诉讼的前置程序。我国在特别行政法中规定了申诉、控告等措施,在《行政复议法》中规定了行政复议制度。在实施行政复议等救济措施时,权责机关以审查规制行为的合法性为重点,对规制行为实施矫正和补救。

(三)股东权的司法救济制度

股东通过各类诉讼进行司法救济。在国外,由普通法院和特别法院管辖这类案件。股东可提起人权诉讼、宪法诉讼和一般诉讼,分别维护股东的人权、基本权利、财产权或治理权等合法权益。股东权救济诉讼以司法审查为核心,判断权责机关是否承担违法规制的法律责任。

1. 诉讼类型:异议与求偿

规制行为实施后对股东权产生影响的,股东可针对规制行为提起异议诉讼和损害赔偿诉讼,[①]要求权责机关承担相应的法律责任,这是股东权司法救济的主要方式。异议诉讼并不产生中止规制行为的效力,其实质是对规制行为的司法矫正。损害赔偿诉讼涉及对规制行为侵害结果的赔偿。股东因规制行为权利受到侵害的,可依法提起国家赔偿诉讼,要求权责机关承担赔偿责任。

2. 管辖法院:因案而异

规制行为侵权案件涉及人权、基本权利和财产权等争议,管辖法院包括普通法院和特别法院。在欧盟国家,因规制行为引发的人权争议,可由欧洲法院、欧洲人权法院审理,由其为股东提供人权救济。对涉及宪法争议的规制侵权行为,主要由宪法法院或行政法院审理。特殊管辖往往成

---

① 参见杨松、郭金良:《银行危机处置过程中的股东权利限制研究》,载《法律科学(西北政法大学学报)》2013 年第 5 期。

为普通法院回避宪法争议的理由之一。德国是其中的特例，该国宪法法院负责对规制行为的违宪审查，普通法院审理权责机关赔偿案件。美国的普通法院可对规制行为实施违宪审查。若案件不涉及人权、基本权利争议，欧洲国家一般由行政法院管辖，美国则由普通法院管辖。

3. 诉讼主体：大股东的偏好

各国法律并不限制规制行为侵权诉讼的股东资格，被规制或受侵害的大股东、中小股东均可依法起诉。在实践中，中小股东对银行经营管理一般持理性冷漠心态，对银行的投资资金不多，受规制行为影响较小，普遍缺乏权利保护意识。此外，这类股东也不愿以旷日持久的诉讼维护权利，很少提起权利救济。最有可能起诉的是问题银行大股东，包括金融控股公司、控股股东、主要股东等。这类股东持股比例较大，受规制行为影响较大，或兼任银行高层职务，与问题银行存在较多的利益纠缠，一般以权责机关的处置措施致损为由起诉。在美国诉高博特（U. S. v. Gaubert）案中，原审原告高博特（Gaubert）是独立的美国人储蓄协会（IASA）银行的大股东、前董事会主席，其认为 FDIC 的监管措施是造成其损失的原因。[①] 在另一案中，艾姆什（Emch）持有美国城市银行股份公司的大部分股票，其认为 FDIC 的接管导致该公司全资控股的银行倒闭，使其遭受了巨额财产损失。[②] 如何防止大股东滥用诉权，是司法救济机制需要解决的问题。

4. 救济核心：司法审查

在股东权救济诉讼中，法院审查涉案规制行为的实体与程序，判断股东权规制行为是否违宪违法，判断权责机关是否承担违法规制责任。

（1）程序合法性的审查。程序合法性主要是指权责机关依照法定程序规制股东权。德国、法国等国法院的审查较为严格；英国、美国法院遵循判例法审查，一般考虑问题银行处置的特殊性及其体系性风险，在个案裁判中容忍银行监管机构规制行为的程序性瑕疵。在国际金融危机中，

① See *United States v. Gaubert*, 499 U. S. 315 (1991).

② See *Emch v. U. S.* ,474 F. Sup. 99 (1979).

法院放松了对规制行为的具体审查标准,不再要求权责机关恪守法定程序。银行危机的紧迫性、公共利益成为权责机关规制股东权的正当理由,使其可不完全受正当程序的约束。[①]

(2)实体合法性的审查。法院主要依据实体法规范审查规制行为的合法性,涉及对权责机关自由裁量权的审查。两大法系法院的实体审查广度不同,一般涉及权力主体、范围、种类、幅度等方面。其中,法国法院的审查更加全面,涉及权力主体适格性、程序和形式法定性、职权范围法定性、主观认识等方面。[②] 两大法系都适用违法性、不合理性和权力滥用等标准。

(3)违法规制行为的审查。权责机关应依法履行职责。很多法律并未明确规定相关权力的适用条件,权责机关往往依照一般行政程序法实施规制行为。因银行危机的紧迫性、动态性和负外部性,法律也难以穷尽具体适用情形,需要权责机关机动灵活地处置银行危机。权责机关被模糊的法律条文赋予更大自由裁量权,使法院难以判断规制行为的违法性,法院在审查中基本上认可权责机关的权力。如美国法规定 FDIC 等机构享有自由裁量权,有权判断银行是否处于“不安全和不稳健”状态,[③]美国法院一般尊重 FDIC 的权力,往往作出有利于监管机构的裁判意见。各国法院对违法性的审查存在不同的理论与做法。英国学界对违法性审查的依据存在争议,存在按法律意图解释审查依据或以普通法基本原则解释两种观点。实践中,一般依照法律原则进行审查。法国法院违法性标准中的“法”包括银行监管法,欧盟相关条约、条例和指令,并以事实运用明显错误作为违法性标准的补充。[④] 欧盟国家银行监管或处置决定还受

---

① 参见苏洁澈:《银行破产监管责任研究》,中国政法大学出版社 2016 年版,第 169 页。

② 参见[瑞士]艾娃·胡普凯斯:《比较视野中的银行破产法律制度》,季立刚译,法律出版社 2006 年版,第 121 页。

③ See 12 U. S. C. §1818 (b) (e) (1991). 根据该法规定,FDIC 有权对不安全和不稳健的银行采取行动。

④ 参见苏洁澈:《银行破产监管责任研究》,中国政法大学出版社 2016 年版,第 180 页。

到欧盟司法机构的审查,欧洲法院、欧洲人权法院审查发现其决定违反相关条例、指令或侵害权利的,可以直接认定为违法。法院在司法审查中有意对法律术语做出模糊解释,减少银行监管与问题银行处置中的司法阻力。

(4)不合理规制行为的审查。国外法院往往混用多种具体标准审查和认定规制行为的不合理性、规制权力滥用等,不同国家法院审查的侧重点不同。英美法系国家法院和法国法院都采用相似标准,在审查时一般结合监管或规制的法定目的,以对事实的认定、权力运用超出了不合理限度为认定标准。但英国法上的"不合理性"标准很少适用于银行监管和规制领域。德国银行监管机构被依法赋予自由裁量权,德国法院依照《德国基本法》的基本权利条款和基本原则,审查监管行为或处置行为。[①]

(四)国际法和宪法适用引发的争议

在此需要重点探讨的是,规制行为侵权的人权争议和宪法争议,亦即规制行为是否适用国际公约或宪法的问题。问题银行处置具有紧迫性,一般会直接侵害股东财产权。为维护更重要的公共利益,股东应当承担较多的银行损失。当规制行为违反正当程序或超出必要限度时,权责机关应当承担违宪责任,甚至在特定情形下构成违背国际公约的行为。欧美国家法院虽给予股东以人权和基本权利保护,但在裁判中持谨慎态度,更多地权衡股东利益与公共利益。在人权争议中,欧洲人权法院则适用《欧洲人权公约》及其议定书的规定,认定规制行为是否违反财产权保护条款。对该公约中"剥夺"行为的认定,欧洲人权法院一般从合法性和比例性两方面进行判断,比如在 Capital Bank AD 案中裁定保加利亚银行违背公约规定。[②] 在宪法争议中,美国法院依据宪法第五修正案,对规制行为是否构成"征收"作出裁判。在布兰奇诉美国案(*Branch v. U. S.*)

---

① 《德国基本法》明确规定了保护平等权、财产权等基本权利的原则,是德国法院审查银行监管行为和处置行为的法律依据。

② 参见苏洁澈:《银行破产监管责任研究》,中国政法大学出版社 2016 年版,第 239 ~ 241 页。

中,[①]法院认为FDIC不应对银行控股公司承担因接管引发的赔偿责任。新英格兰银行公司(the Bank of New England Corporation,BNEC)控股的新英格兰银行、缅因银行已资不抵债,FDIC通过接管控制,关闭了银行及BNEC,并非占有该公司财产,而是对问题银行的处置,并不构成宪法上的“征收”。美国法院在同类案件裁判中均未认定FDIC的规制行为构成“征收”,理由在于银行业的特殊性使监管机构享有自由裁量权,可根据问题银行的紧迫性实施接管等措施。欧洲法院则通过审查成员方权责机关的救助措施,认定其是否构成对问题银行股东的侵害。在科尼卡和其他人(Kotnik and Others)案中,[②]斯洛文尼亚国民大会将欧盟委员会的银行业通讯转化为国内法,该通讯是欧盟为应对2008年金融危机而制定的,规定了债转股、债务减记等自救措施。2013年9月,斯洛文尼亚银行依据法定授权,对五家银行实施政府救助。受影响的股东等认为其中的自救措施与该国宪法及欧盟指令冲突,违反了财产权保护原则。欧洲法院基于初步裁决程序作出裁判,认为斯洛文尼亚银行所依据的欧盟银行业通讯并未给成员方施加自救义务,没有影响股东财产权,股东应当承担投资风险;欧盟相关指令虽规定增资减资决定需经股东会同意,但银行业通讯构成了例外,适用于维护金融系统稳定,并未干涉股东权。

三、我国股东权利救济制度的完善

我国构建了多层次的权利救济制度,虽能为股东提供适当的权利保护,却无法适用于股东权规制的情形,仍需结合问题银行处置的特征予以完善。

(一)制度供给与权利救济的贫乏

在股东权利救济制度中,需要分清民商法救济制度和行政法救济制

① See *Branch v. U. S.*, 69 F. 3d 1571 (1995).

② See Case C-526-14 *Kotnik and Others v. Republike Slovenije* (2016).

度。我国民商法及司法解释中规定了股东诉讼权的基本制度，股东可提起物权之诉、公司诉讼及破产诉讼。其中物权之诉适用《民法典》第125条、第233条，[①]股东享有排除妨害请求权和损害赔偿请求权等救济权。《公司法》(2023年修订)及相关司法解释规定了股东的直接诉讼和派生诉讼制度。这些诉讼制度都无法适用于股东针对规制行为的救济。一是股东诉讼权制度无法适用。《公司法》(2023年修订)及其司法解释为中小股东提供了司法救济渠道，解决实际控制人、大股东等主体侵害中小股东权益的问题，但该救济渠道并不适用于规制行为侵害股东权的情形。二是民法救济制度也无法适用。依照文义解释，《民法典》中的救济权可适用于股东权受侵害的任何情形。但我国实行行政诉讼与民事诉讼分离的制度，对于规制行为对股东权的侵害，股东只能提起行政诉讼维护自身合法权益。三是破产管理人违信责任存在适用难题。《企业破产法》第130条规定了破产管理人违背信义义务造成损害时，应当承担损害赔偿责任。[②] 权责机关在接管或破产程序中担任管理人、清算人等，可以被认定为存在信义关系。当权责机关不履行或不适当履行管理人义务时，应当承担违信责任。但我国的立法和实践并未明确权责机关的信义义务，股东很难据此提起损害赔偿诉讼。

在针对规制行为的权利救济制度中，我国的股东可通过行政复议、行政诉讼和国家赔偿诉讼进行救济。银行监管法中并不存在股东权行政救济的特别规则。股东可依照一般行政程序提出事中救济。股东可依照《行政复议法》(2023年修订)第11条的兜底性规定，[③]在认为规制行为侵害其合法权益时申请行政复议。其受理机关是作出该规制行为的权责

---

① 《民法典》第233条：物权受到侵害的，权利人可以通过和解、调解、仲裁、诉讼等途径解决。根据该法第125条，股东权属于受《民法典》保护的投资性权利。

② 《企业破产法》第130条：管理人未依照本法规定勤勉尽责，忠实执行职务的，人民法院可以依法处以罚款；给债权人、债务人或者第三人造成损失的，依法承担赔偿责任。

③ 《行政复议法》(2023年修订)第11条第15项规定，公民认为行政机关其他具体行政行为侵害其合法权益的，可以依法申请行政复议。

机关之上一级。[①] 复议机关可依法作出维持、撤销、变更或确认规制行为违法的决定,[②]还可决定被申请人依法赔偿。[③] 股东还可利用司法救济手段,按照《行政诉讼法》第12条的兜底性规定,[④]对权责机关的规制行为提起行政诉讼。此外,股东还可依据《国家赔偿法》,要求权责机关赔偿规制行为造成的损害。但股东进行行政救济和司法救济时仍存在以下问题:一是行政权利救济制度的规定较为笼统。股东虽能依法提起行政复议,但权责机关缺少明确的法律指引,无法妥善认定问题银行处置中规制行为是否构成对银行股东的侵害,无法为股东提供及时、全面的权利救济。二是股东财产权司法保护的缺失。由于我国不存在基本权利的司法保护制度,股东无法适用征收条款提起规制行为违宪之诉。《民法典》财产权征收条款也无法给予股东财产权司法保护,股东无法以基本权利受侵害为由提起诉讼。三是现行银行监管制度中只有履职问责条款,受侵害的股东无法提起损害赔偿诉讼,要求权责机关工作人员承担法律责任。问题银行处置制度只规定了处置程序与措施,并未规定股东的司法救济措施。

(二)行政与司法双重救济制度的设想

针对我国股东权救济制度的现状,我国应当分别完善行政救济和司法救济制度。一方面,注重与行政复议等制度的衔接与协调,探讨合宪性审查等制度。另一方面,解决规制行为的可诉性问题,探索权责机关违信诉讼、基本权利诉讼等司法救济制度。

1. 完善股东权行政救济制度

我国应进一步健全与行政问责制度形成互补的行政救济制度。首

① 《行政复议法》(2023年修订)第27条规定,金融等实行垂直领导的部门行政复议的受理机关为做出规制行为的机关的上一级主管部门。

② 参见《行政复议法》(2023年修订)第63条至第65条。

③ 参见《行政复议法》(2023年修订)第72条。

④ 《行政诉讼法》(2017年修正)第12条第1款:"人民法院受理公民、法人或者其他组织提起的下列诉讼……(十二)认为行政机关侵犯其他人身权、财产权等合法权益的。"

先,赋予股东在规制行为实施前后的救济权利。在完善问题银行的有序处置制度体系时,明确赋予股东知情权、异议权等救济权,规定股东在规制行为实施过程中可采取的各项救济措施。在《商业银行风险处置条例》中规定股东申请行政复议的条件,规定股东在规制行为发生效力前及事后的救济。其次,我国还可探索实施股东权规制的合宪性审查制度,明确实施条件、审查内容和程序。股东可依据宪法财产权保护条款及公民救济权条款,向全国及各级地方人大相关委员会请求实施合宪性审查,认定权责机关的规制行为违宪。审查机构分别审查权责机关的法定授权、正当程序及所侵害的基本权利,权衡公共利益与股东利益。

2. 优化股东权司法救济规则

我国应当探索股东基本权利与股东权司法保护的可行性,重点解决以下问题:首先,解决规制行为的可诉性问题。司法救济制度需要明确赋予股东起诉权,使其可对不当规制行为提起救济。股东提起的诉讼并非物权诉讼、侵权诉讼,而是行政侵权行为诉讼。可采取"分而治之"的方式,对于处置协议等非强制性规制行为,准用民事侵权诉讼的规定;对强制性规制行为仍应进行行政诉讼。其次,探索权责机关违信诉讼制度。在国外立法与司法实践中,权责机关担任管理人、接管人、破产管理人或清算人时,也承担了依法处置、有序处置的信义义务。[①] 权责机关规制行为造成侵害的,股东可以以违背信义义务为由请求其承担违信责任。我国可探索权责机关违信责任制度,赋予股东提起违信诉讼的权利。最后,探索股东基本权利诉讼制度。股东针对不当规制行为,可以以财产权受侵害为由提起诉讼。我国可借鉴欧美宪法司法化的做法,由高级法院管辖涉及财产

---

① See 12 U. S. C. A. § 1821,12 U. S. C. A. § 1823. 按照 FIRREA 的规定,作为接管人的 FDIC 在行使接管权力时,应当承担信义义务。在司法实践中,很多股东以 FDIC 违背接管人或清算人的信义义务起诉。但法院判决往往不认为 FDIC 存在违背信义义务的接管或管理行为。如在金色太平洋银行集团诉 FDIC 案(*Golden Pacific Bancorp. v. F. D. I. C.*)中,法院认为,FDIC 虽未能运用比存款保险转移和资产购买协议(DITAPA)更温和的停业清理方法,但并未违背其信义义务。在 C. 罗伯特. 苏斯诉联邦存款保险公司案(*C. Robert Suess v. Federal Deposit Ins. Corp.*)中,法院认为,FDIC 是符合其信义义务的。

权的宪法争议,以征收条款为依据判断规制行为是否构成违宪行为。法院应当依据规制行为的正当性、公共利益、处置紧迫性等因素做出判断。股东权的司法救济不应给予股东滥用诉讼权利的机会,防止影响问题银行处置的效力。

第三节 问题银行股东权规制的法律责任

问责与权利救济以对权责机关追责为目标,权责机关应当为违法规制行为承担相应的法律责任。这种责任属于经济法上的市场规制责任,具有比行政责任更深刻的内涵。权责机关对股东和社会承担不同的责任,都以规范和约束股东权规制行为为目的。权责机关因处置需要享有相对的责任豁免,其规制责任应当符合法定构成要件。我国的理念和制度历来将规制责任认定为行政责任,这种观念和制度安排并不符合规制的多元化特性。借助经济法责任理论,可以厘清其概念和构成要件,优化股东权规制责任制度。

一、股东权规制法律责任的理据分析

我国对股东权规制责任的认定停留在行政责任层面,有关问责追责制度相对滞后。这种认识源于现行理论的局限性,使我们无法全面认识其独特性与多元性。结合问责制和经济法责任理论,可以准确把握股东权规制的经济法责任属性。

(一)规制责任的理念反思与内涵界定

权责机关承担违法股东权规制行为的法律责任,这已是不言自明的公理。这种责任与权责机关的自由裁量权相对应,是角色责任与违法行为责任使然,也是被实施问责的结果之一。

1. 规制责任理念的反思

(1)责任豁免与担责的相对性。BCBS 提倡监管机构及其工作人员

受法律保护,[①]KAs亦明确处置机构及其工作人员在善意履职时受免责条款的保护。[②] 各国法律也对股东权规制等处置行为实行责任豁免。权责机关及其工作人员一般不被追责,其规制行为受到法律保护。但他们要恪守法定授权边界,按依法行政诸原则行事。当工作人员不适格、判断失误、行动滞后或超越职权时,豁免就不是绝对的,其应当承担违法规制行为的责任。尽管各国制度中存在规制责任的规定,但很少有权责机关承担责任的实例。

(2)权责对等与问责的对应性。权责机关享有较大的自由裁量权,才可以妥善应对负外部性极强的银行风险,维护更重要的公共利益。规制责任与权责机关监管、处置的职责对应,也是对违法规制行为的惩戒与责罚。权责机关及其工作人员依法承担责任,既可遏制自由裁量权沦为任性而为和肆意扩张权力,也符合分配正义与矫正正义。权责对等的原则与问责制存在对应关系。问责制不仅要求权责机关解释、说明履职情况、采取处置与规制措施的合法性,也可纠正一般的规制瑕疵或失误,赔偿违法规制行为对股东造成的损害。[③]

2. 规制责任的内涵新解

在问题银行处置中,权责机关代表国家行使干预权力的行为,是从微观层面引导、调整和限制股东行为,对股东权进行规制。权责机关应为规制行为负责。鉴于问题银行处置的复杂性,股东权规制行为具有复合性,将股东权规制责任定性为行政责任难以解释其内涵,还应结合规制行为的特殊性判断。

权责机关以调控和规制的方式干预经济,分别承担宏观调控和市场规制的法律责任。宏观调控责任与市场规制责任都属于经济法责任。经

① See BCBS, *Core Principles for Effective Banking Supervision*, 2006, p. 22.

② See FSB, *Key Attributes of Effective Resolution Regimes for Financial Institutions*, October 15, 2014, p. 6.

③ 参见苏洁澈:《论银行监管机构的侵权责任——以银行破产和英美法为例》,载《法学家》2011年第1期。

济法责任以社会为本位，以维护公共利益为基点，至少包括角色责任与违法行为责任两层意思。[①] 从角色责任的角度看，在问题银行处置中，权责机关承担及时、有序和有效处置的职责，依法规制股东权是其履行职责过程中采取的处置措施之一。因而股东权规制责任可被认定为违反问题银行处置角色的责任。权责机关及其工作人员因合法行为侵害股东权的，可以承担适当补偿责任，这种责任属于权责机关法定职责衍生的非违法责任，应以法律明确规定为限。当权责机关规制行为违法时，其应当承担相应的法律责任。对经济法上的违法责任亦可运用后果、代价、惩罚和义务等理论解释。按照学界通说新义务说的观点，可将规制责任认定为权责机关违背第一性义务而承担的第二性义务。结合问题银行处置的背景看，权责机关的第一性义务是依照法定权限、法定程序规制股东权。股东权规制责任是权责机关因违法规制受到的法律的否定性评价，要承受由此所引发第二性义务的不利后果。[②] 这种违法责任主要是赔偿责任，必要时可由国家进行赔偿。股东权规制责任在理念、体系上独立于其他部门法责任，但与行政法责任、民法责任、刑法责任和违宪责任有关联。无论是问责机制还是权利救济机制，都要审查权责机关是否履行法定职责、是否侵害股东权，从角色和违法行为两方面对权责机关进行监督和追责。

(二)股东权规制法律责任之分野

权责机关既是国家干预权力的代理人，也是经济法律关系主体之一。权责机关应当对股东和社会分别承担规制责任，唯有结合规制行为的特点才能认定具体责任形式。

1. 权责机关对股东和社会的责任

权责机关作为国家的代理人，行使市场规制权力，履行相关义务，唯有依靠工作人员才能实现其意志。但人的行为受逐利本性、情绪等影响，容易超越监管和处置权限、逾越正当程序或偏离法定职责。违法的股东

① 参见关保英：《行政法的私权文化与潜能》，山东人民出版社2003年版，第259～260页。

② 参见张文显：《法哲学范畴研究》，中国政法大学出版社2001年版，第122页。

权规制行为具有负外部性，可能会同时损害股东的合法权益和公共利益。此时权责机关作为国家的代表，对股东个体和社会整体承担不同的法律责任。[①]

（1）权责机关对股东的责任。当违法规制行为侵害股东合法权益，或权责机关怠于履行监管、处置或规制的法定职责时，权责机关应对股东承担责任。一般采取撤销行为、变更行为、限期履行行为、返还财产、恢复原状、赔礼道歉等担责方式。由于问题银行需要及时处置、有效处置，除非规制措施尚未起作用，否则权责机关撤销、变更或限期履行行为将显得不合时宜。权责机关往往会很快采取规制措施，不可能撤销或变更规制行为，更不可能返还财产、恢复原状。权责机关是否限期履行应为行为，要根据问题银行处置的需要确定。股东权规制具有侵益性，权责机关应当承担赔偿责任，必要时应进行国家赔偿。无论国家赔偿还是权责机关赔偿，都要符合违法行为、主观过错、损害结果及因果关系等构成要件。权责机关怠于行使法定职责的责任在实践中难以认定。此外，权责机关为维护金融稳定等公共利益，牺牲股东利益处置银行的，应当承担补偿责任。

（2）权责机关对社会的责任。权责机关在问题银行处置中滥用权力、超越权限或不作为，也侵害了社会整体利益。此时，权责机关应当承担公法责任。违法规制行为是对法律授权的滥用，破坏了宪法和法律设置的抽象公共秩序。监督机关经过合宪性或合法性审查后，发现权责机关违反了宪法、法律授权，就应当采取修改授权、废止制度或罢免主要负责人等方式，要求权责机关承担违宪责任。权责机关工作人员存在滥用职权、玩忽职守等行为时，构成犯罪的，应承担刑事责任；未构成犯罪的，进行行政处分。具体责任形式要根据宪法、刑法或行政法确定，不适用个体承担法律责任的构成要件。

2. 规制责任认定中的分割与统合

鉴于股东权规制存在不同的面相，应当依照违法行为、结果的性质追

---

① 参见刘水林：《经济法责任体系的二元结构及二重性》，载《政法论坛》2005 年第 2 期。

责,但这种方式极易形成规制责任认定的部门法割据,加剧不同机关对监督权力的哄抢。对此可采取分割与统合两种思路。英美法系采取分割路径,英美等国不区分公法、私法,普通法观念早已深入人心,权责机关一般根据判例法规则判断。股东以相应的诉因起诉权责机关,法院对违法规制行为所要承担的责任进行裁判。如美国存在 FDIC 等监管机构承担侵权责任、违约责任或违信责任的判例。大陆法系采取统合路径,将股东权规制责任定性为经济法责任。统合股东权规制责任,不等于取消部门法责任,重返诸法合体、混沌不清的落后状态,而是打破部门法的藩篱,实现部门法之间的互动,依照不同行为的性质承担相应的责任。德法等国奉行经济行政法理念,严格区分权责机关法律责任与民事责任,适用一般侵权法或特别立法追究权责机关的法律责任。在欧盟国家,受侵害股东还可起诉到欧洲法院或欧洲人权法院,要求涉事成员方承担国家责任。

二、股东权规制法律责任的认定

在认定股东权规制的法律责任时,需要遵循分类归责、责任法定与权责对等等原则,符合相应的构成要件。法律责任构成要件是对归责原则的细化,具有控制法律责任、防止投机性诉讼和诉讼泛滥的作用。[①] 规制行为违法,一般就应承担法律责任;对股东权侵害的赔偿,需满足赔偿责任的构成要件。

(一)违法规制行为

违法规制行为是股东权规制法律责任的首要条件和必备要件。对股东权规制行为是否违法,应从实施主体、实施时间、外在表现及程序等方面判断。

1. 股东权规制行为的认定

问题银行处置中的股东权规制行为应当符合主体、内容和时间等要素。首先,规制行为必须是权责机关工作人员实施的职权行为。权责机

① 参见苏洁澈:《银行破产监管责任研究》,中国政法大学出版社 2016 年版,第 208 页。

关被法律赋予相应的处置权，其工作人员代表权责机关、以权责机关名义行使权力。股东的注资承诺、救助承诺，本身属于私法规制，在RRP、发起协议或入股协议中约定，经权责机关审查确认其法律效力，由权责机关督促银行或股东整改或更新，这种非强制性行为也属于权责机关的规制行为。其次，规制行为以问题银行处置为目的，针对股东权利采取的各类措施包括加重责任、剥夺资格、限制治理权等。最后，规制行为必须是在问题银行处置中实施的，包括早期纠正阶段实施的规制行为，但不包括日常监管及早期预警阶段对股东的监管要求。

2. 规制行为违法性的判断

规制行为的违法性至少包括以下内涵：第一，规制行为违反了法律原则、法律上的禁止性规定或倡导性规定。[①] 在欧盟国家，规制行为还应遵守国际公约、条例或指令中的股东权保护条款，违反这些规定的规制行为属于违法行为。第二，违法包括实体违法和程序违法，具体可被分为适用法律错误、超越法定权限、未依照法定程序等类型。第三，违法行为包括作为和不作为。作为包括重大过失或故意侵害股东权的规制行为，不作为主要是指权责机关怠于履行义务或采取必要措施，但怠于履行义务或采取措施较难判断。第四，违法行为存在合法性或公平性的问题。合法性强调规制行为依据有效法律制度而为；而公平性强调规制行为与股东权所受影响符合比例性要求，采取的处置措施成本最小化、侵害较小化，尽可能地实现公共利益与股东利益的协调。不合法也不公平的规制行为无疑是违法行为；公平但不合法的规制行为也属于违法行为；合法却不公平的规制行为属于有瑕疵行为，可通过补救措施纠正其合理性问题，否则应由权责机关给予补偿。

3. 违反国际法义务的行为及其判定

在欧盟成员方，违反国际法义务包括违反权利保护义务和国家违背义务，也可能成为国家责任或权责机关责任的构成要件。其法律渊源是

---

① 参见赵大华：《论经济法中权力主体的经济法律责任》，载《法商研究》2016年第5期。

欧盟条约或指令,欧洲法院已通过司法判决明确了其直接适用的法律效力。[①] 其中,违反公约义务的行为需结合《欧洲人权公约》判断。根据该公约1号议定书财产权保护条款,[②]可将股东权纳入基本人权的保护范畴。成员方权责机关规制行为应符合"公共利益""合法性""公平性"等要件,否则将构成违反公约义务的行为。国家违背义务要结合问题银行处置相关的指令判断。首先,《公司法指令》《银行法指令》《银行破产指令》及BRRD赋予了股东相应的权利。其次,规制行为对指令的"违背必须足够严重",其严重性应根据自由裁量权的法律条文、心理状态、免责事由等因素判断。最后,国家违背义务与股东权损害要存在直接的因果关系。[③]

(二)主客观要件及因果关系的认定

当权责机关工作人员实施的行为违反法律规定时,权责机关就应当承担法律责任。一般不问其是否具有主观过错,不以损害结果、因果关系为构成要件。在认定权责机关是否承担赔偿责任时,需要对各项主客观要件及因果关系进行判断。

1.主观过错认定

主观过错属于规制行为侵权责任的构成要件。如德国法和法国法分别将"过错"和"重大过错"规定为规制侵权责任的构成要件之一,目的都在于提高责任认定标准。[④] 在违反规制协议的情形下,权责机关承担违约赔偿责任,属于无过错责任。主观过错只是影响赔偿责任大小的因素

① 欧盟法的法律渊源主要有欧洲议会及成员方宪法确立的一般原则、条约及立法,其中条约包括建立欧盟的条约及欧盟与第三方签订的条约,也包括补充或修改条约相关条款的议定书;立法包括条例(regulation)、指令(directive)和决定(decisions),前两种立法具有普遍效力,决定只对涉事的成员方或个人具有效力。

② See Protocol to the Convention for the Protection of Human Rights and Fundamental Freedoms as amended by Protocol No. 1. Paris,20. Ⅲ. 1952,art. 1.

③ 参见苏洁澈:《银行破产监管责任研究》,中国政法大学出版社2016年版,第225~226页。

④ 参见[瑞士]艾娃·胡普凯斯:《比较视野中的银行破产法律制度》,季立刚译,法律出版社2006年版,第130页。

之一。权责机关依法律规定承担补偿责任，是因合法行为造成股东损害而承担的法定责任。[①]

在实践中，应以权责机关工作人员实施规制行为时是否善意为标准判断是否具有主观过错。只有行为人具有重大过失或故意时，才能被认定为有过错。在个案判断中，不同法系国家对过错的认定标准存在差异。美国的过错标准较低，英国则将恶意等同于过错。[②] 在霍尔诉英格兰银行(*Hall v. Bank of England*)案中，[③]法院认为银行股东未能证明监管机构的规制行为构成恶意，因之不符合有目标的恶意。

2. 损害结果认定

股东权所遭受的损害结果具有多种形态，主要包括以下类型：其一，股东权益减少、股东权稀释等积极损害。如欧盟法院认为，斯洛文尼亚当局所采取的国家救助措施中，分担损失的规则应当注重维护股东的财产权益。[④] 也不排除表决权被剥夺等消极损害。如考沙塔案(*Caushatta*)中的股东以行政程序违法为由，起诉 FDIC 未举行听证会，就命令股东强制执行资本指引。[⑤] 其二，股东财产权和治理权受损害。归纳欧美法判例，股东既可以以股份减少、求偿权受损、担保财产损失等为由起诉，也可以以知情权、表决权受侵害为由起诉，但明确排除精神损害。其三，实际利益损失。如艾姆什(Emch)所持美国银行股份公司的 39,480 股股票作废，就属于实际利益损失。[⑥] 问题银行处置涉及事务庞杂，权责机关的介入是否使银行股东股票价值受损，很难准确认定，[⑦]因而一般将预期利益

---

① 参见焦富民：《论经济法责任制度的建构》，载《当代法学》2004 年第 6 期。

② 参见苏洁澈：《论银行监管机构的侵权责任——以银行破产和英美法为例》，载《法学家》2011 年第 1 期。

③ See *Hall v. Bank of England* (2000) Lloyd's Rep. Bank 186.

④ See Case C－526－14 *Kotnik and Others v. Republike Slovenije* (2016).

⑤ 尽管法院并未认定股东具有诉因，但该案表明股东是可以以救济权等其他权利受侵害为由起诉权责机关的。See *FDIC v. Coushatta*, 930 F. 2d 122 (5th Cir), cert denied, 502 US 857 (1991).

⑥ See *Emch v. U. S.*, 474 F. Sup. 99 (1979).

⑦ [瑞士]艾娃・胡普凯斯：《比较视野中的银行破产法律制度》，季立刚译，法律出版社 2006 年版，第 129 页。

损失排除在外。在不同法系国家法院的裁判中,损害结果类型由法官进行个案判断。

3. 因果关系判断

当权责机关承担侵权责任时,需证明违法规制行为与损害结果之间的因果关系。大陆法系国家普遍将因果关系作为规制侵权损害赔偿责任的必备要件。在德国,规制股东权属于国家机关行为,适用《民法典》侵权行为责任的规定,[①]这些规定及相关判例均明确以因果关系为构成要件。法国法也存在类似规定,意大利、荷兰等国将因果关系作为司法裁判因素。

实践中因果关系的认定十分复杂。当特定原因是引起某种法律结果的充分原因时,便构成了法学上的因果关系。在问题银行处置中,股东权益受损害往往是多种因素叠加的结果,违法规制行为只是其中的因素之一。[②] 只有结合具体情形分析清楚违法规制行为所起作用,判断其与损害结果的因果关系类型,才能准确判断权责机关是否应承担损害赔偿责任。当违法规制行为是股东权损害结果的实质原因、主要原因或唯一原因时,权责机关应当承担损害赔偿责任。亦即只有证明规制行为使银行形势恶化或未能避免恶化时,权责机关才应当承担损害赔偿责任。[③] 当违法规制行为并非股东权受损的唯一原因时,权责机关不应当承担责任。在国家责任构成要件中,损害结果必须与违法行为存在直接因果关系。欧洲法院原则上依据各成员方国内法,认定违法规制行为与股东权损害的因果关系,各国法相关规定可以控制国家承担赔偿责任。

---

① 《德国民法典》第 823 条和第 839 条分别规定了侵权损害赔偿责任、违反职务上义务的侵权责任。权责机关执行股东权规制措施时适用公务员侵权责任条款。参见陈卫佐译注:《德国民法典》,法律出版社 2013 年版,第 317、320 ~ 321 页。

② See Eva Hüpkes, *The Legal Aspects of Bank Insolvency: A Comparative Analysis of Western Europe, the United States and Canada*, Kluwer Law International, 2000, p. 126.

③ See Eva Hüpkes, *The Legal Aspects of Bank Insolvency: A Comparative Analysis of Western Europe, the United States and Canada*, Kluwer Law International, 2000, p. 126.

(三)免责事由

BCBS倡导对权责机关及其工作人员实施保护。[①] 各国法律中也规定了相应的免责事由。一定范围的免责保障了权责机关有效行使监管和处置职能,提升了问题银行处置效率。但绝对免责又会助长权责机关滥用自由裁量权的任意性。各国法律一般将以下两种行为规定为免责事由:其一,善意行为。英国等国的法律将善意行为排除在规制法律责任之外。英国银行法中明确规定,FSA及其官员和雇员善意的作为或不作为造成损害的,免于承担法律责任。加拿大银行法中也有善意行为免责的规定。[②] 其二,自由裁量行为。一些国家的法律对监管决定或规制决策免责,旨在确保权责机关的自由裁量权不受影响。如美国《联邦侵权赔偿法》规定了"自由裁量例外",明确联邦银行监管机构依自由裁量权做出的决定,无论是否存在权力滥用情形,都不受法律追究。[③] 法院一般采用两步法分析是否适用"自由裁量例外":该免责适用于本身属于任意性的行为;假设行为包含任意判断,则免责仅适用于"基于公共政策考虑"的政府行为。[④] 在高博特(Gaubert)案中,联邦最高法院驳回了独立美国人储蓄协会(IASA)最大股东高博特(Gaubert)的所有诉求,理由是针对独立美国人储蓄协会管理层的决定都是任意性行为,适用"自由裁量例外"。[⑤] 法院在艾姆什案中判定,OCC、FDIC等在监管银行过程中存在疏忽,属于政策性考虑的作为或不作为,也可适用"自由裁量例外"。[⑥]

---

① See BCBS, *Core Principles for Effective Banking Supervision*, 2006, p. 23.

② 参见[瑞士]艾娃·胡普凯斯:《比较视野中的银行破产法律制度》,季立刚译,法律出版社2006年版,第131~132页。

③ See U. S. A. 28 U. S. C. 2680 (a).

④ See Eva Hüpkes, *The Legal Aspects of Bank Insolvency: A Comparative Analysis of Western Europe, the United States and Canada*, Kluwer Law International, 2000, p. 130.

⑤ See *United States v. Gaubert*, 499 U. S. 315 (1991).

⑥ See *Emch v. U. S.*, 474 F. Sup. 99 (1979).

三、股东权规制法律责任的制度安排

我国尚未建立问题银行处置的法律体系,[①]也未发生股东请求权责机关承担法律责任的案例。股东权规制行为法律责任仍存在很多制度空白,需要以监管问责制的理念进行完善。

(一)责任规则的匮乏与适用困境

我国实行民事侵权与行政侵权分离的制度,在行政法框架下规定了权责机关的法律责任,并未考虑银行监管、问题银行处置的特殊性。这些制度虽能解决权责机关的问责问题,却无法解决股东权规制法律责任的定性、构成要件和适用等问题,无法为股东提供必要的救济。

其一,股东权规制法律责任的定性困境。权责机关的规制责任已被我国法律定性为行政责任。《行政处罚法》《行政强制法》分别规定了违法行政处罚和行政强制的赔偿责任。[②]《国家赔偿法》明确了违法行政行为侵害财产权的国家赔偿责任。[③] 在银行法中,《银行业监督管理法》规定了监管机构工作人员的法律责任,[④]相关条例分别规定了存款保险机构、央行工作人员的法律责任,[⑤]主要涉及违法监管、处罚等履职行为的行政法责任和刑事责任。权责机关在问题银行处置中侵害股东权,虽引发了一定的民事效果,但并不适用职务侵权行为的责任规则。

其二,特殊规制行为法律责任的认定困境。权责机关在法定幅度与

---

① 值得注意的是,人民银行已于2020年10月16日公布了《商业银行法(修改建议稿)》。其第九章中明确规定了风险处置与市场退出制度,构建了重组、接管、撤销、破产等处置机制,2023年《金融稳定法(草案)》拟定了金融风险防范、化解与处置机制,强调金融机构和股东自救优先、市场化处置优先。待该法正式通过后,我国亦将逐步修订《商业银行法》(2015年修正)、《银行业监督管理法》,并将根据银行业特性制定与这几部法律协调的银行风险处置法规,逐步形成体系完备的问题银行处置制度体系。

② 《行政处罚法》(2021年修正)第79条、第80条。

③ 《国家赔偿法》第4条规定,违法行政处罚、违法行政强制、违法征收征用等侵害财产权的,都应当承担国家赔偿责任。

④ 《银行业监督管理法》第43条规定了银行监管部门工作人员的行政法责任和刑事责任。

⑤ 参见《存款保险条例》第20条、《金融机构撤销条例》第31条。

范围内,可以运用自由裁量权规制股东权。当其裁量行为存在超越法定权限、违反法定程序等问题,使股东权遭受损害时,权责机关应当承担赔偿责任。当自由裁量不合理时,权责机关承担其他责任。权责机关不作为或致使风险扩大时,应当承担怠于履行职责的赔偿责任。在问题银行处置的过程中,除非有确凿证据证明,否则一般很难判断权责机关是否怠于行使职权,也难以证明怠于行使职权与银行风险的关联性。权责机关虽有权中止或剥夺股东的治理权,但股东一般不得以其治理权受侵害为由,要求权责机关承担法律责任。

其三,权责机关法律责任的适用困境。现行法律虽多处涉及监管机构的法律责任,却很难适用于问题银行处置。部分股东权规制行为虽具有强制性,但在法无明文规定的情形下,不宜适用《行政处罚法》和《行政强制法》。[①] 银行监管法主要规定了直接责任人的履职责任,重点在于规范执法检查、监管等工作,对侵害股东权的规制行为适用的法律责任规定较为模糊。我国只在部门规章、规范性文件中规定了监管机构的规制权力,却未涉及规制行为侵权的法律责任。[②]《国家赔偿法》可适用于合法但不合理的规制行为侵害股东权的情形,[③]但很可能因审慎监管或处置的法定裁量权而排除其适用。

(二)责任理念与规则的双重优化

股东权规制的法律责任是监管问责制度的重要组成部分。唯有严格、明确的法律责任,才能确保权责机关审慎行使处置权,实现股东权规制与保护的平衡。

1. 依法承担责任理念的确立

我国长期缺少股东权规制的法律责任规则,主要根源是相关法律制

① 股东权规制既不是行政处罚,也不是行政强制。《行政强制法》已将审慎监管等措施明确排除在其适用范围之外。

② 《银行业监督管理法》第 37 条规定,银行监管部门在审慎监管时可以限制股东分红、限制股东权利。

③ 即《国家赔偿法》第 5 条第 3 项规定的其他法定情形。

度的立法思想与理念滞后,对权责机关法律责任的定性存在偏差。权责机关法律责任制度需以问责制为导向,明确股东权规制法律责任的思想基础。首先,确立“权责一致”“有责必问”“问责必严”的理念。权责机关实施的股东权规制行为,是以公共利益为导向、受法定权限与程序约束的自由裁量行为。权责机关应依法采取相关规制措施,不应过度侵害股东的合法权益,防止对股东个体和社会整体造成不必要的侵害。其规制行为超越法定权限、违反法定程序的,应当承担必要的法律责任。其次,厘清规制行为问责、权利救济与法律责任的关系。问责、权利救济与法律责任并不孤立,它们是对权责机关实施问责的不同环节,使权责机关承担违法规制法律责任是问责的一种结果。最后,厘清权责机关法律责任的性质。权责机关因规制行为承担的法律责任属于经济法责任,虽可适用与行政责任、刑事责任相通的部分规则,却并不能完全被其他部门法责任所替代。以经济法责任理论为导向制定法律责任规则,可以避免行政责任理念立法导致的制度匮乏。

2. 制定股东权规制法律责任规则

股东权规制的法律责任属于经济法上的市场规制责任,目的在于维护整体利益、兼顾股东个体利益。法律责任规则应充分考虑股东权规制行为的特殊性、差异性。首先,区分权责机关对股东等不同对象的法律责任。权责机关的股东权规制措施会侵害股东利益,权责机关可以以撤销行为、变更行为、赔偿损失等方式承担违法规制的责任,其履行职责的工作人员不应承担责任。我国还应明确区分权责机关和国家承担责任的情形。一般应由权责机关承担违宪责任等责任,由国家承担对股东适当赔偿的责任。权责机关及其工作人员承担行政处分等法律责任。其次,明确不同法律责任的构成要件。《金融稳定法(草案)》第 41 条明确了不作为、乱作为等不当履职行为的责任,这些情形仍属于原则性规定。对于一般的违法规制行为,只要符合违法性要件,权责机关就应当承担法律责任。为防止大股东滥用救济权,应当以明确的要素控制权责机关的赔偿责任,在相关法律中规定违法行为、主观过错、因果关系等构成要件,在指导案例或操作指引中明确各项要件的认定因素。最后,明确规定权责机关的免责事由。为保障权责机关在问题银行处置中的合法权益,我国还应将过失、自由裁量等情形规定为法定免责事由。在具体操作指引或指导案例中明确认定标准,避免法官在免责事由认定中自由擅断。

小 结

无论权责机关实施的股东权规制措施是否具有强制性,都应当符合现代法治国家依法行政的要求,也要符合银行监管问责制的要求。有效地规范股东权规制行为,就要对规制行为实施适当的问责,也要给予股东必要的权利救济。

问责与权利救济可谓“殊途同归”,二者相辅相成、不可替代。问责是发挥立法机关、行政机关和法院的作用,对权责机关的规制行为实施必要的约束与制衡,规范问题银行处置中的自由裁量权。权利救济则赋予股东维护自身合法权益的手段,通过对股东权规制行为的矫正和补救,补偿或赔偿被规制股东或受损害股东。问责与权利救济的目的是保障问题银行处置符合公共利益导向,适度保护股东等个体的利益,实现对权责机关不当规制行为的必要问责与追责。

股东权规制的法律责任属于经济法上的市场规制责任,与民商法责任、行政法责任、刑事责任具有重合性。对权责机关违法规制行为的问责,应遵循分类归责、责任法定和权责对应的原则。当权责机关的违法规制行为符合构成要件时,应当承担赔偿责任等法律责任。

我国虽已构建了股东权规制行为的问责和权利救济机制,但不能完全满足问题银行处置的需要。一方面,我国问题银行处置的各项机制尚处于探索完善阶段,权责机关的监管权和处置权缺乏明确、清晰的界定。相关机构很难依据笼统的、可操作性较差的规则,对权责机关实施必要的问责,也不易为股东提供必要的权利救济渠道。另一方面,我国制度构建中存在很强的"路径依赖性",往往赋予权责机关较大权力,却忽视对权责机关行使权力设置法定程序,实施必要的监督和问责。问题银行处置需要赋予权责机关较大的自由裁量权,更应设置法定程序和问责机制,使权责机关在法定权限内实施股东权规制措施,使股东有更多方式维护自身的合法权益。为避免股东滥用救济权,可参考国外立法和实践,在监督和救济程序中设置相应条件,实现股东权规制与保护的有效平衡。

结　论

自美国次贷危机、国际金融危机爆发以来，各国政要、监管者、市场人士、学者多次探讨如何有效处置问题银行。许多人关注金融危机暴露出的“治理失灵”和“监管失灵”，将视线逐渐转移到银行大股东的行为上面。很多学者在SIB、“大而不倒”问题的背景下，探讨问题银行处置中的股东权规制。学界和实务界从公司治理、银行监管和问题银行处置等角度进行了探讨，有的主张强化股东的参与权利，改善银行公司治理；也有的强调限制股东权利，要求股东优先分担损失，承担加重责任。不同观点各有侧重，众说纷纭，渐成“剪不断，理还乱”之势。

如何在问题银行处置中规制股东权？FSB《关键要素》倡导股东优先分担损失，限制被处置银行股东的权利。[①] 可分别从股东与权责机关的角度考察这两条建议。从股东角度看，优先分担损失是一种义务与责任；从权责机关角度看，限制股东权利是一种处置权力。这意味着权责机关可采取强制或非强制的手段处置问题银行，重新配置股东的权利、义务与责任。权责机关的处置行为有别于传统行政行为。权责机关可并用私法与公法手段进行规制，按不同处置方式采取逐渐强化的规制措施。从规制理论角度分析，在问题银行处置中，权责机关与股东之间形成了规制关系。权责机关是规制主体，股东是受制主体。可分别从权责机关和股东

---

① See FSB, *Key Attributes of Effective Resolution Regimes for Financial Institutions*, October 15, 2014, p. 3 and p. 7.

角度分析规制行为。①

从权责机关角度看,问题银行的股东权规制实质上是权责机关如何行使自由裁量权,如何调整股东利益与公共利益。② 权责机关按照有序、及时、有效处置的原则,限制股东的财产权或治理权,使股东承担额外的义务与责任。它包含三个重要的议题:其一,如何处理权责机关之间的关系。其二,如何处理权责机关与股东之间的关系。这两种关系呈现纵横交错的样态。其三,问责股东权规制行为,给予股东必要的权利救济途径,追究违法规制行为的法律责任。保障处置行为符合公共利益导向,却又不过度侵害股东的合法权益。由此可见,问题银行处置中的股东权规制需要高超的法律适用技术,需要处理好权力与股东权、权力与权力、股东利益与公共利益的辩证关系。

问题银行处置中的股东权规制是多维度的利益调整机制。唯有将股东权规制纳入问题银行处置机制和公司治理机制中考察,才能较为全面地分析股东权规制的具体样态,厘清股东权利、义务和责任分配的实际状态。于是如何发挥好私法规制与公法规制的作用,就成为问题银行处置中的关键。银行公司治理机制基于股东与相关者的契约,以股东权配置为核心,配置了股东的权利、义务与责任;"利益相关主义"的模式扩张了银行公司契约关系。但所有权与管理权的分离,激化了大股东与中小股东、股东与存款人、股东与权责机关之间的利益冲突,使各类代理问题成为银行类公司的痼疾。在问题银行处置中,股东与相关者的契约无法有效约束股东行为,银行的公司治理机制也无法有效遏制股东的道德风险,甚至金融安全网也存在漏洞。此时,权责机关需要发挥公法与私法的规制作用,综合运用强制适用规范、许可适用规范和推定适用规范,激励与约束股东分担银行损失,实现股东利益与公共利益、股东利益与相关者利

① See Robert Baldwin, Martin Cave & Martin Lodge, *The Oxford Handbook of Regulation*, Oxford University Press, 2010, p. 31 – 48.

② See Kern Alexander, *Bank Resolution Regimes*: *Balancing Prudential Regulation and Shareholder Rights*, Journal of Corporate Law Studies, Vol. 9(1): 197, p. 197 – 227 (2009).

益的再平衡。

对于权责机关、股东等相关者而言，利益调整其实是求同存异，牺牲部分个人利益而保障公共利益，取得各方共赢的局面。化解系统性风险、保障金融稳定、维护关键金融功能，是问题银行处置中各方的公共利益；但公共利益并不能完全取代各自合法、合理的利益诉求。公共利益、各方利益交织在一起，使监管权力、处置权力与股东权之间的冲突更加尖锐。如何协调这些利益纷争，便成为问题银行处置中有效规制股东权的难点。近年来，各国政府精心构建的金融安全网日趋严密，为什么仍旧无力应对银行危机，甚至有些措手不及呢？诉诸政治、经济、社会、文化等外因，抑或诉诸人类本性、有限理性、动物精神等内因，都有助于探析问题的本源。可这类深度思考如果不能转化为切实可行的实践，终究会沦为于事无补的形而上学思辨。

为了解决问题，需关注法律制度与金融行业的运行状态。学者们对其中缘故探讨颇多，除监管容忍、金融周期、金融风险、公司治理等因素，一个容易被忽视的因素是权力运行状态。问题银行的紧迫情势要求权责机关行使宽泛的自由裁量权，可以根据处置方式规制股东权，与保护股东权的公司法本位思想存在矛盾，使问题银行处置中监管权力、处置权力与股东权存在紧张关系。如何恰如其分地分配监管权力和处置权力，如何合理、有效地限制和调整股东权，提升问题银行处置效率，是困扰权责机关良久的两难问题。实现权力对股东权的依法规制，实现公共利益与股东利益的合理协调，需要考虑两点：第一点是明确权责机关在问题银行处置中的角色与作用。权责机关的规制行为具有行政行为的特点，应当遵循法定权限和问题银行处置的程序，对股东权的规制应当符合成本最小化、侵害最小化等原则。不同权责机关在具体程序中所起的作用不同。随着问题银行、银行危机的不断演变和恶化，权责机关的行政干预不断深入，呈现不断加强的态势。在市场救助中，权责机关发挥引导和问责作用，促使市场机制调节股东行为，重新配置股东的权利、义务与责任，不过度干涉问题银行自我救助和外部市场救助。在行政干预中，权责机关是问题银行的临时管理人或接管人。在公共救助中,权责机关是问责者、救助者或国有银行股东,不仅会介入问题银行的公司治理,甚至在特定条件下承担救助等义务。在市场退出中,权责机关既是市场化退出的引导者,又是撤销关闭、破产清算等强制退出的主导者。因此,权责机关存在法律身份的重合与冲突,需要厘清不同的角色和职责,各行其道,并行不悖。第二点是厘清权责机关在问题银行处置不同程序中的权力分配。问题银行处置涉及监管机构、处置机构、政府、法院等权责机关,各机关之间唯有恪守法定权限和程序,减少不同机构间的冲突,才能增强股东权规制效果,确保问题银行处置效率。

从股东角度来看,问题银行的股东权规制强化了对股东权利的限制程度。问题银行大股东是股东权规制的主要对象。问题银行的形成与大股东滥用权利有很大关联,国内外诸多问题银行大都与股权乱象和股东的"缺位"与"越位"有关。除宏观经济社会原因外,也反映了股东有限责任制度的弊端,反映了银行监管和问题银行处置制度的缺陷。金融控股公司、自然人大股东借助有限责任的庇护,很容易在问题银行处置中孤注一掷、谋取私利。在问题银行处置中,股东的权利随着不同处置措施的实施呈现出逐渐分离、弱化到丧失的过程。为增强问题银行处置的效果,权责机关还将实施加重责任,使大股东的权利受到更多的限制与调整,甚至让大股东承担额外的义务与责任。尽管加重责任以恢复资本、分担损失或承担剩余风险为主要目的,但大股东在受到权利规制、承担额外义务与责任的同时,其治理权也将会受到相应的限制与调整。在这种情形下,大股东承担加重责任发挥了衡平作用,有效地遏制了大股东的道德风险。权责机关运用私法规制和公法规制手段,旨在通过一系列的激励与约束机制,促使大股东及时纠正行为、积极救助问题银行,或减少问题银行破产倒闭产生的负外部性。当然,作为理性经济人的股东,也受到处置收益的激励,存在救助问题银行或弱化银行风险的积极性。股东收益的不同取决于银行处置的方式与效果。若救助措施使问题银行恢复常态,股东不仅将获得相应的补偿,也将确保继续获取银行股份收益。若对问题银行实施市场化退出,股东的地位或权益虽受到较大影响,却保留了获取股份收益的期待权。若对问题银行实施强制退出,股东将承担赔付责任,但也取得了剩余财产的劣后分配权。即便股东成为纯粹的风险承担者,也可以避免受到更大银行危机的冲击。在多重因素的作用下,股东参与问题银行的救助和退出,在其中发挥不同的作用。股东的合法权益受到法律保护,受侵害的股东当然可以进行权利救济,通过行政复议、行政诉讼等方式维护自己的合法权益。相关机关对权责机关规制行为的问责也将为股东提供替代性救济。尽管对股东权规制的问责与救济只维护形式正义,并不可能因为股东的权利救济影响处置进程,却也有助于促使权责机关依法行使自由裁量权,保障问题银行处置的公平性。

由此可见,问题银行处置中的股东权规制并非单向度的行政行为,而是根据情势发展状况采取的多元化规制措施,避免了行政行为的绝对刚性,发挥了市场机制的作用。这也正是利益调整所要达到的目的。然而,由于现实状况极其复杂,权责机关、股东的利益交织在一起,使股东权规制颇具难度,不易达到问题银行处置的理想效果。

问题银行处置法应当如何回应并解决这些问题呢?法律调控的重点是如何规制和依据什么规则规制,这是本书论述的核心与落脚点。笔者将论述重点落在规制行为的适用和机制完善上。国际准则和国际最佳实践都强调,问题银行处置应当遵循及时、有序和有效处置的原则,主张优先适用市场化处置措施,优先适用市场化方式规制股东权。在穷尽市场救济手段后,权责机关才能依序介入问题银行的救助和市场退出。我国大体上可以借鉴国际准则和国际最佳实践,但还需关注我国银行业的独特性及银行股东的异质性,结合中国特色做出妥当的制度安排,避免盲目移植国际经验带来水土不服。在问题银行处置的制度构建和适用中,结合国际经验与本土实际无疑是最优选择。

于是,对于在问题银行处置中如何有效地规制股东权,答案逐渐清晰起来。解决好这一问题,需要明确以下三方面重点:其一,明确股东权规制是利益调整机制,是调整银行大股东等相关者在问题银行处置中的利益冲突,其目的在于遏制银行大股东的道德风险。股东权规制应被界定为“后规制国时代”的行政行为,不完全等同于传统的行政行为。权责机关采取公私法合作规制方式,不仅包括银行监管和问题银行处置规则,也包括相关民商事交易法律规则。一般股东权规制行为主要限制股东的财产权和治理权,股东加重责任应当被界定为安全性规制行为,强调股东积极救济问题银行,必要时限制股东财产权,要求股东承担额外的资本补充、注资和救助义务,并在撤销关闭和破产清算中承担赔付责任。其二,应当明确股东在银行救助和市场退出中的法律地位,厘清其权利、义务与责任的分配样态,厘清一般股东权规制和股东加重责任的适用条件和范围。权责机关应当依法行使自由裁量权,遵循有序处置、及时处置和有效处置的原则,充分发挥私法规制的作用,优先适用市场化救助和退出方式,审慎地适用股东加重责任。其三,为保障处置的公共利益导向,不过度侵害股东的合法权益,并为了评估股东权规制的有效性,权责机关应当受到必要的问责,应赋予股东必要的行政救济与司法救济途径。对规制行为的问责、对股东权的救济也不能影响问题银行处置的效率。问责和权利救济作用方向不同,最终使权责机关承担违法规制行为的赔偿责任。

2023 年中央金融工作会议提出了“加快建设金融强国”与“推进金融高质量发展”的要求,“全面加强监管、防范化解风险”是其中的重点。[①]在此背景下,我国需要完善问题银行处置中的股东权规制制度,既要明确不同规制措施的适用条件和程序,也要合理分配不同权责机关的处置权力,还要优化规制行为的问责和权利救济机制。无论问题银行处置机制和股东权规制规则完备与否,法律制度都不可能一劳永逸地解决这些问题,需要根据形势演变、业态发展与突发事件做出积极回应。[②] 权力与股东权之间、权力之间的博弈是问题银行处置中的永恒话题。

---

① 《中央金融工作会议在北京举行》,载人民网,http://ztjy.people.cn/n1/2023/1101/c457340-40107480.html。

② See FSB,2021 *Resolution Report*“*Glass half-full or still half-empty*?”,7 December 2021.

参考文献

一、中文参考文献

(一)著作

[1]蔡军龙:《商业银行恢复和处置机制研究》,法律出版社2016年版。

[2]陈卫佐译注:《德国民法典》(第4版),法律出版社2015年版。

[3]陈广忠译注:《淮南子译注》,吉林文史出版社1990年版。

[4]邓峰:《普通公司法》,中国人民大学出版社2009年版。

[5]丁邦开、周仲飞主编:《金融监管学原理》,北京大学出版社2004年版。

[6]伏军:《危机银行处置:原理、制度与方法》,法律出版社2018年版。

[7]关保英:《行政法的私权文化与潜能》,山东人民出版社2003年版。

[8]洪正:《商业银行公司治理特殊性研究》,中国金融出版社2010年版。

[9]姜建清主编:《国际商业银行监管环境与体制》,中国金融出版社2006年版。

[10]金晓斌:《银行并购论》,上海财经大学出版社1999年版。

[11]侯东德:《股东权的契约解释》,中国检察出版社2009年版。

[12]类承曜:《银行监管体系的整体设计与机制协调:公司治理的视

角》,中国人民大学出版社2009年版。

[13]黎四奇:《后危机时代问题金融机构处置法律制度完善研究》,世界图书出版广东有限公司2014年版。

[14]李霁友:《商业银行资本金制度》,科学出版社2004年版。

[15]李金泽:《银行业法国际比较》,中国金融出版社2008年版。

[16]刘俊:《各国问题金融机构处理的比较法研究》,上海人民出版社2008年版。

[17]庞继英等:《金融机构市场退出问题研究》,中国金融出版社2008年版。

[18]阙方平:《有问题银行处置制度安排研究》,中国金融出版社2003年版。

[19]施天涛:《公司法论》(第4版),法律出版社2018年版。

[20]史纪良主编:《银行监管比较研究》,中国金融出版社2005年版。

[21]史生丽:《商业银行公司治理与银行监管》,法律出版社2010年版。

[22]宋清华:《银行危机论》,经济科学出版社2000年版。

[23]苏洁澈:《银行破产监管责任研究》,中国政法大学出版社2016年版。

[24]汪青松:《股份公司股东权利配置的多元模式研究》,中国政法大学出版社2015年版。

[25]汪青松:《股份公司股东异质化法律问题研究》,光明日报出版社2011年版。

[26]王继远:《控制股东对公司和股东的信义义务》,法律出版社2010年版。

[27]王勇:《问题银行公共资金救助法律制度研究》,法律出版社2016年版。

[28]巫文勇:《金融机构市场退出中的国家救助法律制度研究》,中

国政法大学出版社 2012 年版。

[29]吴林涛:《涅槃抑或坠落——论商业银行破产重整制度》,法律出版社 2014 年版。

[30]许德风:《破产法论——解释与功能比较的视角》,北京大学出版社 2015 年版。

[31]徐向梅:《俄罗斯银行制度转轨研究》,中国金融出版社 2005 年版。

[32]阎维杰:《金融机构市场退出研究》,中国金融出版社 2006 年版。

[33]杨勇:《金融集团法律问题研究》,北京大学出版社 2004 年版。

[34]曾康霖、高宇辉:《中国转型期商业银行公司治理研究》,中国金融出版社 2005 年版。

[35]张继红:《银行破产法律制度研究》,上海大学出版社 2009 年版。

[36]张世君:《中国金融机构破产的理论探索与制度构建》,法律出版社 2017 年版。

[37]张维迎:《理解公司:产权、激励与治理》,上海人民出版社 2014 年版。

[38]张炜:《银行业务法律合规风险分析与控制》(下),法律出版社 2011 年版。

[39]张文显:《法哲学范畴研究》,中国政法大学出版社 2001 年版。

[40]张雪强:《银行业金融机构市场退出法律制度研究》,法律出版社 2014 年版。

[41]郑鸣主编:《商业银行管理学》,清华大学出版社 2005 年版。

[42]郑志斌、张婷:《公司重整制度中的股东权益问题》,北京大学出版社 2012 年版。

[43]周仲飞、郑晖编著:《银行法原理》,中信出版社 2004 年版。

[44]周仲飞:《银行法研究》,上海财经大学出版社 2010 年版。

[45]朱大明:《控制股东法律规制的路径与法理》,清华大学出版社2018年版。

[46]朱锦清:《公司法前沿问题研究》,浙江大学出版社2014年版。

[47]朱锦清:《公司法学》(上、下),清华大学出版社2017年版。

[48][美]阿道夫·A.伯利、加德纳·C.米恩斯:《现代公司与私有财产》,甘华鸣、罗锐韧、蔡如海译,商务印书馆2005年版。

[49][英]阿德利安·巴克莱:《金融危机:成因、背景与后果》,王年咏译,东北财经大学出版社2013年版。

[50][美]艾伦·加特:《管制、放松与重新管制》,陈雨露等译,经济科学出版社1999年版。

[51][瑞士]艾娃·胡普凯斯:《比较视野中的银行破产法律制度》,季立刚译,法律出版社2006年版。

[52][英]安东尼·奥格斯:《规制:法律形式与经济学理论》,骆梅英译,中国人民大学出版社2008年版。

[53][加]布莱恩·R.柴芬斯:《公司法:理论、结构和运作》,林华伟、魏旻译,法律出版社2001年版。

[54][荷]大卫·G.梅斯、丽莎·海尔姆、阿诺·柳克西拉:《改进银行监管》,方文等译,中国人民大学出版社2006年版。

[55][美]E.博登海默:《法理学:法律哲学与法律方法》,邓正来译,中国政法大学出版社2004年版。

[56][美]弗兰克·伊斯特布鲁克、丹尼尔·费希尔:《公司法的经济结构》,罗培新、张建伟译,北京大学出版社2014年版。

[57][德]格茨·怀克、克里斯蒂娜·温德比西勒:《德国公司法》,殷盛译,法律出版社2010年版。

[58][美]哈威尔·E.杰克逊、小爱德华·L.西蒙斯编著:《金融监管》,吴志攀等译,中国政法大学出版社2003年版。

[59][美]亨利·范·格罗、索尼亚·布雷约维克·布拉塔诺维克:《银行风险分析:公司治理和风险管理的评估框架》,中国财政经济出版

社组织翻译，中国财政经济出版社 2011 年版。

[60][英]科林·斯科特：《规制、治理与法律：前沿问题研究》，安永康译，清华大学出版社 2018 年版。

[61][韩]李哲松：《韩国公司法》，吴日焕译，中国政法大学出版社 2000 年版。

[62][美]理查德·波斯纳：《法律的经济分析》，蒋兆康译，法律出版社 2012 年版。

[63][美]理查德·波斯纳：《资本主义的失败》，沈明译，北京大学出版社 2009 年版。

[64][美]罗伯塔·罗曼诺编著：《公司法基础》（第 2 版），罗培新译，北京大学出版社 2013 年版。

[65][英]罗斯·玛利亚·拉斯特拉主编：《跨国银行破产》，苏洁澈等译，中国社会科学出版社 2017 年版。

[66][比]马蒂亚斯·德沃特里庞、[法]让·梯若尔：《银行审慎监管》，王永钦、石磊、李娜译，机械工业出版社 2016 年版。

[67][荷]乔安妮·凯勒曼、雅各布·德汗、费姆克·德弗里斯：《21 世纪金融监管》，张晓朴译，中信出版集团股份有限公司 2016 年版。

[68][比]马蒂亚斯·德沃特里庞、[法]让·梯若尔：《银行监管》，石磊、王永钦译，复旦大学出版社 2002 年版。

[69][美]Stijn Claessens 等编著：《宏观审慎监管政策——通向金融稳定的新道路》，孙涛等译，电子工业出版社 2013 年版。

[70][德]托马斯·莱塞尔、吕迪格·法伊尔：《德国资合公司法》（第 3 版），高旭军等译，法律出版社 2005 年版。

[71][美]小奥利弗·温德尔·霍姆斯：《普通法》，冉昊、姚中秋译，中国政法大学出版社 2006 年版。

[72][美]詹姆士·R. 巴茨、杰瑞德·卡普里奥、罗斯·莱文：《反思银行监管》，黄毅、张晓朴译，中国金融出版社 2008 年版。

[73][日]植草益：《微观规制经济学》，朱绍文、胡欣欣等译，中国发

展出版社 1992 年版。

(二)论文

[1]巴曙松、邓子龙:《中国上市银行股权监管的演进逻辑与未来趋势》,载《中国银行业》2018 年第 7 期。

[2]巴曙松、沈长征:《从金融结构角度探讨金融监管体制改革》,载《当代财经》2016 年第 9 期。

[3]巴曙松、张晓龙、朱元倩:《资本和杠杆双重监管下的商业银行行为分析——基于股东利益最大化视角》,载《金融理论与实践》2013 年第 12 期。

[4]柴瑞娟、接奇伟:《低效困境与制度突围——公司控股股东诚信义务再思考》,载《金融市场研究》2016 年第 10 期。

[5]柴瑞娟、马一:《村镇银行主发起银行制度存废之辩》,载漆多俊主编:《经济法论丛》第 26 卷,法律出版社 2014 年版。

[6]柴瑞娟:《民间资本控股村镇银行:逻辑证成与法律规制》,载《法学评论》2012 年第 6 期。

[7]柴瑞娟:《民营银行:发展障碍及其法律对策——以民营银行开闸为时代背景》,载《法学评论》2014 年第 3 期。

[8]陈素玉、叶明:《论股东权利的滥用》,载《现代法学》1996 年第 2 期。

[9]陈文成:《金融控股公司对附属金融机构责任加重制度研究》,载《上海金融》2009 年第 8 期。

[10]戴凤岐:《经济安全与经济法》,载《法学杂志》2004 年第 1 期。

[11]邓峰:《作为社团的法人:重构公司理论的一个框架》,载《中外法学》2004 年第 6 期。

[12]樊纲、丁楹:《优先股在金融危机中的应用及其启示》,载《北京航空航天大学学报(社会科学版)》2015 年第 3 期。

[13]冯果、段丙华:《公司法中的契约自由——以股权处分抑制条款为视角》,载《中国社会科学》2017 年第 3 期。

［14］冯果、李安安：《公司治理一体化走向的制度发生学解释——以结构融资为中心展开》，载《现代法学》2012 年第 1 期。

［15］冯果、袁康：《危机处置视角下问题银行并购的法律分析》，载《交大法学》2013 年第 3 期。

［16］冯果：《股东异质化视角下的双层股权结构》，载《政法论坛》2016 年第 4 期。

［17］凤建军：《反思问题银行处置措施之"早期干预"——基于公权与私权冲突之视角》，载《财经法学》2018 年第 4 期。

［18］高晋康、廖振中：《论我国银行关联交易监管法律制度之完善——美国〈联邦储备法〉第 23 条的启示》，载《比较法研究》2005 年第 4 期。

［19］高晓红、徐凯：《国有商业银行公司治理：从"股东至上"到"共同治理"》，载《制度经济学研究》2005 年第 1 期。

［20］郭华春：《欧盟银行"自救"机制中债权保障的失衡与应对》，载《上海财经大学学报》2017 年第 5 期。

［21］韩龙：《规制与监管：美国金融改革方案对金融法品性的再证明——解读美国金融改革方案之法学理念与基础》，载《河北法学》2009 年第 11 期。

［22］韩龙：《金融法为何是规制与监管之法？》，载《甘肃政法学院学报》2008 年第 3 期。

［23］洪正：《论银行业公司治理的特殊性》，载《经济评论》2006 年第 6 期。

［24］洪治纲：《濒危银行救助的国外立法与借鉴》，载《法学评论》2005 年第 6 期。

［25］侯东德：《论股东权的本质与股东导向公司治理模式——以公司契约理论为视角》，载《管理世界》2008 年第 9 期。

［26］霍翠凤、杨萌：《比较视野中的商业银行公司治理模式及其借鉴》，载《金融论坛》2005 年第 4 期。

[27]贾林青:《论法国公司法关于防止股东滥用权利制度的借鉴价值》,载《法学家》2007 年第 2 期。

[28]菅从进:《论权利的救济权能及其发展》,载《河北法学》2008 年第 8 期。

[29]焦富民:《论经济法责任制度的建构》,载《当代法学》2004 年第 6 期。

[30]黎四奇:《欧盟对金融集团内部交易及风险集中的监管》,载《国际金融研究》2001 年第 11 期。

[31]李安安、冯果:《公司治理的金融解释——以金融法和金融学的科际整合为视角》,载《法制与社会发展》2015 年第 4 期。

[32]李安安:《银行危机处置程序中的问责制研究——以银行监管治理为视角》,载《武汉大学学报(哲学社会科学版)》2012 年第 6 期。

[33]李昌麒:《论经济法语境中的国家干预》,载《重庆大学学报(社会科学版)》2008 年第 4 期。

[34]李仁真、周忆:《论金融机构的"生前遗嘱"制度》,载《证券市场导报》2012 年第 7 期。

[35]李润生、史飚:《论国有商业银行资本制度的创新——以优先股的引入为视角》,载《学术论坛》2016 年第 2 期。

[36]李永成:《政府干预经济的中国经济法思考》,载李昌麒主编:《经济法论坛》第 5 卷,群众出版社 2008 年版。

[37]刘宏宇:《商业银行公司治理的监管与评价》,载《国际金融研究》2007 年第 1 期。

[38]刘水林:《经济法责任体系的二元结构及二重性》,载《政法论坛》2005 年第 2 期。

[39]刘东平、霍太稳:《关于金融控股公司的加重责任》,载《东岳论丛》2006 年第 1 期。

[40]刘锡良、王正耀:《对国有商业银行股份制改革有关问题的思考》,载《中国金融》2004 年第 11 期。

[41]刘晓勇:《公司治理与有效银行监管问题研究》,载《经济社会体制比较》2001 年第 5 期。

[42]罗开位、连建辉:《商业银行治理:一个新的解释框架——商业银行“契约型”治理的经济学分析》,载《金融研究》2004 年第 1 期。

[43]罗培新:《股东会与董事会权力构造论:以合同为进路的分析》,载《政治与法律》2016 年第 2 期。

[44]欧阳媛、杨华柏:《日本是如何依法处理破产金融机构、回收不良债权的》,载《法学家》2000 年第 6 期。

[45]潘敏:《商业银行公司治理:一个基于银行业特征的理论分析》,载《金融研究》2006 年第 3 期。

[46]彭金辉:《准公共品视角下银行业监管模式的探讨》,载《国家行政学院学报》2011 年第 3 期。

[47]漆多俊:《世界金融危机的经济法解读》,载《经济法论丛》2010 年第 1 期。

[48][美]乔治 · 阿克洛夫、保罗 · 罗默:《所有者掠夺:以破产牟利的经济黑幕活动》,徐卫宇等译,载吴敬琏主编:《比较》第 15 辑,中信出版社 2004 年版。

[49]上海银监局法律事务处课题组:《商业银行破产风险处置的权力配置研究》,载《金融监管研究》2016 年第 10 期。

[50]石纪虎:《论公司与股东之关系——兼及〈公司法〉第 22 条第二、三款之理解和评析》,载《湖南工业大学学报(社会科学版)》2008 年第 3 期。

[51]石纪虎:《再论股东与公司之关系——〈公司法〉相关条文之评析》,载《云南大学学报(法学版)》2009 年第 3 期。

[52]史焕平、熊春红:《论中央汇金投资公司的职能、性质和未来发展》,载《华东交通大学学报》2006 年第 6 期。

[53]宋怡林:《民营银行股东自担风险应否为无限责任?》,载《南方金融》2015 年第 5 期。

[54]苏洁澈:《论银行监管机构的侵权责任——以银行破产和英美法为例》,载《法学家》2011 年第 1 期。

[55]苏洁澈:《英美银行破产法述评——以银行特殊破产制度为中心》,载《环球法律评论》2013 年第 2 期。

[56]苏永钦:《以公法规范控制私法契约——两岸转介条款的比较与操作建议》,载《人大法律评论》2010 年卷,法律出版社 2010 年版。

[57]隋平、罗康:《论银行公司治理制度的构建》,载《法学杂志》2012 年第 6 期。

[58]隋平、马栋梁:《银行风险行为监管研究》,载《郑州大学学报(哲学社会科学版)》2014 年第 5 期。

[59]隋平:《银行公司治理:现存问题与制度重构》,载《云南社会科学》2013 年第 6 期。

[60]隋伟、刘俊:《我国建立金融控股公司加重责任制度探讨》,载《南开学报(哲学社会科学版)》2008 年第 6 期。

[61]檀建涛:《加强股东持续性监管面临的困难与思考——以 A 银行为例》,载《中国农村金融》2016 年第 18 期。

[62]田田、龚华生:《建立中国金融控股公司的加重责任制度》,载《法学论坛》2005 年第 6 期。

[63]汪青松、赵万一:《股份公司内部权力配置的结构性变革——以股东“同质化”假定到“异质化”现实的演进为视角》,载《现代法学》2011 年第 3 期。

[64]汪青松:《股份公司股东权利多元化配置的域外借鉴与制度建构》,载《比较法研究》2015 年第 1 期。

[65]汪青松:《论股份公司股东权利的分离——以“一股一票”原则的历史兴衰为背景》,载《清华法学》2014 年第 2 期。

[66]王飞、徐炜:《基于股东大会视角的我国上市银行公司治理效率研究》,载《上海金融》2013 年第 10 期。

[67]王怀勇:《金融监管边界的经济学与法学分析》,载《政法论坛》

2013 年第 5 期。

[68]王楠:《我国银行破产法律制度问题研究》,载《法学家》2007 年第 4 期。

[69]王吴庆:《从立法角度谈加强规范银行股东违规行为》,载《中国银行业》2017 年第 5 期。

[70]王娴、闫琰:《集团内金融机构公司治理问题与对策》,载《中国金融》2020 年第 15 期。

[71]王征雁、黄贤福:《银行控制股东关联贷款及法律规范的"利益冲突"范式》,载《西南金融》2005 年第 4 期。

[72]魏建、张勇:《关于商业银行股东监管的研究》,载黄少安主编:《制度经济学研究》第 17 辑,经济科学出版社 2007 年版。

[73]巫文勇:《金融监管机构的监管权力与监管责任对称性研究》,载《社会科学家》2014 年第 2 期。

[74]吴丹波:《构建我国金融控股公司加重责任制度的法律思考》,载《企业经济》2006 年第 7 期。

[75]吴玉国、王广龙:《问题银行的识别及处理》,载《金融监管研究》2017 年第 10 期。

[76]邢会强:《金融监管措施是一种新的行政行为类型吗?》,载《中外法学》2014 年第 3 期。

[77]邢会强、李光禄:《并购问题金融机构与反垄断法》,载《政法论丛》2005 年第 1 期。

[78]徐孟洲、杨晖:《金融功能异化的金融法矫治》,载《法学家》2010 年第 5 期。

[79]闫海:《金融控股公司法律制度研究》,载漆多俊主编:《经济法论丛》第 8 卷,中国方正出版社 2003 年版。

[80]颜苏:《自救债的法律问题述评》,载《商业经济研究》2015 年第 9 期。

[81]阳露昭、刘涛:《论金融控股公司加重责任制度的法理基础》,载

《上海金融》2009 年第 3 期。

[82]杨松、郭金良:《银行危机处置过程中的股东权利限制研究》,载《法律科学(西北政法大学学报)》2013 年第 5 期。

[83]杨松、郭金良:《民营银行"生前遗嘱"制度的法律构建》,载《社会科学辑刊》2015 年第 2 期。

[84]杨松、宋怡林:《民营银行股东自担风险立法模式借鉴与选择》,载《法律科学(西北政法大学学报)》2016 年第 6 期。

[85]杨松、宋怡林:《商业银行股东加重责任及其制度建构》,载《中国社会科学》2017 年第 11 期。

[86]叶林、吴烨:《金融市场的"穿透式"监管论纲》,载《法学》2017 年第 12 期。

[87]尹亭:《商业银行自救债的法律问题:理念、原则和要素》,载《商业研究》2013 年第 12 期。

[88]喻桂华:《中国国有金融资产管理模式刍议》,载《南方金融》2005 年第 1 期。

[89]张继红、姜立文:《美国银行股东、董事之特殊责任探究》,载《财贸研究》2012 年第 5 期。

[90]张继红:《问题银行重整中的救助法律制度——以私主体救助为主要视角》,载《金融理论与实践》2011 年第 9 期。

[91]张继红:《系统重要性金融机构或有资本问题研究》,载《国际商务研究》2016 年第 3 期。

[92]张建伟、李妍:《中国商业银行的公司治理模式选择:"股东至上主义"到"债权人主义"》,载《管理世界》2002 年第 9 期。

[93]张蕾、王飞:《商业银行关联交易监管规制的国际比较与借鉴》,载《银行家》2011 年第 5 期。

[94]张维:《权利的救济和获得救济的权利——救济权的法理阐释》,载《法律科学(西北政法大学学报)》2008 年第 3 期。

[95]郑晖:《次贷危机中问题金融机构救助及对我国的启示》,载《金

融论坛》2008 年第 10 期。

[96]郑晖:《及时纠正措施:基于比较视角的研究》,载《国际金融研究》2008 年第 3 期。

[97]周学东:《中小银行金融风险主要源于公司治理失灵——从接管包商银行看中小银行公司治理的关键》,载《中国金融》2020 年第 15 期。

[98]周仲飞、孙飞廉:《论金融控股公司市场准入的监管》,载《上海财经大学学报》2005 年第 4 期。

[99]周仲飞:《金融机构强制性自救债的法律问题》,载《现代法学》2015 年第 2 期。

[100]周仲飞:《资本充足率:一个被神化了的银行法制度》,载《法商研究》2009 年第 3 期。

[101]朱崇实、贺绍奇:《商业银行股份化过程中的若干法律问题——兼论海南发展银行的关闭原因》,载《厦门大学学报(哲学社会科学版)》1999 年第 3 期。

[102]朱大明:《美国公司法视角下控制股东信义义务的本义与移植的可行性》,载《比较法研究》2017 年第 5 期。

[103]朱亚:《商业银行关联交易法律规制研究》,载《金融论坛》2008 年第 8 期。

(三)学位论文

[1]郭金良:《系统重要性金融机构危机市场化处置法律制度研究》,辽宁大学 2014 年博士学位论文。

[2]贺少峰:《公司法强制性规范研究》,西南政法大学 2007 年博士学位论文。

[3]姜立文:《金融控股公司法律问题研究——国际比较与中国对策》,华东政法学院 2005 年博士学位论文。

[4]李安安:《金融创新视域下的公司治理——以规制利益冲突为中心》,武汉大学 2013 年博士学位论文。

[5]刘东平:《金融控股公司法律制度研究——以金融效率与金融安全为视角》,西南政法大学 2006 年博士学位论文。

[6]刘俊:《各国问题金融机构处理的比较法研究》,华东政法大学 2007 年博士学位论文。

[7]宋怡林:《民营背景下银行股东加重责任研究》,辽宁大学 2015 年博士学位论文。

[8]苏轩:《股东责任论——以有限责任公司为视角》,吉林大学 2010 年博士学位论文。

[9]王思洋:《商业银行公司治理的法律制度研究》,吉林大学 2011 年博士学位论文。

[10]王之亮:《中国大型商业银行公司治理及其优化路径研究》,西南财经大学 2012 年博士学位论文。

[11]杨东勤:《中国商业银行破产法律制度构建研究》,对外经济贸易大学 2016 年博士学位论文。

[12]杨方:《银行系统风险监管的法律问题研究》,武汉大学 2010 年博士学位论文。

[13]俞冬来:《政府救助国有商业银行研究》,西南财经大学 2009 年博士学位论文。

[14]张惠:《银行监管治理研究》,天津财经大学 2007 年博士学位论文。

[15]张雪强:《银行业金融机构市场退出法律制度研究》,西南政法大学 2011 年博士学位论文。

[16]郑志斌:《公司重整制度下股东权变异研究》,吉林大学 2011 年博士学位论文。

(四)主要网页

[1]中华人民共和国中央人民政府网:http://www.gov.cn/

[2]国家金融监督管理总局官网:http://www.cbirc.gov.cn/

[3]中证网:http://www.cs.com.cn/

[4]新浪网:http://www. sina. com. cn/

[5]腾讯网:https://new. qq. com/

[6]凤凰网财经:http://finance. ifeng. com/

[7]BCBS:https://www. bis. org/bcbs/publications. htm/

[8]FSB:https://www. fsb. org/

二、外文参考文献

(一)著作

[1]Blair Margaret, *Ownership and Control—Rethinking Corporate Governance for the Twenty First Century*, the Brookings Institution, 1995.

[2]Benton E. Gup, *Bank Failures in the Major Trading Countries of the World*, Quorum Books, 1998.

[3]Daniel A. Farber & Philip P. Frickey, *Law and Public Choice: A Critical Introduction*, The University of Chicago Press, 1991.

[4]David C Parker, *Closing a Failed Bank Resolution Practices and Procedures*, International Monetary Fund, 2010.

[5]Eva Hüpkes, *The Legal Aspects of Bank Insolvency: A Comparative Analysis of Western Europe, the United States and Canada*, Kluwer Law International, 2000.

[6]Francois-Charles Laprevote, Joanna Gray & Francesco de Cecco, *Research Handbook on State Aid in the Banking Sector*, Edward Elgar Publishing, 2017.

[7]Frank H. Easterbrook & Daniel R. Fischel, *The Economic Structure of Corporate Law*, Harvard University Press, 1998.

[8]Franklin Gevurtz, *Corporation law*, West Group, 2000.

[9]G. Ross, *Curbing Bailout-Bank Crises and Democratic Accountability in Comparative Perspective*, Ann Arbor: The University of Michigan Press, 2009.

[10]Jonathan R. Macey, Geoffrey P Miller & Richard Scott Carnell, *Banking Law and Regulation*, Aspen Publisher Inc., 2003.

[11]Matej Marinc · Razvan Vlahu, *The Economics of Bank Bankruptcy Law*, Springer-Verlag Berlin Heidelberg, 2012.

[12]Matthias Haentjens & Bob Wessels, *Research Handbook on Crisis Management in the Banking Sector*, Edward Elgar Publishing, 2015.

[13]Robert Baldwin, Martin Cave & Martin Lodge, *The Oxford Handbook of Regulation*, Oxford University Press, 2010.

[14]Stephen M. Bainbridge & M. Todd Henderson, *Limited Liability*, Edward Elgar Publishing, Inc, 2016.

[15]Tobias, M. C, Asser, *Legal Aspects of Regulatory Treatment of Banks in Distress*, International Monetary Fund, 2001.

[16]Walter Bagehot, *Lombard Street, A Description of the Money Market*, E. P. Dutton and Company, 1920.

[17]William Sun, Jim Stewart & David Pollard, *Corporate Governance and the Global Financial Crisis: International Perspectives*, Cambridge University Press, 2013.

[18]Yves Mauchle, *Bail-In and Total Loss Absorbing Capacity (TLAC) Legal and Economic Perspectives on Bank Resolution with Functional Comparisons of Swiss and EU Law*, Wolters Kluwer, 2017.

(二)研究报告

[1]Basel Committee on Banking Supervision, *The New Basel Capital Accord*, April 2003.

[2]Basel Committee on Banking Supervision, *Basel Ⅲ: A Global Regulatory Framework for More Resilient Banks and Banking Systems*, 2011.

[3]Basel Committee on Banking Supervision, *Guidelines for Identifying and Dealing with Weak Banks*, July, 2015.

[4]FDIC,*Managing the Crisis: The FDIC and RTC Experience* 1980 - 1994,1998.

[5]FDIC,*Resolutions Handbook*, December 23,2014.

[6]FDIC,*Crisis and Response: An FDIC History*,2008 - 2013,2017.

[7]FSB,*Reducing the Moral Hazard Posed by Systemically Important Financial Institutions*,October,2010.

[8]FSB,*Second Thematic Review on Resolution Regimes Peer Review Report*, 2016.

[9]FSB,*Implementation and Effects of the G20 Financial Regulatory Reforms*,3 July 2017.

[10]FSB, 2021 *Resolution Report* "*Glass half-full or still half-empty?*",7 December 2021.

[11]IMF, World bank, *An Overview of Legal, Institutional and Regulatory Framework for Bank Insolvency*,2009.

[12]IMF, *People's Republic of China Financial Sector Assessment Program Detailed Assessment of Observance of Basel Core Principles for Effective Banking Supervision*, December 2017.

[13]IMF, *Russian Federation Financial Sector Assessment Program Technical Note—Bank Resolution and Crisis Management Framework*, September 2016.

[14]OECD, *Corporate Governance and the Financial Crisis: Key Findings and Main Messages*,June 2009.

[15]OECD, *Corporate Governance and the Financial Crisis: Conclusions and Emerging Good Practices to Enhance Implementation of the Principles*, 24 February 2010.

[16]OECD,*Methodology for Assessing the Implementation of the G20/ OECD Principles of Corporate Governance*,2017.

[17]The World Bank, *An Overview of the Legal, Institutional, and*

Regulatory Framework for Bank Insolvency,2009.

(三)国际准则、指令及相关国家法律

[1]Basel Committee on Banking Supervision, *Core Principles for Effective Banking Supervision*,October,2006.

[2]Basel Committee on Banking Supervision, *Principle for enhancing corporate governance of Bank*,2010.

[3]Basel Committee on Banking Supervision, *Key Attributes of Effective Resolution Regimes for Financial Institution*, 2014.

[4]Basel Committee on Banking Supervision, *Corporate governance principles for banks*,2015.

[5]Basel Committee on Banking Supervision, *Report on the Impact and Accountability of Banking Supervision*,2015.

[6]Basel Committee on Banking Supervision, *The Basel Framework*, 2019.

[7]European Banking Authority, *Final Guidelines on the Treatment of Shareholders in Bail-in or the Write-down and Conversion of Capital Instruments*,April 2017.

[8]E. U., *Directives* (*EU*) 2014/59/*EU Bank Recovery and Resolution Directive*.

[9]E. U.,*Directives* (*EU*) 2017/828 *Shareholder Right Directive*.

[10]E. U., *Regulation* (*EU*) *No*. 575/2013 *on Prudential Requirements for Credit Institutions and Investment Firms and Amending Regulation*.

[11]FSB,*Key Attributes of Effective Resolution Regimes for Financial Institutions*,October,2011.

[12]FSB,*Principles on Bail-in Execution*,21 June,2018.

[13]OECD,*G20/OECD Principles of Corporate Governance*,2015.

[14]U. S.,*Dodd-Frank Wall Street Reform and Consumer Protection*

Act of 2010.

[15]U. S. ,*Federal Deposit Insurance Act of* 1950.

[16]U. S. ,*Federal Deposit Insurance Corporation Improvement Act of* 1991.

[17]U. K. , *Financial Services and Markets Act* 2000.

[18]U. K. ,*Banking Act of* 2009.

[19]U. K. ,*Financial Services (Banking Reform) Act of* 2013.

[20]U. K. , *Banking Act* 2009: *Special Resolution Regime Code of Practice*, March, 2017.

(四)论文

[1]Bob Wessels, *Liabilities of Regulatory Supervisory Bodies of Troubled Financial Institutions (Insurance, Banking) in the Netherlands*, INSOL International Insolvency Review, 5 (1996).

[2]Bruce P. Golden, *Rights of Dissenting Shareholders in Bank Mergers*, 99 Banking L. J. 745 (1982).

[3]Cassandra J. Havard, *Back to the Parent: Holding Company Liability for Subsidiary Banks-A Discussion of the Net worth Maintain Agreement, the Source of Strength Doctrine, and the Prompt Corrective Action Provisions*, Cardozo L. rev, p. 2353 – 2413(1994).

[4]Chris D'Souza and Toni Gravelle, *Contingent Capital and Bail-In Debt: Tools for Bank Resolution*, Financial System Review, 12, p. 51 – 56 (2010).

[5]D. Gordon Smith, *The Shareholder Primacy Norm*, 23 J. Corp. L. 277 (1998).

[6]David Millon, *Communitarians, Contractarians, and the Crisis in Corporate Law*, 50 Washington and Lee Law Review (1993).

[7]David Millon, *Theories of the Corporation*, 1990 Duke L. J. 201 (1990).

[8]David Min, *Balancing the Governance of Financial Institutions*, 40 Seattle U. L. Rev. 743 (2017).

[9]E. H. Jackson, *The Expanding Obligation of Financial Holding Companies*, 107 Harv. L. Rev. 507(1994).

[10]Eric J. Gouvin, *Shareholder Enforced Discipline: How Much is Too Much*?, 16 Ann, Rev. Banking L. 311 (1997).

[11]Eva. Hüpkes, *Allocating Costs of Failure Resolution: Shaping Incentives and Reducing Moral Hazard*, in Rosa Lastra ed., Cross-border Bank Insolvency, Oxford University Press, 2011.

[12]Eva. Hüpkes, *Special Bank Resolution and Shareholders' Rights-Balancing Competing Interests*, Journal of Financial Regulation and Compliance, 17.3, p.277 –301(2009).

[13]Eva. Hüpkes, Marc Quintyn & Michael W. Taylor, *The Accountability of Financial Sector Supervisors Principles and Practice*. IMF, 2005.

[14]F. H. Gane, *Liability of State Bank Shareholders in Illinois*, 30 Ill. L. Rev. 743 (1935 –1936).

[15]Finn Poschmann, *Shareholder Liability A New (Old) Way of Thinking about Financial Regulation*, the C. D. Howe Institute Commentary, 401, p.1 –19 (2014).

[16]Frank Easterbrook & Daniel Fischel, *The Corporate Contract*, 89 Columbia Law Review 1416 (1989).

[17]Frank H. Easterbrook & Daniel R. Fischel, *Limited Liability and the Corporation*, 52 University of Chicago Law Review 89 (1985).

[18]Frank H. Easterbrook & Daniel R. Fischel, *Mandatory Disclosure and the Protection of Investors*, 70 Virginia Law Review 669 (1984).

[19]Frank Partnoy, *Robert Clark's Corporate Law: Twenty Years of Change-Financial Innovation in Corporate Law*, 31 Iowa J. Corp. L. 799

(2006).

[20]Hubert Vauplane, *Procedural Aspects of the Bail-in Mechanism: Conflict between Public and Private Interests*, Butterworths Journal of International Banking and Financial Law, 10, p. 572 – 575 (2012).

[21]Jihad Dagher, et al., *Benefits and Costs of Bank Capital*, IMF Staff Discussion Note SDN 16/04, March 2016.

[22]John O. Chang, *Federal Reserve Board Control over Bank Holding Companies: Board of Governors of the Federal Reserve System v. First Lincolnwood Corp.*, 21 B. C. L. Rev. 715 (1980).

[23]Jonathan R. Macey & Maureen O'Hara, *Solving the Corporate Governance Problems of Banks: A Proposal*, 120 Banking L. J. 326 (2003).

[24]Joseph A. Grundfest, *The Limited Future of Unlimited Liability: A Capital Markets Perspective*, 102 Yale L. J. 387 (1992).

[25]Kobi Kastiel & Yaron Nili, *In Search of the Absent Shareholders: A New Solution to Retail Investors' Apathy*, 41 Del. J. Corp. L. 55 (2016).

[26]L. Junathan, *A Unified Approach to Parent, Subsidiary, and Affiliate Questions in Bankruptcy*, U. Chi. L. Rev. 42, p. 589(1974).

[27]Luca Enriques & Dirk Zerzsche, *Quack Corporate Governance, Round III: Bank Board Regulation under the New European Capital Requirement Directive*, 16 Theoretical Inq. L. 211 (2015).

[28]Lucy Chennells & Venetia Wingfield, *Bank Failure and Bail-in: an Introduction*, Bank of England Quarterly Bulletin, p. 228 – 238 (2015).

[29]Note, *Unsecured Creditors of Failed Banks: It's Not a Wonderful Life*, 104 Harv. L. Rev. 1052 (1991).

[30]P. Grossman, *The market for Shares of Companies with Unlimited Liability: The Case of American Express*, Journal of Legal Studies, Vol. 24

(1), p. 63 – 85 (1995).

[31]P. Jackson, *Deposit Protection and Bank Failure in the United Kingdom*, 3 Financial Stability Review 38 (1996).

[32]Philip I. Blumberg, *The Increasing Recognition of Enterprise Principles in Determining Parent and Subsidiary corporation Liabilities*, 28 Conn. L. Rev. 295 (1996).

[33]Garrett L. Brodeur, *Shareholders as Stakeholders: A Future Paradigm for Institutional Activism in Japan*, Duke J. Comp. & Int'l L. 291 (2017).

[34]Gerard Caprio, Jr., Patrick Honohan, *Beyond Capital Ideals: Restoring Banking Stability*, World Bank Publications, Vol. 2235(1999).

[35]Gianni Lo Schiavo, *Burden Sharing Arrangements vs. Shareholders and Creditors: Kotnik, Dowling and the Current State Aid Policy in the Banking Sector*, European Business Organization Law Review, June 4 2018.

[36]Haelim Anderson & Daniel Barth, *Reducing Moral Hazard at the Expense of Market Discipline: The Effectiveness of Double Liability before and during the Great Depression*, FDIC CFR WP 2018 – 05.

[37]James Si Zeng, *Internal and External Shareholder Liability in the Financial Industry: A Comparative Approach*, 37 Rev. Banking & Fin. L. 285 (2017).

[38]Jeffrey N. Gordon, *The Mandatory Structure of Corporate Law*, Columbia Law Review Vol. 89:7, p. 1549 – 1598 (1989).

[39]Jennifer Hill, *Visions and Revisions of the Shareholder*, the American Journal of Comparative Law, Vol. 48:1, p. 39 – 79 (2000).

[40]Jill E. Fisch, *Measuring Efficiency in Corporate Law: The Role of Shareholder Primacy*, The Journal of Corporation Law, Vol. 31 (2006).

[41]John Armour et. al, *Bank Governance*, ECGI Working Paper Series in Law (2016).

[42]John C. Coffee Jr, *Bail-ins Versus Bail-outs Contingent Capital to Mitigate System Risk*, thc Columbia Law School Working Paper No. 380 (2010).

[43]Jonathan R. Macey & Maureen O'hara, *The Corporate Governance of Banks*, FRBNY Economics Policy Review, Vol. 9:1 (2003).

[44]Jonathan R. Macey & Geoffrey P. Miller, *Double Liability of Bank Shareholders: History and Implications*, 27 Wake Forest L. Rev. 31 (1992).

[45]Jonathan R. Macey & Geoffrey P. Miller, *Corporate governance and commercial banking a comparative examination of Germany, Japan, and the United States*, 48 Stan. L. Rev. 73 (1995 - 1996).

[46]Joseph J. Norton & Christopher D. Olive, *The Ongoing Process of International Bank Regulatory and Supervisory Convergence: A New Regulatory-Market "Partnership"*, 16 Ann. Rev. Banking L. 227 (1997).

[47]J. R. Macey & G. P. Miller, *Bank Failures, Risk Monitoring, and the Market for Bank Control*, 88 Columbia Law Review 1153 (1988).

[48]Kern Alexander, *Bank Resolution Regimes: Balancing Prudential Regulation and Shareholder Rights*, 9 J. Corp. L. Stud. 61 (2009).

[49]Lucian A. Bebchuk, Assaf Hamdani, *Independent Directors and Controlling Shareholders*, 165 U. Pa. L. Rev. 1271 (2017).

[50]Masaharu Hanazaki, Toshiyuki Souma & Yupana Wiwattanakantang, *Silent Large Shareholders and Entrenched Bank Management: Evidence from the Banking Crisis in Japan*, SSRN (Feb. 2, 2004), https://papers.ssrn.com/sol3/papers.cfm? abstract_id = 497402.

[51]Melvin Aaron Eisenberg, *The Legal Roles of Shareholders and Management in Modern Corporate Decision making*, 57 Calif. L. Rev. 1

(1969).

[52]Melvin Avon Eisenberg, *The Structure of Corporate Law*, 89 Columbia Law Review 1461 (1989).

[53]Mirela V. Hristova, *Dodd-Frank's Corporate Governance Reform*, Review of Banking & Financial Law, Vol. 30, p. 516 –527(2012).

[54]Note, *Unsecured Creditors of Failed Banks: It's Not a Wonderful Life*, Vol. 104 Harv. L. Rev. 1052 (1991).

[55]Oliver E. Willamson, *Corporate Governance*, 93 Yale Law Journal (1984).

[56]Paula J. Dalley, *The Misguided Doctrine of Stockholder Fiduciary Duties*, 33 Hofstra Law Review, 2004.

[57]Peter Conti-Brown, *Elective Shareholder Liability*, 64 Stan. L. Rev. 409 (2012).

[58]Peter O. Mülbert, *Corporate Governance of Banks after the Financial Crisis-Theory, Evidence, Reforms*, ECGI Working Paper Series in Law, Working Paper No. 151/2010.

[59]Philip I. Blumberg, *The Increasing Recognition of Enterprise Principles in Determining Parent and Subsidiary corporation Liabilities*, 28 Conn. L. Rev. 295 (1996).

[60]Raluca A. Roman, *Shareholder Activism in Banking*, Federal Reserve Bank of Kansas City Working Paper 15 –09 (2015).

[61]Renee Adams & Hamid Mehran, *Is Corporate Governance Different for Bank Holding Companies*?, Economic Policy Review, Vol. 9:1 (2003).

[62]Richard Ridyard, *Toward a Bank Shareholder-Orientated Model: Using Double Liability to Mitigate Excessive Risk-Taking*, 2 UCLJ 14 (2013).

[63]Robert B. Thompson & D. Gordon Smith, *Toward a New Theory of the Shareholder Role: A Sacred Space in Corporate Transactions*, 80

Texas Law Review Issue 2 (2001).

[64]Robert C. Clark, *The Regulation of Financial Holdings Companies*, 92 Harvard Law Review 802 (1979).

[65]Robert F. Weber, *New Governance, Financial Regulation, and Challenges to Legitimacy*, 63 Admin. L. Rev. 783 (2010).

[66]Ronald J. Gilson & Jeffrey N. Gordon, *Doctrines and Markets: Controlling Shareholders*, 152 University of Pennsylvania Law Review 2 (2003).

[67]Ronald J. Gilson, *Controlling Shareholders and Corporate Governance: Complicating the Comparative Taxonomy*, 119 Harvard Law Review 1641 (2005).

[68]Ross Levine, *The Corporate Governance of Banks: A Concise Discussion of Concepts and Evidence*, World Bank Policy Research Working Paper 340, September 2004.

[69]Saule T. Omarova, *Bank Governance and Systemic Stability: The Golden Share Approach*, 68 Ala. L. Rev. 1029 (2017).

[70]Susan E. Woodward, *Limited Liability in the Theory of the Firm*, Economic Analysis of the Law: Selected Readings, p. 153 – 161 (2004).

[71]Tamar Frankel, *A Story of Three Bank-Regulatory Legal Systems: Contract, Financial Management Regulation, and Fiduciary Law*, 1 U. Bologna L. Rev. 91 (2016).

[72]Tamar Frankel, *A Story of Three Bank-Regulatory Legal Systems: Contract, Financial Management Regulation*, and Fiduciary Law. 1 U. Bologna L. Rev. 91 (2016).

[73]Terry Calvani, *Antitrust Analysis of Bank Mergers: A Survey of Recent Developments*, 12 Review of Banking and Financial Service 215 (2008).

[74]Thomas F. Huertas, *The Case for Bail-ins*, University of

Pennsylvania, Wharton School, Weiss Center, Working Papers, 2012.

[75] Tomas Ambrass, *Bank Resolution Regime. Balancing Private and Public Interests. A Comparative Analysis*, Vilnius, Basel: Mykolas Romeris University, University of Basel, 2015.

[76] Tyler Beck Goodspeed, *Liability Insurance, Extended Liability, Branching, and Financial Stability*, 37 Cato J. 329 (2017).

[77] Valia SG Babis, *Bank Recovery and Resolution: What About Shareholder Rights*, University of Cambridge Faculty of Law Research Paper 23 (2012).

[78] William P. Hackney, Tracey G. Benson, *Shareholder Liability for Inadequate Capital*, 43 U. Pitt. L. Rev. 837 (1982).

[79] Yair J. Listokin & Inho Andrew Mun, *Rethinking Corporate Law during a Financial Crisis*, 8 Harv. Bus. L. Rev. 349 (2018).